LAURENT TAILHADE

Terre latine

PRÉFACE DE M. E. LEDRAIN

PARIS
ALPHONSE LEMERRE, ÉDITEUR
23-31, PASSAGE CHOISEUL, 23-31

M DCCC XCVIII

Terre latine

DU MÊME AUTEUR

LE JARDIN DES RÊVES (Lemerre, 1880). *Épuisé*. . . . . 1 vol.
AU PAYS DU MUFLE (Vanier, 1891). *Épuisé*. . . . . . 1 vol.
AU PAYS DU MUFLE (Bibliothèque de la Plume, 1894). 1 vol.
VITRAUX (Vanier, 1892). *Épuisé*. . . . . 1 vol.
VITRAUX (Lemerre, 1894). . . . . 1 vol.

Pour paraître incessamment à la librairie Lemerre

LE BANQUET DE TRIMALCION, interlude en un acte
et en vers. 1 vol.
LA VEUVE, roman. . . . . 1 vol.
IMBÉCILES ET GREDINS, physionomies contemporaines. 1 vol.

———

*Tous droits de reproduction et de traduction réservés pour tous les pays,
y compris la Suède et la Norvège.*

LAURENT TAILHADE

Terre latine

PRÉFACE DE M. E. LEDRAIN

PARIS

ALPHONSE LEMERRE, ÉDITEUR

23-31, PASSAGE CHOISEUL, 23-31

M DCCC XCVIII

A

M. ALPHONSE DESTREM,

en hommage d'amitié.

L. T.

Montfort-l'Amaury, le 15 janvier 1898.

PRÉFACE

SI quelqu'un a peu besoin d'un préfacier, c'est bien M. Laurent Tailhade. Il est célèbre; son talent a éclaté de toute façon, et dans des œuvres de pur artiste et dans des polémiques ardentes. Aussi n'est-ce que pour lui donner un témoignage d'amitié personnelle et de vive sympathie littéraire que je mets mon nom en tête de Terre latine.

Il y a dans ce volume des pages de rêve et aussi des pages belliqueuses. C'est précisément ce qui fait l'originalité de M. Tailhade. Au moment où on l'estime uniquement perdu dans ses songes et dans le soin de chercher les mots et les tours précieux, tout à coup il s'éveille à la bataille, et sans sortir de ses soucis d'artiste, décoche la flèche mortelle.

Nul, comme lui, ne sait aiguiser et empoisonner le trait, et lui donner je ne sais quoi qui le fait pénétrer au point qu'on ne saurait plus le retirer. Peut-être regrette-t-il parfois, lui-même, d'avoir enfoncé la pointe aussi profondément et causé de pareilles blessures. Car, au fond, il est naturellement aimable, possédé du désir de plaire, apportant dans ses relations une coquetterie presque féminine. Il aime à se montrer là où il excelle, dans son rôle de sagittaire; et pourtant il lui en coûte de se créer des ennemis. Que ne peut-il témoigner de son art et de sa malice endiablée sans susciter des hostilités?

Ici, du moins, dans Terre latine, les agressions sont rares. C'est aux dépens de quelques-uns seulement que M. Tailhade a exercé ses facultés maîtresses. Peut-être ceux-là ne se plaindront-ils pas outre mesure, car ils ont été traités avec une modération relative.

C'est d'une ironie très particulière qu'use M. Tailhade, lequel, dans ses manifestations, fait songer un peu à Barbey d'Aurevilly. Celui-ci était doué d'un esprit infernal, mais dans la forme ne rappelait ni Voltaire, ni les ironistes du XVIIIe siècle. Pas de coups d'épingle dissimulés chez l'auteur de Bas-bleus, mais le coup vigoureux, le mot à l'emporte-pièce. Comme le Normand, procède le Toulousain Tailhade. Et quand la langue française courante ne lui fournit pas l'expression suffisante, il va chercher dans le vocabulaire du XVIᵉ siècle, ou dans le dictionnaire latin qu'il feuillette sans cesse et où il puise à pleines mains.

Le latiniste consommé se révèle en effet non seulement dans Terre latine, mais dans la plus courte ballade, dans la plus légère chronique de M. Tailhade. Aussi faut-il une certaine culture pour le lire. Si par malheur les études classiques étaient supprimées, et que la barbarie de l'enseignement moderne triomphât, on ne comprendrait plus les pages toutes latinées de M. Tailhade.

Ce n'est pas seulement dans l'arsenal des classiques romains qu'il va chercher des provisions ; mais comme les hymnes et les vieilles proses liturgiques lui sont familières ! Mieux que M. Huysmans, il connaît dans toutes leurs retraites cachées les forts et délicieux cantiques du moyen-âge, lesquels relèvent, pour la sonorité, de l'ancienne Italique.

Cette traduction de la Bible, inexacte, foisonnant de contre-sens et que l'Eglise a conservée, pour les psaumes seulement, a donné leur accent à tous les chants sacrés qui retentissaient dans les vieilles cathédrales. On sent partout l'influence de l'italique,

*plus sonore mille fois que les oraisons de Cicéron.
Rien n'égale en effet, en vibrations musicales, le :*

In exitu Israël de Ægypto,
Domus Jacob de populo barbaro...

*et presque tout le psautier des Églises. On conçoit
que M. Tailhade, obéissant du reste à son tempérament, ait tout particulièrement aimé ce qui est né de
la vieille version biblique, et cette version elle-même,
qu'il ait cultivé toute cette littérature ecclésiastique,
qu'il se soit même parfois ingénié lui-même à écrire
dans ce latin ardent, où les mots sonnent si bien et
où l'on peut poser au bout du vers de si belles rimes.*

*J'ai révélé un peu les préparations et les procédés
de M. Tailhade. Ce qui rend ses pages tout spécialement piquantes et qui leur donne tant d'allure,
c'est qu'on y retrouve les vieux mots appliqués aux
faits nouveaux, aux événements du jour. Qu'un bourgeois grotesque se manifeste, ou un méchant politicien,
ou un ennemi d'idées, ou un* muffle de lettres, *— race,
hélas ! innombrable comme le sable de la mer, et infinie
en ses variétés, — M. Tailhade l'apostrophe avec
son vieux latin, dans lequel il y a pas mal de latin
d'Église. Tel mot terrible, adressé à M. de Cassagnac, est tiré d'une hymne ou d'une prose rimée*

qu'ont dite maintes fois les fidèles dans les vieux temples gothiques.

C'est ce qui fait le charme étrange de ce raffiné, si bien muni de littérature, qui s'est prosterné devant l'art des vitraux, devant les symboles gothiques, et qui aussi exhale ses colères dans une langue travaillée et truculente, d'une force et d'une préciosité incomparables. Précieux à la fois et fort, tel il m'apparaît, tel je voyais autrefois Barbey d'Aurevilly.

On lira d'un bout à l'autre Terre latine, d'où l'auteur a écarté certaines attaques, certaines agressions, et où, dans sa forme habituelle, savante et savoureuse, il a souvent exprimé la mélancolie de son âme. Il y a des paysages d'automne où sont rendues merveilleusement les teintes de la saison, celles des artistes et celles de l'âme.

Je ne puis signaler, dans cette courte préface, toutes les beautés du livre; qu'il me suffise d'avoir marqué là où a puisé l'artiste, et dans quel arsenal il prend ses mots pour les arranger suivant son tempérament, et leur donner un goût si relevé.

E. LEDRAIN.

Mélancolies d'Automne

ANS *la neige et la pourpre où les soleils pâlis*
Viennent boire en mourant ta senteur généreuse,
Amaryllis! ô lis superbe entre les lis,
Une douleur profonde et royale se creuse.

Déjà les soirs plus brefs de fraîcheur sont emplis
Et, le long des jardins peuplés de tubéreuse,
Comme une veuve sous sa robe aux larges plis
L'automne jette au vent sa plainte douloureuse.

Voici la Mort qui frappe aux portes de l'été
Et ton parfum amer dans la nuit emporté
Emplit de sa langueur les couchants pathétiques.

Hélas! je t'ai cueillie, ô fleur du désespoir,
Et, triste comme toi, sentant venir le soir,
J'exhale avec orgueil mes suprêmes cantiques.

Ces rythmes de la vingtième année, pourquoi

chantent-ils obstinément en moi, par ces jours monotones de brume et de langueur? Que tout cela est vieux! Comme cet air naïf et tant de gaucherie fixent impitoyablement la date révolue! Les jeunes d'à présent faits à toute besogne, ces adolescents qui, pour emprunter un mot célèbre :

> *... Ont tout vu, tout bu, tout lu,*
> *Et mangé du tigre et de l'oie,*

ces artistes sevrés d'hier, dans leur précocité de fausses couches, n'auraient point assez de doctes ironies et de sourires pédantesques pour tant de simplesse et d'ingénuité. Je les aime, néanmoins, ces débuts plus que médiocres d'un poète, mort jeune, et qui me fut ami.

> *Une rose d'automne est plus qu'une autre exquise,*

dit le vieil Agrippa, dont l'alexandrin vaut mieux que le sonnet de mon compagnon défunt, mieux que maint long poème des rimailleurs vivants.

Je leur trouve un charme irrésistible, à ces pauvretés d'autrefois. Leur chanson maladroite évoque, à mes paupières, quelque larme oubliée, devant la campagne silencieuse et grise, où des feux, çà et là, s'échevèlent en torsades pourpres, sur les coteaux; où les bœufs mugissent, dans la douceur mourante du crépuscule.

Déclin du soir et déclin de l'année. Le grand

jour de douze mois décroît aussi vers la nuit hivernale. Vendémiaire ajoute aux blés les présents de la vigne; après la grange pleine, voici le tour du cellier. L'écume du raisin bouillonne à la chaleur des suprêmes soleils.

* * *

Que les boulevardiers, les plaisantins d'estaminet tournent en dérision cette langueur d'automne. Quel est l'homme qui, la première étape franchie, ne goûte point l'amertume symbolique des saisons défaillantes?

La mort du soleil remémore tristement ses énergies printanières et cette feuille, inutile, maintenant, aux fins rameaux des arbres, induit à songer que nous seuls ne reverdirons pas. Malgré le faste des derniers beaux jours, l'immanence de l'hiver mêle une solennité douloureuse à ces ultimes splendeurs.

Cette impression est cruelle par tout pays. Dans les jardins emphatiques de Versailles, où les quinconces réguliers, où les charmilles majestueuses laissent pleuvoir, autour des promeneurs alanguis, l'or silencieux de leurs branchages; dans les parcs dont les gazons jaunissent à présent, tandis que, sur les bassins immobiles, passent furtivement les oiseaux migrateurs, c'est le même abandon, la même solitude que dans les campagnes en friche, où l'on n'entend d'autre bruit que le chant des vendangeurs et le fusil des braconniers. Mais ici, dans la montagne, la lugubre saison s'annonce impitoyable et son funeste glas sonne à pleine volée. A vrai dire, on n'y connaît le printemps ni l'automne. Après un flamboyant été de lumière aveuglante et de mortelle chaleur, c'est l'Hiver apparaissant d'emblée, l'averse, les frimas, la neige anticipée, le vent du nord soufflant, nuit et jour, en tempête et déchaînant les voix discordantes d'une troupe de démons. Lorsque, parfois, un rais de soleil déchire les mornes draperies de la tourmente, sa lumière vibre sur les pics désertés que, d'octobre à juillet, revêt une blancheur cadavéreuse. Silence et deuil, mort et blancheur! Avant la Toussaint et les rites funéraires, les blêmes Pyrénées conduisent leurs brèves joies au cimetière de l'hiver. Un frisson maladif descend, avec les gaves, jusqu'aux plus édéniques vallées. La chambre humide, l'âtre fumeux, le jardin dépeuplé, voilà tout ce qui reste de la féerie d'hier, et c'est pourquoi, tournant son cœur vers les cités populeuses et leurs maisons sonores, le touriste, l'exilé, le voyageur marmonnent plaintivement les rimes automnales des poètes préférés.

> *J'écoute en frémissant chaque bûche qui tombe ;*
> *L'échafaud qu'on bâtit n'a pas d'écho plus sourd.*
> *Mon esprit est pareil à la tour qui succombe*
> *Sous les coups du bélier infatigable et lourd.*
>
> *Il me semble, bercé par ce choc monotone,*
> *Qu'on cloue en grande hâte un cercueil quelque part...*
> *Pour qui ? — C'était hier l'été ; voici l'automne !*
> *Ce bruit mystérieux sonne comme un départ.*

*
* *

Le Christianisme, en choisissant pour la commémoration des trépassés l'heure ténébreuse de l'équinoxe d'automne, n'a pas peu contribué à saturer d'angoisse les esprits désenchantés. Les hymnes de deuil répondent aux accents luctueux de la bourrasque. Le souvenir de ceux qui l'ont quitté rend plus chagrin et plus froid encore le foyer ancestral. Il semblerait pourtant qu'une religion spiritualiste, ayant pour dogme principal la permanence de l'Être et la résurrection des morts, dût placer leur fête au moment le plus joyeux de l'année, quand l'épi verdissant affirme aux yeux charmés l'éternelle jeunesse de la Nature, l'impérissable beauté de l'Univers.

Combien plus douces à l'âme humaine, les fêtes automnales du polythéisme antique! L'homme vivait avec ses Dieux dans une familiarité « qui divinisait la vie ». Il les possédait dans son logis, les uns chargés de la moisson, les autres de la vendange, ceux-ci gardant la borne du champ, ceux-là défendant le seuil de la maison. Les Romains avaient poussé tellement loin cette déification des actes les plus humbles, qu'il n'était guère un geste, une fonction, tant modestes qui ne fussent voués au patronage d'une amicale déité. Dans son admirable *Tentation*, Flaubert a montré la déroute de ces *dii minores* éparpillés comme des oiseaux, par un vent d'orage, à l'avènement d'un culte plus austère! C'étaient les amis de l'adolescence, les défenseurs du mariage, les protecteurs de l'étable et du pâtis!!

Mais, de toutes les solennités antiques célébrées au temps où décline le soleil, nulle ne fut plus auguste que les Thesmophories, fête des lois, où les femmes d'Athènes allaient jurer, devant l'autel des Déesses primordiales, de maintenir l'ordre dans la patrie et la concorde entre les citoyens.

Non, pas même quand les éphèbes, couronnés de roseau blanc, couraient sous l'olivier sacré et, d'un élan rapide, portaient à l'autel du Juste les torches enflammées, le génie prévoyant des Athéniens ne révéla tant de sagesse et de beauté.

Ce fut en ces temps héroïques de raison et d'harmonie que la gent humaine atteignit le sommet de sa grâce et de sa dignité. Depuis, les Barbares sont venus, emportant toute noblesse, toute élégance, tout ce qui faisait des républiques de la Grèce un aréopage d'Immortels. Les temps sont accomplis de la tristesse et du panbéotisme. C'est la laideur ambiante qui fait si lugubre à nos yeux le déclin de la lumière, qui emplit nos cœurs de si plaintives nostalgies. L'Art seul peut consoler de telles peines, peines d'autant plus cuisantes que leur objet n'est pas de ce monde. A proclamer nos amertumes, le poète les adoucit; à sertir nos larmes en paroles d'or, il les efface presque et les transmue en joyaux.

Lannemezan, le 27 septembre 1896.

Ville d'Hiver

UNE pluie battante décolore avec laideur le ciel et les paysages. Le gave de Lourdes, si bleu dans les clartés de juin, se traîne, maintenant, verdâtre, sous les coteaux de Bétarram et les jardins en terrasse de Saint-Pé. Nul rayon de lumière, nul reste de feuillage, pour, de quelque teinte chaude, égayer cette pâleur humide, le nuage où se dérobe un horizon enchifrené. Sous l'averse, au grincement de ses moites ferrailles, le train arrête en plein brouillard. Et c'est à travers une cohue de parapluies instillateurs et déchaînés que j'entre enfin à Pau, ville, comme chacun sait, bénie du soleil.

Ici le Beau Temps est une institution municipale. Dès la gare, un plant de lataniers tuberculeux contrepointés d'eucalyptus mélancoliques prédit à l'étranger la douceur du climat. C'est ici la côte d'azur, les ivresses d'un éternel printemps, les roses de Noël, les palmiers de Bordighière ou de San-Remo. En fidèle employé, le baromètre municipal atteste le « beau fixe » nonobstant les cataractes épandues. Place Royale, où se morfond, en marbre blanc, un Henri IV, que pompier ! la musique rabote des valses à grand ahan de cordes lâches et de cuivres enrhumés. Du perron célèbre, qui, tel que la proue d'une galère triomphale, s'implante au milieu des bois, des ondes et des cimes ; du perron où l'œil se délecte, aux soirs d'été, en une harmonie incomparable de formes et de couleurs : torrents, coteaux, sommets de lapis et de neige rutilante, lointains de turquoise sur la candeur pourpre des glaciers, l'on n'aperçoit rien, par ce jour de cave, hormis quelques linéaments inglorieux d'un site belge et détrempé.

*
* *

Certes, de tout temps, ce pays d'aventuriers, si voisin de l'héroïque sol d'Eskaldune, fut en possession de nourrir les plus notables *arrivistes*, depuis Gassion débarqué au Louvre sur son courtaud de Béarn jusqu'à Charles-Jean Bernadotte qui, d'un obscur et fétide clapier de la rue Tran, gagna le trône de Suède et trahit, avec une désinvolture napoléonienne, la Révolution dont il était issu. Mais nul d'un souvenir plus vivant ni d'un plus tenace emploi dans la niaiserie contemporaine que

Le seul roi dont le peuple ait gardé la mémoire,

comme disait ce pauvre M. de Voltaire, en de si méchants vers. Grâce aux affinités ethniques, grâce à la réclame locale, plus heureuse en grands hommes qu'en soleil, Henri IV jouit ici d'une popularité que des siècles entiers d'études historiques et la révélation de ses vilenies incomparables n'entamèrent en aucune façon.

Le roi de la poule au pot, ce parfait Gascon, reste pour son Béarn, comme d'ailleurs pour le surplus de la France, le type du brave homme et du roi magnanime. Qu'il ait renié honteusement sa foi, qu'il ait payé de la plus noire ingratitude les huguenots qui lui donnèrent un trône, cela n'importe guère à l'admiration des imbéciles. Il tient le plus beau rôle à travers cette série de chromos ineptes, en quoi consiste l'éducation historique du bourgeois : baptême de Clovis ou passage du Rhin, sacre de Charles VII ou soleil d'Austerlitz. Outre la pouillerie du quidam, il convient, semble-t-il, d'attribuer à deux causes principales cette incassable popularité. Henri IV fut un monarque d'affaires, partant cher au tiers état. Il mérita, par ses amours d'écolier, le surnom de Diable-à-Quatre, passeport anacréontique vers la postérité.

* * *

Plus que les batailles d'Arques ou d'Ivry, le désir qu'avaient les marchands de Paris d'en finir avec les turbulences ruineuses de la Ligue, l'amour des boutiquiers pour leur coffre-fort servirent Henri de Bourbon dans la conquête de Paris. Représentant des intérêts matériels, parmi les romanesques entreprises des Guise et de l'Espagne, il rallia la classe moyenne, déjà fort opulente et que l'affermissement de la couronne avait, depuis Louis XI, mise sur un pied d'indépendance et d'hostilité envers les seigneurs. L'on trouve déjà dans la *Ménippée* l'esprit frondeur avec le goût du médiocre, la raillerie voltairienne et les arguments financiers de Paul-Louis, préparant, sous la Restauration, l'avènement du duc d'Orléans. Les politesses de Louis-Philippe à la banque juive eurent pour précédent les banquets d'Henri IV avec Bellegarde, chez l'argentier Zamet.

Toujours le Béarnais resta, dit Michelet, un

paysan gascon, avare, pillard et peu soucieux de sa parole. Malgré tout son esprit, l'homme ne sut jamais revêtir la prestance royale. L'aspect chétif de sa personne, la mine désavantageuse que trahit, malgré l'opulence des velours et la sobre richesse du décor, l'admirable portrait par François Porbus, étonnaient les derniers courtisans des Valois. Mme de Simier, qui avait accoutumé de frayer avec cet élégant Henri III dont la peinture de Clouet et le buste de Jean Goujon ont fixé pour jamais la morbide aristocratie, Mme de Simier dit, quand elle vit Henri IV : « J'ai vu le roi, mais je n'ai pas vu Sa Majesté. » En effet, l'avènement des Bourbons marque la fin des rois chevaleresques : le plus illustre de cette pesante race, Louis XIV, ne sera guère, selon un mot célèbre des Goncourt, que « le Prudhomme héroïque de la royauté ».

Comme le vieux monarque du Plessis-lès-Tours, Henri, avec lequel il montra plus d'une ressemblance, goûtait les propos grivois, les contes salés, les reparties gauloises des paysans et des gens de métier. Communément il popinait avec des vilains, ses « compères ». L'on pourrait instituer un recueil de libres facéties échangées entre manants et rois de France.

*
* *

Mais plus encore que la poule au pot, que les plantations d'arbres et que son humanité envers les miséreux, ce qui sacra le Béarnais souverain topique de son peuple, ce fut la réputation de vert-galant, ce fut l'étrange quantité de maîtresses que la légende lui prêta. Le commis voyageur, le caporal qui sommeillent dans l'âme de tout Français jubilent excessivement au récit de telles prouesses. Gabrielle, Corisandre, l'abbesse de Maubuisson, n'en est-ce pas assez pour que leur glorieux maître devînt, aux yeux de tous, ce qu'Emerson appelle un « representative man » ? Ajoutez la rue de la Ferronnerie, le couteau de Ravaillac, et le coureur de coquines aura de quoi passer martyr.

Les contemporains moins élégiaques n'épargnaient guère leur illustre prince. Avec la rudesse de la Bible et des camps, Agrippa d'Aubigné rabrouait le maître oublieux :

> *Ce roy est d'étrange nature*
> *Et ne sais quel diable l'a fait ;*
> *Car il récompense en peinture*
> *Ceux qui le servent en effet,*

pendant que Sigogne s'acharnait à la fois contre Mme de Beaufort et les capucinades de l'abjuration, en une épigramme que je me vois contraint d'adoucir un peu :

> *Ce grand Henry qui souloit estre*
> *L'effroi de l'Espagnol hautain,*
> *Fuyt aujourd'huy devant un prestre*
> *Et suit le c[har] d'une [ca]tin.*

Les écrivains du temps se prêtent mal d'ailleurs à la citation. Tallemant des Réaux, familier de la grande Arthénice, commensal de l'hôtel de Rambouillet, méconnu, tout autant que le duc de Saint-Simon, les belles façons boutiquières, les pudeurs hypocrites d'à présent. Avec mille excuses pour un auteur auquel le beau langage des chemisiers fut inconnu, qu'il soit permis de donner ici un vivant crayon des royales amours : « Si Henri IV, dit le conteur des *Historiettes,* fût né roi de France et roi paisible, probablement ce n'eût pas été un grand personnage ; il se fût noyé dans les voluptés, puisque, malgré toutes ses traverses, il ne laissait pas, pour suivre ses plaisirs, d'abandonner les plus importantes affaires. Il eut une quantité étrange de maîtresses ; il n'était pas pourtant grand abatteur de bois ; aussi était-il toujours [dupé]. On disait en riant que son second avait été tué. Mme de Verneuil l'appela un jour « Capitaine Bon Vouloir » ; et une autre fois, car elle le grondait cruellement, elle lui dit que bien lui prenait d'être roi, que sans cela on ne le pourrait souffrir, et qu'il puait comme charogne. (Voilà déjà le dialogue entre

Louis XIV et la Montespan : « Il y a douze ans, madame, que j'endure votre mauvaise humeur. — Et moi, sire, douze ans que je supporte votre mauvaise odeur. ») Elle disait vrai, il avait les pieds et le gousset fins, et quand la feue reine-mère coucha avec lui la première fois, quelque bien garnie qu'elle fût d'essences de son pays, elle ne laissa pas que d'en être terriblement parfumée. »

*
* *

Il convient d'arrêter à ce point la citation, car le morceau devient terriblement scabreux. Je ne voudrais pour rien au monde incornifustibuler la vérécondie de mes lecteurs. Mais j'ai pris tant de plaisir, ce matin, à la lecture du médisant rétrospectif que je pensai bien faire en substituant à mon écriture celle du vieux Tallemant. Que si l'on me reproche de n'avoir pas loué comme il sied la chère Gabrielle, je rejetterai ma faute sur le temps qu'il fait ; car, pour finir par une pointe dans le goût de l'époque, on ne saurait louer dignement le soleil de tels yeux, quand les Hyades automnales embrument l'horizon.

Pau, le 7 décembre 1896.

Le Décor de l'Heptaméron

C'EST une bien étrange dévotion que l'on voit aux concierges des palais nationaux. Si oncques le sentiment monarchique récemment exhumé dans Bruxelles par le michet de la femme Armstrong se laissait choir en quenouille, on le retrouverait intégral et déférent chez ces honnêtes portiers. Il y a quelques années, un Alsacien — car tous les *Tedeschi* d'alors pleuraient dans le mouchoir tricolore de l'exil, — un Alsacien démontrait la chapelle expiatoire, hachait de la paille sur le tombeau de « nos rois ». Une prédilection lui était venue pour « Montame Elissabeth, zette ferdueuse brincesse qui fut l'egsemble de la Vranze et la cloire de la grédienté ». Il gémissait comme un hobereau de province à l'évocation de l'infortuné Louis XVI, encore que ce prince, comme le remarque si à propos Eugène Chavette, fût mort depuis longs jours, eût-il même évité le désagrément du 21 janvier.

A Blois, à Fontainebleau, dans ce désert d'Anet que magnifia jadis le croissant équivoque de Diane, partout, mon Alsacien se retrouve, pipelet anachronique et respectueux. Il déambule, comme un vampire familier, à travers les sonorités des appartements vides que peuplent, seuls, de leur allégresse emphatique et surannée, les personnages des tapisseries, les divinités plafonnantes des trumeaux. Vases de Sèvres « offerts par l'État » (haricot rouge ou vert céladon), tentures à décors moyenâgeux de la Restauration, tapis de Beauvais choisis par la duchesse d'Angoulême, rien ne peut ébranler sa foi. Il couve d'une idolâtrie impartiale chaque souverain en biscuit-porcelaine, depuis Louis XII jusqu'à Montjarret. C'est lui qui tient la clé des alcôves illustres, des souvenirs légendaires, avec toutes sortes d'euphémismes pour l'assassinat du duc de Guise ou les déportements de la reine Margot. A Pau, son office est d'abolir la mémoire des comtes de Foix au bénéfice des Bourbons-Albret et de limiter à ces princes l'historique de son bâtiment.

Pourtant, ce fut une cour artiste et patricienne, celle des premiers rois de Navarre, en leur château de Pau. Monarques fainéants et dilettantes, ils avaient quitté la noire Pampelune pour installer sous le climat (riant alors, peut-être) du Béarn un pacifique Thélème : science, amour et libre-pensée. Certes, ils n'eurent point, comme René d'Anjou, le ciel béni de la Provence, la douceur permanente du climat. Néanmoins ils goûtèrent en leur oasis montagnarde, les loisirs de la paix et de la liberté. Une tradition, d'autant plus tenace qu'elle manque tout à fait de vraisemblance, attribue à Gaston de Foix la complainte : *Aqueros mountagnos*, populaire entre toutes, que sonnent, d'Hendaye à Port-Vendres, les échos des Pyrénées. Ainsi l'erreur plébéienne est plus représentative que l'histoire vraie des hommes disparus. Le geste du beau Vicomte, du héros de Ravenne, est à jamais fixé par un pont-neuf écrit quelque trois siècles après sa fin.

*
* *

L'imagination est tenue à moins d'efforts pour introniser dans sa gloire la Marguerite des Marguerites, aimable princesse, qui, durant un quart de siècle, réunit à ses pieds tous les hommes de mérite : philosophes, conteurs, poètes, musiciens ; que tourmentait, en d'autres lieux, la haine du parti catholique. Tous ceux que, déjà, rendait suspects, au matin du XVIe siècle, la « gaieté confite en mépris des choses fortuites » dont se vantait Pantagruel, trouvèrent bon accueil auprès de celle qui, épousée en premières noces par le duc d'Alençon, — fuyard sinistre de Pavie, — connut plus tard, dans la maison d'Albret, un époux digne d'elle, avec la royauté.

A sa personne furent attachés, comme valets de chambre, les beaux esprits les plus divers : Bonaventure Desperriers, Claude Gruget, Antoine du Moulin et Jean de la Haye qui, le premier, réunit, en un volume, les contes de l'*Heptaméron*. Jouant sur la signification latine du nom de l'auteur, le premier titre de ce recueil portait, comme il convient, un calembour héraldique : *Marguerites de la Marguerite, perles de la perle des princesses, très illustre royne de Navarre.* Lorsque Marot fut arrêté par ordre de la Sorbonne et de l'inquisiteur, sous le grief burlesque d'avoir mangé du lard en carême, Marguerite le dérobait aux « papimanes » inhumains qui brûlaient alors un homme pour de pareilles sottises. Ainsi la reine de Navarre que la France et l'Europe avaient accoutumé de considérer, selon son épitaphe, comme la dixième Muse et la quatrième Grâce, « *Musarum decima et Charitum quarta* »,

Marguerite exaltait l'âme des marguerites,

préludant à ce réveil de la conscience humaine

qui, deux siècles plus tard, devait illustrer les noms de Montesquieu, d'Helvétius et de Diderot. Sous les ormes du vieux parc, en face des coteaux chargés de vignes ou fleuris de jardins, le long du Gave épanché dans la verdoyante plaine de Gélos, Bonaventure Desperriers aiguisa les épigrammes du *Cymbalum mundi*, aussi redoutables à l'obscurantisme que les lettres de Hutten ou le rire de Voltaire. Pau s'appelait alors le *Parnasse béarnais*. Antoine de Bourbon y rimait des chansonnettes. C'est à ce prince que les folkloristes, entre autres Bascle de Lagrèze, attribuent la fameuse chanson du *Misanthrope* :

> *Si le roi m'avait donné*
> *Paris, sa grand' ville...*

Là, rimait aussi le falot écuyer Salluste du Bartas, plus idoine à *despumer la verbocination latiale* que l'écolier limousin suppédité de MM. Flandre et Moréas. Gentilhomme cousin du baron de Fœneste, Salluste imagina le premier de blasonner le Soleil « Grand-Duc des Chandelles », trope incomparable qui l'éleva d'un coup au rang des grotesques immortels.

* * *

D'où vient l'ennui, le profond, lancinant et ténébreux ennui que distille pour nous l'*Heptaméron,* malgré sa bonne grâce et le joli parler de Mme Oisille? Les parcs de l'abbaye de Serrance, copiés sur la vigne de Pampinée, groupaient, devers leurs fontaines, autant de joyeux cavaliers et d'aimables princesses que le pourpris toscan. Pour conjurer le désœuvrement, plus redoutable que la peste de Florence, les conteurs de la reine de Navarre parfilèrent tels récits comparables à ceux du Pogge ou de Boccace, récits où l'impudeur cicéronienne des conteurs florentins s'avive de belle humeur gauloise et de française concision. Cette lecture, néanmoins, nous demeure insupportable, comme, d'ailleurs, celle de tous les prosateurs grivois, les plus soporatifs d'entre les hommes. Époux bernés, moines paillards, matrones luxurieuses et donzelles émancipées, ces propos de cuisine et d'antichambre nous font lever le cœur. C'est à peine si quelques boutiquiers s'en réjouissent encore, après les larcins professionnels, au temps du dîner familial. Sans doute, ce qui répugne ainsi à la délicatesse moderne, c'est la façon joyeuse dont ces plaisantins comprenaient l'Amour. Au lieu du tragique adolescent né de l'Aphrodite marine qui porte dans ses yeux farouches, dans ses pesants cheveux, la tristesse immuable du Ciel et de la Mer, leur culte polisson taquine et glorifie le « Petit Dieu malin », galvaudé, cul-nud, parmi les roses de Boucher. L'étreinte des amants leur paraît chose légère, propre à divertir les moments inoccupés. Le Désir, cette prise de possession exercée par l'Espèce contre l'Individu, cette mise en demeure de vivre, par quoi s'affirme d'abord la dissolution immanente, n'implique-t-il point une affreuse mélancolie ? Le plus grand crime envers un homme, quel qu'il soit, ce n'est pas l'occire, mais bien l'engendrer.

Aussi la douleur inépuisable des races futures vient-elle empoisonner les ivresses fugitives. C'est leur plainte qui gémit si lugubrement dans les vers de Lucrèce où furent lamentées les amours des hommes :

> *... quoniam medio e fonte Leporum*
> *Surgit amari aliquid quod ipsis in floribus angat.*

L'impossibilité de pénétrer l'énigme que reste l'être chéri et possédé, pour qui l'aima, accroît encore d'un aiguillon sans fin l'antagonisme éternel des sexes. Voilà pourquoi, sans doute, les Épicuriens de jadis, batifolant parmi les bosquets de Cythère, nous donnent une impression si nette d'inintelligence et de mauvais ton. Des *Cent*

Nouvelles nouvelles aux *Contes de Grécourt*, une rancœur nous prend à respirer ces myrtes d'autrefois. Mieux vaut que leur fadeur les plus sinistres breuvages. Nous préférons Médée à la mère Godichon, la coupe de jusquiame au petit vin de Rampbonneau.

* * *

Tous les contemporains néanmoins ne se montrent pas si dégoûtés envers celle qui réconforta, dans sa prison, l'âme chevaleresque de François Ier, et qui, Lucile d'un René porte-sceptre, consola par ses chants le vaincu de Pavie. Une récente Guirlande à Marguerite, parue il y a quelques années, témoigne de cette dilection rétrospective, où je cueille le sonnet liminaire que voici. M. Jean-François Bladé l'a signé d'un nom illustre parmi les savants européens. Mais un tel souffle de renaissance y couronne chaque vers, qu'on les pourrait donner, sans le moindre solécisme, à Joachim du Bellay, sinon à maître Remy Belleau :

> *Parfois, quand je me sens au bout de mon courage,*
> *Quand je suy prest à cheoir sous les coups du guignon,*
> *Je me veulx retirer en un désert saulvage*
> *Et me rendre berger au val de l'Auvignon.*

*Là j'irai dans les boiys cueillir le champignon,
Je viurai de pain bis, de fruycts et de laictage,
J'aurai sayon, houlette ainsi qu'un personnage
De Messire d'Urfé sur les bords du Lignon.*

*Là, maistre de mon champ et seigneur de ma vigne,
Mes jours s'écouleront en peschant à la ligne
Et je verrai passer du fond de mon repos*

*L'Automne après l'Esté, l'Hyver après l'Automne,
Après l'Hyver sans fleurs, le Printemps qui fleuronne,
Cependant que la Mort arreste mes propos.*

Pau, le 12 décembre 1896.

La Bacchante d'Etcheto

VOICI un roman de souffrances d'art et de pauvreté, qu'ont ennobli, pour mes yeux, les ouvrages d'un grand sculpteur. Le hasard des courses désheurées à travers l'ennui d'une province bigote, maussade et ignorante ; le gris d'un ciel passant de la bruine à l'averse et du brouillard au déluge, furent mes guides au musée de Pau. C'est là, parmi quelques toiles insignes et des croûtes à foison, que se dressent, près de l'Henri IV de Bosio, les morceaux d'un artiste, chu en pleine jeunesse, et dont les reliques suffisent pour montrer à nos regrets le deuil irréparable de sa mort. Né à Bayonne en 1853, François Etcheto appartenait, comme son nom l'indique *(eche,* = maison), à cette race vaillante des Basques, qui, sur l'un et l'autre versant des Pyrénées, maintiennent, dans nos âges de prose, les traditions chevaleresques : bravoure indomptable et fortes volontés.

Transplanté dans Madrid, à la suite d'affaires peu brillantes, le père du jeune homme tenait une *fonda* de la plus humble espèce. Mais, vieillard cupide, il rêvait pour son fils plus hautes destinées : le grade impérial de maître-queux.

Obtempérant aux vœux de son auteur, Etcheto marmitonna dans les cuisines, gâta des sauces et brûla des rôtis. Ce n'est pas sans quelque orgueil que sa famille (chacun sait notre respect pour cette admirable institution) énumère encore les progrès de l'adolescent à travers les fourneaux. Un document authentique donne les grades culinaires du statuaire futur, depuis l'auberge de Cambô, terrain de ses débuts, jusqu'à l'office du duc de Frias, curieux d'accommoder au goût français les *cocidos* espagnols. La servitude militaire vint suspendre enfin le travail nauséabond d'Etcheto, que la vocation blasonnait déjà, et qui passait à modeler ses heures de loisir.

En garnison à Tarbes, le troupier, qu'enchantait peu l'esclavage de l'armée, eut vite fait de se lier avec quelques Bigourdans, déportés comme lui dans cet ergastule abhorré.

Le sol marmoral de la Bigorre fait surgir près des carrières illustres : Sarrancolin, Campan, les tailleurs de pierre, en légion. Pour ces favoris de la montagne natale, dorment, au cœur des blancs rochers, les statues à venir, attendant le réveil, comme la Belle au Bois. Parmi ses compagnons de régiment, Etcheto connut Louis Desca, le plus robuste des artistes contemporains délégués par Bigorre à la conquête de Paris.

Une amitié fervente divertit bientôt les deux compagnons de leurs déplaisirs guerriers, qui ne s'est pas démentie jusqu'au dernier moment. Pour gagner Paris, où l'appelait une ambition d'art, chaque jour plus pressante, Etcheto quitta les galons de sergent dont il était orné. Au 115e régiment de ligne, le colonel Langourio pressentit avec intelligence le don du jeune soldat et, loin d'entraver ses débuts, facilita son entrée à l'École des Beaux-Arts. Déjà Castellar, célèbre virtuose espagnol, avait mené chez Carpeaux l'apprenti sculpteur.

Dans l'atelier du Maître, le jeune homme put apprendre la technique de son art, en même temps que les procédés par quoi le marbre acquiert cette vie intense de la *Flore* et du « Groupe » renommé.

A dater de son entrée dans la vie civile, toute l'histoire d'Etcheto n'est plus qu'un long récit de misères et d'efforts vers la Beauté. Déjà mordu par la phtisie, le malheureux épargnait sur sa maigre pitance le prix des modèles. Un nègre qui posa son premier buste, *l'Esclavage**, le fit vivre, six semaines durant, avec deux sols de pain quotidien. Comme François Villon, le maigre écolier dont il devait plus tard fixer l'image dans un « rêve de pierre », Etcheto connut les âpres sentiers de la bohème, l'hiver sans fin des va-nu-pieds. Tandis que son noble désir escaladait les astres, le froid, la faim, la déréliction enfonçaient dans la poitrine dolente de l'artiste leurs glaives et leurs inexorables clous. Lui aussi connut, sous les auvents mal abrités, les nuits glaciales avec la bise amère,

> *Sur le Noël, morte saison,*
> *Lorsque les loups vivent de vent,*
> *Et qu'on se tient en sa maison,*
> *Pour le frimas, près du tison.*

Il se « guermenta de pouvreté », parmi les « gracieux guallants » qui, sous la rafale d'automne,

> *... Mendient tout nuds*
> *Et pain ne voient qu'aux fenêtres.*

Ces jours d'inexprimable angoisse, Etcheto les éternisa dans le rictus de son héros. Malgré la morbidesse exquise (dont le bronze du square Monge donne une idée très imparfaite : car les accents, le chaud coloris du marbre, non moins

* Musée de Pau.

qu'en la voisine et fâcheuse copie de Houdon, y font absolument défaut), malgré l'élégance et le charme du Villon, une amertume se dégage de la bouche rieuse, du geste contempteur. Ce n'est plus l'amant salarié de la grosse Margot, traînant ses hontes et son ivresse parmi les venelles fangeuses de la Cité; ce n'est plus le mauvais garçon promis aux fourches patibulaires, mais le sombre, grandiose et généreux poète qui, le premier, osa dire, en simple langage, la douleur de mourir ou d'aimer :

> *J'entends que ma mère mourra*
> *Et le scait bien la povre femme !*
> *Mon père est mort, Dieu en ayt l'âme;*
> *Quand est du corps, il gyst soubs lame...*
> *Et le fils pas ne demourra !*
> *Je sais bien que pauvres et riches,*
> *Sages et folz, prebstres et laiz,*
> *Dames à rebrassez colletz,*
> *De quelconque condition,*
> *Portant attours et bourreletz,*
> *Mort saisit sans exception :*
> *Et mourut Paris et Helène !...*

Ainsi la plainte du *Grand Testament* répond, dans un morne jardin, à la résignation de *Candide,* le sourire plaintif de Villon à la grimace méprisante de Voltaire. L'achat de son bronze par la ville de Paris sortit d' « essoyne » le jeune Etcheto. Un riche vigneron champenois, jaloux de personnifier ses pampres en quelque Bassaride, lui commandait aussi une figure largement payée. La fortune, à présent, souriait à l'artiste, jeune encore, avec les longs espoirs de la trentième année. Riche d'un peu d'argent, riche aussi de volonté, le mirage de la guérison, la douceur du climat le rappelèrent en son pays de Labourd. Mais bientôt, gagné par la rancœur ambiante, par l'inquiétude sublime de produire, il revint demander à Paris la Mort ou bien la Gloire : ce fut la Mort qu'il trouva.

*
* *

Outre un *Démocrite* d'exécution fougueuse et de vibrante réalité, où le marbre s'assouplit jusqu'à figurer les chairs flaccides, les os découragés de la vieillesse, le Musée de Pau montre à ses visiteurs un buste féminin, d'exécution suave et tourmentée : quelque chose comme un Clodion retouché par Rodin. Mais le joyau, la perle incontestable entre les œuvres d'Etcheto, c'est la *Bacchante*, finie, après la mort de l'auteur, par son émule et frère d'art, le sculpteur Jean Dampt.

*
* *

La Thébaine a dévêtu, pour courir librement parmi le Cithéron, sa nébride flottante et sa robe tachetée. Là-bas, dans la prairie où sonnent, avec les « Evohé », crotales et tambourins ; où les vierges obscènes secouent éperdument les vipères de leurs chevelures, Penthée, maître du deuil, agonise, féru par les servantes du dieu.

Les filles de Kadmos : Inô, Autonoé, Agavé sa mère, déchirent comme un faon le jeune sacrilège, tandis que le divin Tirésias frappe le roc d'un pied sénile, en invoquant Bromios, prince du vertige, Lyæos, libérateur des appétits, Evan, redoutable fils de Sémélé aux cornes de taureau.

Mais elle, timide encore et chancelant sous l'haleine divine, a quitté la redoutable orgie. Ses doigts menus pressent amoureusement la grappe mûre. Son corps pâmé se renverse tout entier dans un frisson lascif qui, de la gorge aux orteils, propage une onde caressante. Un rire de plaisir mouille la bouche vineuse, sous la couronne de sarments tordus, sous le flot indécis des cheveux enfantins. Nul accessoire mythologique dans cette image adolescente de l'ivresse, chantant, pour nos mémoires, l'hymne prestigieux de la démence et de la volupté.

Aujourd'hui, brandissant le thyrse radieux,
Dionysos vainqueur des brutes et des dieux,
D'un joug enguirlandé n'étreint plus les panthères :

Mais, fille du Soleil, l'Automne enlace encor
Du pampre ensanglanté des antiques mystères
La noire chevelure et la crinière d'or*.

*
* *

Comme il était déjà sur sa couche d'agonie, Etcheto, plein d'ardeur et d'espérance, pétrissait la glaise imaginaire, d'un pouce que froidissait la mort. Escorté par le blanc fantôme des statues rêvées, le Néant le surprit entre les bras de la Muse. Heureux, certes, l'artiste dont le trépas emporte au front le baiser d'une pareille maîtresse; heureux peut-être aussi l'homme dont chaque jour n'a pas flétri la primitive confiance, et qui, sous le rosier non défleuri des illusions, s'abandonne au dernier sommeil en regrettant quelque chose encore de la Vie !

* José-Maria de Heredia : *les Trophées*.

Pau, *le 20 décembre 1896.*

Souvenir des Taureaux

u coup de trois heures frappant à vingt horloges, la cohue envahit la place des Taureaux.

Avenue de la *Libertad,* sur le *paseo* de la *Concha,* un moutonnement de flot où les guimbardes à tendelets verts impriment des ressacs. Des femmes glissent, onduleuses, une flamme dans leurs yeux noirs. Des mantilles sur les cheveux lustrés à la mode ancienne, des rires parmi les éventails, cependant que les jupes voyantes frôlent, sur la chaussée, brugnons, pastèques et raisins, tout un verger à ras du sol.

Berret en tête, et la jambe prise en des houseaux de toile, une compagnie de Basques déchaîne furieusement ses aigres flûteaux.

Sur le pont, défilent sans trêve des sociétés chorales, un tas de Lyres et d'Harmonies. Au festival coutumier, le maire de Saint-Sébastien juxtaposa un concours d'orphéons. Sous les yeux des badauds vomis par les trains de plaisir, s'allonge, vers le cirque, une phalange d'instrumentistes. Crevés de chaud, bouffis et suants, avec des gestes endoloris, ils traînent l'ampleur des grosses caisses, la configuration bizarre des saxhorns. Maints enfants se haussent pour voir les *toreros* escortés de longs hourras : des fils de bourgeois qu'endoctrinent leurs auteurs sur l'abomination des plaisirs sanguinaires; des filles vertes aux hanches délurées, aux regards explicites; des marchands d'allumettes et de programmes à s'éventer.

Par delà les parapets, l'eau calme de l'*Uruméa* bleuit au loin, — sans une écume, — se perd au délicat azur. Des goëlands claquent du bec, lustrent leurs ailes noires, fondent en cercle sur la mer, et leurs appels mêlés aux fanfares retentissent opiniâtrément.

La course promet d'être sans gloire, s'il faut en croire les habitués.

Des pacants glabres et solennels à visage de prêtres ou de cabotins, verbeusement, épiloguent sur les grandes Épées. Non loin, un touriste quadragénaire, parmi quelques femmes adéquates, pérore d'une vigoureuse stupidité. Encore que je m'exerce à ne l'entendre point, cette joie m'est impartie d'assavoir que, lui, — Chose, — a des motifs sérieux de préférer les *Ganaderias* de Félix Gomez aux écuries de Vera-Aguas. Et le *speech* obligatoire sur la sauvagerie des mœurs espagnoles et tout l'invertébré langage des philistins acharnés à la protection des animaux !

L'amphithéâtre est plein. De la barrière au mur d'enceinte, des habitués se reconnaissent, discutent à voix basse, l'air satisfait et compétent. Une affiche d'ocre et de vermillon flotte sur le toril, indiquant la stalle du gouverneur. De l'autre côté de l'arène, en plein soleil, la foule encaquée sur les gradins d'*assiento*, la bariolure des ombrelles et des éventails. C'est comme un battement d'ailes où, sur des fonds de couleurs brutales, saignent des taureaux, flamboient des *matadors*. Le portrait de Mazantini est dans toutes les mains, sa légende sur toutes les lèvres. Jeune, beau, sorti d'honnête race, il apprit à toucher les bœufs par amour de l'art. Et comme il fut baptisé sur le sol de Guipuzcoa, qu'on le dit magnifique et brave de tous points, sa gloire obscurcit un peu le vieux renom de Lagartijo ou de Frascuelo.

Une sonnerie de trompettes. Le gouverneur est dans sa loge et les *cuadrillas* vont défiler. En tête, le héraut serré dans un justaucorps noir, empanaché d'un arc-en-ciel de vieilles plumes, fait exécuter des changements de pied à la plus lamentable haridelle qui se puisse voir. Après, les *banderilleros*, imbriqués de métal ; puis, seul, en sa cape aventurine, la face rasée et le port olympien, l'*espada* Mazantini, derrière les *sobresalientes* et *Cara-Ancha*, son rival. Tous saluent le magistrat, qui, sans retard, octroie licence de procéder au combat.

Paillons de cuivre, fleurs d'argent, étoffes diaprées et violentes : l'emphase des vieux costumes ennoblit le champ clos.

Les servants rabattent une porte : le silence choit et, poussé dans la piste, le taureau s'avance, ébloui.

C'est un andalou, bai foncé, court de jambes, épais de fanon et d'encolure, les cornes ouvertes en croissant. Depuis l'aube, afin d'irriter son courage, on le tint prisonnier dans un box étroit, sans jour, presque sans air. Aussi, trébuche-t-il, aveuglé de ce plafond lumineux soudain. Un *chulo*, tout courant, le *cape* « à la Navarra ». Déjà les *picadors* sont à leur poste, la lance en arrêt, les pieds emboîtés dans des étriers de chêne, et le monstre, d'un élan irrésistible, fond sur eux.

Le premier carcan, féru d'un coup de corne, perd un flot d'entrailles, son ventre béant de l'encolure à l'arrière-train. Le foie, les poumons s'échappent de la rosse ouverte qui halète encore et trébuche parmi ses intestins, puis d'un tournoiement clonique s'écrase dans une flache d'ordure et de sang. Quelques Françaises — modistes ou catins — cherchent à s'évanouir. Avec le perroquet aimé des concierges et le chien au nez humide, la conquête de M. de Buffon règne sur le cœur femelle et pénètre d'amour les âmes chères à Paul Bourget. Recousus et l'abdomen contrepointé d'étoupes, les chevaux étripaillés se redressent pour un nouvel assaut. Désertent la lice en clopinant, les *picadors* culbutés par la fougue du taureau, cependant qu'un aide enfonce la *puntilla* au crâne des rosses moribondes.

Légers, sautillants avec des pirouettes de danseurs et précisément conformes aux tauromaques de Goya, les *banderilleros*, armés de courtes flèches, bondissent en mesure devant le taureau. Lui, gratte le sol du mufle et du pied : son haleine creuse des trous dans le sable, mais, premier qu'il ait effleuré l'homme, celui-ci implante dans sa chair les banderilles empennées. L'hameçon tranchant et solide qui termine la flèche, d'une cuisante piqûre exaspère l'animal.

Pour le buffle indécis, qui, par crainte ou feintise, recule devant le fer et se couche indolemment, une pièce d'artifice dont les crépitantes étincelles aveuglent presque ses yeux, pénètre, en guise de banderille, dans la vivante chair. Sous le cruel météore, hurle et meugle la tête énorme; des flancs, où grumèlent en lourdes nappes les caillots refroidis, tombent des gouttes vermeilles ensemble avec les feux des serpenteaux.

Quel que soit le ragoût d'un pareil intermède, il sied pourtant de le réprouver et de n'introduire pas, en ces spectacles, d'hétérodoxes agréments.

Le sang tout cru — le sang versé par des mains intrépides est la seule pourpre de mise en la *plaza de toros*.

L'attrait d'un beau supplice, la vie humaine engagée sur un coup de dés, le ruissellement des blessures frais giclantes, rénovent dans les plus lâches poitrines une jeunesse héroïque, sans besoin de pétards ou de fleurs en papier peint.

Veste héliotrope à pampilles d'or, culotte et bas de soie blancs striés de canetille, le jarret tendu, la brette engainée dans une mante écarlate, Mazantini jette à ses pieds la toque de pluche et s'apprête à frapper le taureau.

Un grand garçon, mince, brun, au nez droit, les yeux comme voilés par le froncement des paupières, la bouche fine et pure, accentuée d'un soupçon de gouaillerie, tel apparaît, dans la vigueur de ses trente ans, l'*espada* bien famé. L'on devine, au moindre geste, qu'il marche dans le prestige inatténué de sa force et de son orgueil. Le désir d'un peuple de femmes et cette marée humaine dont chaque souffle lui apporte des baisers, l'allégresse vive du péril encouru, la juste arrogance d'un métier noble, en cet âge boutiquier, l'imprègnent d'une magnificence inconnue aux plus reluisants ténors. Ses cheveux drus, tressés en cadenette, selon le cérémonial prescrit, découvrent tout ce visage reluisant d'audace et de beauté : un dieu qui sent l'abattoir.

Le duel se poursuit entre la brute et le gladiateur, avec les feintes d'une escrime impeccable, jusques au temps que, frappé droit entre les épaules, le quadrupède chancelle et tombe pesamment.

Puis ce sont les vivats et les saluts de la foule, les petits cris extasiés des *señoras*, les trains de mules chaperonnées, emportant, au grésillement des sonnettes, les lourds cadavres mutilés.

Interminablement, les *corridas* se déroulent avec des fortunes diverses. *Cara-Ancha,* qui n'est guère en bonheur, manque plusieurs fois la botte suprême, à la grande indignation de l'assistance. Les jurons pleuvent. « A Madrid, ce seraient des bouteilles vides ou des oranges gâtées, » dit quelqu'un près de moi. Des hommes à barbe d'encre avec les yeux de Montézuma, sur le bûcher, gesticulent, furieux. Un prêtre jette son cigare pour invectiver plus à l'aise : « *Fuero! fuero! puerco! conchino!* » et mille gentillesses d'outre-monts. Pendant ce temps, les Basques sifflent dans leurs « dulzaïnes », les orphéons mugissent des pas trop redoublés et le tueur néfaste rate ses victimes avec précision.

Cela tourne à la vilenie. « *Charcutier!* » hurle un Français. « *Puerco!* » reprennent les Espagnols.

A nos pieds, agonise le dernier mâle, une douceur dans ses yeux obliques, mourants déjà. Un coup de miséricorde, en plein front, le prosterne foudroyé.

Par les vomitoires grands ouverts, les spectateurs, entre deux files de miquelets, s'éparpillent dans les rues pavoisées comme aux jours de Fête-Dieu. A tous les balcons, des housses claires, des verdures, des tapis; aux fenêtres, le drapeau de gueules et d'or; les *miradores* pleins de robes couleur du temps.

A la *Maillorquina*, des femmes lunchent, égratignent des sorbets, grignottent des pâtisseries aux jaunes d'œufs, avec force cédrats confits, *héladas et vasos de agua con esponjado*. Les fanfares continuent leurs évolutions au grand air. La *Marseillaise* déchaîne par les carrefours son patriotisme de trombone. Les Basques déchirent la paix du soir de strideurs à la Valmajour.

Imbriaques, mais non lassés, les cuivres éructent les plus obsédantes âneries de nos cafés-concerts. La chanson de *la Grosse Caisse* unit, pour la même apothéose, le souvenir de Pepe Hillo à l'image de M. Paulus.

L'ombre s'appesantit. Dans le cuivre enfumé du couchant passent les filles des Provinces, hautaines et d'une beauté si grave qu'on les prendrait, ainsi voilées, pour quelque Notre-Dame issant d'un rétable, avec sa cotte lamée et sa couronne de jayet noir.

Saint-Sébastien du Guipuzcoa, le 29 août 1886.

Toros de Muerte

UNE femme d'esprit et la plus adverse du monde aux combats de taureaux me disait l'autre jour :

« Outre l'horreur des belles âmes devant un spectacle barbare; outre la pitoyable agonie de ces tristes chevaux, d'autant plus dignes de commisération qu'ils sont vieux, infirmes et mourants; outre mille raisons sentimentales ou raisonnables d'exécrer le *toreo*, j'ai contre vos matadors, espadas, chulos et autres singes coiffés, une haine de femme, une répugnance que nulle dialectique ne saurait infirmer.

« Avec leurs maillots soutachés de hapelourdes et leurs vestes impudemment concises, avec leur clinquant et leurs joyaux à la Fontanarose, rien ne m'apparaît plus infâme que ces gladiateurs, objets de votre admiration.

« A dire vrai, ce sont des bayadères pour sénateurs érotomanes, des travestis hermaphrodites que leur face rose, que leur laideur populacière de bouchers parvenus rendent encore plus ignobles, égalent aux rôdeurs androgynes de nos boulevards. »

Et ma gracieuse interlocutrice décameronna longuement sur ce motif qui la trouve, en toute occurrence, armée d'éloquentes, de spécieuses reparties.

Mais je ne rapporte ici que le fond même du discours, les seuls arguments plausibles parmi tant d'extravagances que propagent les personnes émotives, chaque fois que revient sur le tapis cette irritante question des taureaux.

Dire, en effet, que la vue d'une corrida est plus immorale que les gravelures pharmaceutiques d'Yvette Guilbert, plus immonde que les chansons de pierreuse par quoi la petite vaurienne Eugénie Buffet inaugura sa carrière d' « étoile », c'est un aimable paradoxe tout à fait propre à conjouir le béotien merdifoireux.

Prétendre que pour affronter un taureau d'Andalousie et s'offrir à ses terribles cornes, armé d'une simple brette, il ne faut pas le moindre courage, cette espiéglerie appartient d'abord à la ventripotence de Monsieur de Blowitz, puis fut reprise, dans son *Christophe Colomb devant les taureaux,* par ce même Léon Bloy, scorpion que l'aspect seul d'une épée nue évapore soudain comme une ombre fugitive.

Aussi, ayant formé le dessein d'apporter certains éclaircissements dans un débat que l'incompétence des contradicteurs obscurcit d'autant qu'il se prolonge, me faudra-t-il écarter les opinions grotesques, les péladaneries et les dires de notre Joséphin que l'idée même d'un acte intrépide sature de dégoût.

Et d'abord, les chevaux, ces pauvres chevaux si cruellement questionnés par les bourreaux de la *Plaza!* Séverine elle-même, tant opposée à l'art de tauricider, passerait presque sur les autres jeux de la *Lidia,* laisserait volontiers l'homme et le taureau s'expliquer ensemble si l'on épargnait, une fois pour toutes, les minables carcans des *picadors.* Ayant, quant à moi, une âme peu accessible à la protection des animaux, j'avoue ne pas ressentir la moindre peine à l'éventrement des rossinantes nécessaires pour mettre d'aplomb le taureau, premier que d'intenter les coups définitifs. Avec le chat préféré des imbéciles prétentieux et le chien lubrique aux immondes senteurs, je ne connais pas d'animal plus odieux que la « conquête » de Monsieur de Buffon, ni qui mérite davantage l'animadversion des honnêtes gens. N'est-il pas l'occasion de mille sottises nidoreuses, le prétexte d'imbéciles conversations, l'un des plus fermes appuis de la mondaine stupidité ?

Cela, j'en conviens, ne suffirait point à supplicier l'énervant quadrupède.

Mais, ô deuil ! le cheval est un élément indispensable du *toreo*, tel que l'ordonnèrent, au siècle dernier, Costillares et le divin Romero : tant que, le jour où les chevaux disparaîtront de l'arène, les courses auront vécu.

D'ailleurs, s'il s'agissait d'offrir au boutoir d'un sanglier un noble et jeune coursier ou bien de l'écraser, dans quelque steeple; s'il était question de courre un pauvre cerf et de lâcher, pendant quelque douze heures, sur cette bête inoffensive une meute de cent limiers aux babines déchirantes, nul, parmi les taurophobes les plus exaltés, ne songerait à s'indigner, les sports hippiques et la chasse n'étant pas matière à déclamation.

Dans les corridas, au lieu d'un bel animal sacrifié, c'est une hideuse rosse, bonne, au plus, à voiturer un fiacre, que guettent les sangsues ou bien l'équarrisseur; c'est un cheval hors d'usage qui, au lieu de traîner, quelques semaines encore, ses rhumatismes et de fournir un travail dont ses forces le rendent incapable, est frappé d'une mort cruelle, mais rapide et dont il endure le premier coup sans l'avoir même pressenti.

J'ai dit que cette mort est indispensable. Voici pourquoi. De tous temps les taureaux se combattirent à cheval. Les Espagnols aussi bien que les Maures ne conçurent point d'autre manière d'attaquer le monstre et de fuir devant lui, tant que le *toreo* fut un amusement réservé à l'aristocratie. Les *banderillos* et la Première Épée n'eurent un rôle prépondérant que depuis la réformation de la tauromachie, advenue, comme chacun sait, dans la première partie du dix-huitième siècle. Si l'art moderne a supprimé la lance et le harpon, laissant aux *caballeros en plaza* * ces armes grossières, il a dû conserver un jeu qui, seul, met en évidence la force, le courage et l'élégance du taureau. A la première attaque contre le *picador*, une épée digne de ce nom et même un amateur quelque peu clerc jugent ce que tiendra, jusqu'à sa mort, la bête sortant du toril.

Quant au spectacle *en soi* de l'étripaillement, quant à l'aspect des entrailles pendantes, je ne pense pas qu'il soit pour émouvoir beaucoup un *aficionado;* c'est un accident indispensable et prévu. Mais ce que je peux affirmer sans crainte, c'est que le connaisseur véritable ne se délecte aucunement d'une pareille malpropreté. L'éviter d'une façon absolue serait l'idéal même de la tauromachie, idéal que la rareté des bons picadors rend de plus en plus inaccessible. Aux temps héroïques des Sevilla et des Corchado, l'on donnait

---

* Si fâcheusement employés dans les pseudo-corridas de la rue Pergolèse et du Midi de la France.

au taureau « plus de fer que chair ». Rien n'était moins extraordinaire que de maintenir un cheval contre plusieurs attaques. L'anecdote est connue du Martincho qui paria et gagna son pari de piquer les six taureaux d'une *corrida* sans que son cheval reçût la moindre égratignure. Mais c'était alors une époque fertile en bons gladiateurs, ceux qu'immortalisait Goya; dans une fureur d'apothéose, des tauromaques robustes comme Hercule et Samson; des porte-glaive si beaux qu'ils dormaient, parfois, dans le lit des infantes et que les reines leur jetaient des baisers.

O splendeurs évanouies,
O soleils disparus derrière l'horizon!

* * *

Quant au grief d'inconvenance et de féminéité dans le costume, ne pensez-vous pas qu'il ne faut avoir rien à reprocher à ces braves pour les taquiner ainsi? Je pourrais bien aisément répondre que Mazantini est un gentleman dont la distinction dépasse de beaucoup le meilleur empois de ce funambulesque des Esseintes; que Guerrita est le meilleur des pères; que Frascuelo, quand il prit congé du public, eut l'honneur de partager sa tresse professionnelle entre sa fille, le gouverneur et l'archevêque de sa province. Mais qu'importent ces commérages laudatifs et les vertus privées de ces hommes qui — moyennant finance, je le veux bien, mais de la manière la plus éclatante — font paraître à nos yeux la bravoure, cette vertu maîtresse ; de ces hommes qui, dans les poitrines espagnoles, font battre, de nos jours, le cœur du Cid. « Mettez, — disait Edgar Quinet, — mettez la devise d'argent et d'or à l'épaule du taureau. Grâce à lui, l'Espagne a vaincu les Maures et nos armées, l'Espagne a triomphé de Mahomet et de Napoléon. »

Cette accusation d'indécence me paraît futile et quelque peu entachée de mauvaise foi. Avant d'incriminer le collant trop ajusté de personnages qu'un faux mouvement peut livrer à la corne meurtrière et qu'un pouce d'étoffe inutile rendrait moins vifs dans telle *suerte* où la précision du mouvement doit être impeccable, sous peine de mort : le *quiebro*, par exemple, ou l'estocade portée en *volapié*, daignez contempler ce qui se passe, avec l'agrément de la censure, dans nos estaminets chantants. J'ai vu naguère — peut-être aux « Ambassadeurs » — un drôle immonde, largement déculotté, en ballerine, qui, avec des contorsions tout à fait basses et des gestes de la plus bordelière volupté, mimait la danse du ventre pour la grande satisfaction des mères de famille et des pères philistins qui avaient conduit leurs héritiers dans ce tripot. Ah! rendez-moi, de grâce, l'élégance des souples *toreros*, et l'emphase des costumes espagnols, et la résille de Figaro, et les passements d'or, et les vestes couleur du temps qui semblent soutachées par quelque Rosine amoureuse...

*
* *

Et maintenant, car il faut toujours conclure, maintenant direz-vous, ô lecteur bénévole! Sied-il d'introniser en France l'art surhumain de la tauromachie?

Oui, certes. Mais à peu près de même qu'il conviendrait d'y cultiver l'ananas dans les champs et de remplacer le modeste roseau par d'opulentes cannes à sucre.

Les combats de taureaux, sous un ciel brumeux et dans un pays de froidure, ne seront jamais qu'une parodie exécrable, qu'un leurre à gogos manœuvré par des faiseurs auxquels ne chaut en aucune manière l'art de Montès et de Pepe Hillo.

En effet, c'est une condition primordiale que la bête destinée à ces jeux héroïques n'ait jamais dormi sous un toit, lorsqu'elle entre dans l'arène. Cette loi repose sur une connaissance si parfaite du taureau qu'au dire de tous les connaisseurs, une cause de dégénérescence est le transport en wagon de ce noble bétail. Or, à moins de faire porter d'Andalousie ou de Navarre vos bêtes de combat (ce qui accommoderait assez mal, je suppose, les industriels camarguais), quel abri donner aux élèves de France pendant la mauvaise saison ? Bien que la neige soit chaude en Provence, au dire du Marseillais, je doute que les bouvillons s'en trouvassent aussi bien que du soleil indéfectible, que des pâturages éternellement verts du Jénil ou du Guadalèté.

Lettre ouverte à M. Uhrich

PROTECTEUR D'ANIMAUX

Vous triomphez, monsieur, dont la tendresse à quatre pattes sera, pour les temps à venir, un objet de stupeur. Votre caprice, obéi de quelques mouchards, et secondé par nos ministres, enclins professionnellement à épauler toute entreprise basse, votre volonté chaparde à trois départements français un spectacle héroïque où se plaisaient la plupart de leurs habitants.

A Dax, à Nîmes, à Bayonne, la fallacieuse et dégradante commisération dont vous êtes le patenté commis voyageur interdit un spectacle chevaleresque à des gens que n'amusent guère les opérettes à femmes et le répertoire vomitif des cafés-chantants.

Cette victoire vous rend, sans conteste, l'olibrius le plus notable de la semaine et donne aux moindres vagissements sortis de votre plume une importance documentaire : car vous témoignez d'une bouffonnerie cocasse et inattendue. De plus, la qualité que vous faites paraître d'accommoder les choses sans tenir le moindre compte du vrai confère à votre opuscule sur ces malheureux pigeons le charme des plus excellentes hâbleries. Cette lettre est une façon de microcosme où se reflète, dans son incommensurable platitude, l'âme de vos confrères et amis.

La réclame que vous battez sur le cuir des rossinantes et des taureaux si « méchamment mis à mort » par Guerrita ou Bonarillo ne date pas d'hier. L'Églé du « pauvre Gilbert », à qui

Un papillon mourant faisait verser des larmes,

assistait, d'une incomparable froideur, à l'inique supplice de Lally-Tollendal. C'était l'aïeule des précieuses de chenil rangées sous vos drapeaux. Car ces anges minaudiers ont d'habitude, sous leurs grimaces doucereuses, une complexion d'eunuque ou de bourreau. L'amour excessif que les catins manifestent à leurs bichons, ces animaux deux fois immondes, éduqués à lécher les excréments du privé et les ordures de l'amour; la manie imbécile des gâteuses sexagénaires qui transforment leur logis en asile pour les matous galeux et les barbets errants, tandis que, sous les ponts misérables, tant de hères passent les nuits de janvier; la fausse bonté dont les antiques ladres pavoisent leur avarice; la badauderie si aisément exploitable des riches idiots; le gâtisme sentimental de Joseph Prudhomme, — tous ces éléments réunis et combinés ensemble forment le riche capital sur quoi vous trafiquez, depuis maintes années, sans que le fantôme du ridicule et le dégoût du personnage que vous tenez aient pu dévier, un instant, ce que vous appelez, sans doute, en style de Jocrisse, « votre sacerdoce » ou bien encore « votre mission ».

Heureux mortel! Vous protégez les animaux, depuis le sansonnet de ma portière jusqu'aux biques montagnardes pour qui, dans la solitude tentatrice des hauts lieux, quelques bergers éprouvent une tendresse inconvenante, jusqu'aux pauvres biquettes dont le pucelage est commis à vos soins :

Allez, troupeau jadis heureux! Allez, mes chèvres!

Toutes les bêtes domestiques : l'âne, le porc, la vache, le mulet, et le macaque autopianiste, et le molosse, et le roquet, ressortissent de votre clémence plus large, cent fois, que celle de Titus.

Pour peu que Gargantua revînt au monde, vous

l'empêcheriez de se torcher à son oison, par respect pour les palmipèdes avec qui vous fraternisez.

Le divin bateleur François d'Assise se contentait de haranguer les hirondelles et de bénir les poissons. Mais vous, monsieur, vous surpassez en capucinades les capucins eux-mêmes, vous étant fait le Vincent de Paul des matous abandonnés et le Petit Manteau Bleu du toutou « à qui qu'on a marché la patte ».

Si j'en crois la Renommée, vous venez d'un pandour : colonel, général, peu importent les galons de ces turpitudes et vous-même, sauf erreur, gâtez en une culotte de peau. Tueur d'homme et fils de tueur, assassin patriotique, alsacien même, pour qu'aucune dégoûtation ne manque : vous alternez la férocité professionnelle du boucher militaire avec les bêlements du zoophile !

Insolent, vous avez imposé la loi Grammont, avec l'assentiment des modistes de France et l'agrément des pieds-plats, ces braves pieds-plats dont le courage, aussi gaulois qu'intrépide, s'accommode, en toute occurrence, à l'opinion de la majorité. Hélas! et cette exquise Séverine, que les mirages de son grand cœur ont fourvoyée — je ne sais trop pourquoi — dans votre hôpital de chiens, exulte aussi de l'aventure. Méfiez-vous, toutefois, de cette dernière alliance. La dame est de cœur si haut, d'esprit si libre, que je la crois fort capable de reconnaître sa méprise et de passer quelque beau matin, avec armes et bagages, dans le camp des véritables opprimés.

Quoi qu'il en soit, pour le présent, vous gagnez la partie. Les *corridas* sont un luxe désormais interdit, par votre philanthropie éclairée, aux seuls travailleurs, ainsi qu'aux personnes d'aisance médiocre, les *aficionados* bien rentés pouvant toujours faire la figue à vos inhibitions, tant que les arènes de Madrid, de Séville et même de Bilbao s'ouvriront au *paseo de la cuadrilla*.

Mais revenons, s'il vous plaît, à la missive pour M. Gary, de Nîmes, que vous publiâtes, lundi dernier, par l'entremise du *Figaro*.

Selon vous, le tir aux pigeons est un passe-temps plein de douceur, encore que l'on y massacre, *pour le plaisir,* et par centaines, ces volatiles amoureux et charmants que les mythes anciens avaient élus pour traîner, sur son char de nuages, la Déesse féconde, que ce fût Cypris hellénique ou la Phrygienne Astarté. Pauvres colombes que Moréas s'entête à nommer des coulombs et qui — outre l'exemple du baiser — fournissent à l'homme de si juteuses crapaudines, sans compter les renseignements télégraphopatriotiques ! Il semble, monsieur, que leurs infortunes et leurs mérites eussent été dignes de votre facile compassion !

Mais je crains fort que le tir aux pigeons, non

plus que ces immondes chasses à courre, trouvent jamais, en votre personne, un contempteur bien résolu. Ce sont là passe-temps bienvenus des riches oisifs parmi lesquels vous recrutez vos abonnés, et je n'imagine pas que vous poussiez la mansuétude jusqu'au mépris de la recette.

« Sauvons la caisse ! » dit Bilboquet, un de vos prédécesseurs, lequel gardait, au moins, cet avantage d'être un paillasse réjouissant.

Donc, vous soit accordée la parfaite innocence du tir aux pigeons, pour lesquels d'ailleurs vous souffrirez bien que je reste du dernier indifférent.

Comme cet exercice ne demande pas le plus mince courage, il soulève bien moins d'antipathies que les courses de taureaux. Force couards n'aiment pas ces étalages de vaillantises que montrent les toréadors. Si bien que, pour ce péché magnanime de bravoure, on abomine ces nobles porte-épées dans les salons des vieilles dames et jusques à l'Académie française où Loti, lui-même, — si volontiers indulgent pour les beaux hommes, — juge plus agréable de leur tourner le dos.

Un autre point me semble quelque peu tiré dans votre factum et je vous demande congé d'insister, un moment, là-dessus.

« Dans les courses de taureaux, — affirmez-vous, — le spectacle tout entier repose sur les souffrances du cheval, contusionné, blessé, éventré, recousu tant bien que mal, représenté au taureau dans deux ou trois courses successives, jusqu'à ce que mort s'ensuive; sur les souffrances du taureau piqué, banderillé et estoqué ou plutôt lardé à coups d'épée. »

En vérité, monsieur, de quelque innocence que vous ait imprégné la fréquentation journalière des bêtes, ce morceau ne peut être imputé à votre candeur et vous ne trouverez pas mauvais sans doute que je vous dise, avec toute la courtoisie opportune, que vous donnez une furieuse entorse à la vérité.

Les blessures du taureau et celles du cheval ont exactement la même importance que la chute de la reine ou du cavalier dans une partie d'échecs. Le coup d'« estoque » est pour l'*aficionado* ce que le coup de « mat » est pour un habitué de la Régence. Cela est d'une telle évidence aux regards de quiconque suivit, même sans la juger en ses infinis détails, la première corrida venue, qu'on ne saurait attribuer qu'à une mauvaise foi de la plus sordide espèce, l'étrange assertion dont vous colorez vos agissements.

Qu'il y ait des gladiateurs maladroits et que le taureau s'en trouve incommodé, c'est, sans conteste, un accident fort déplorable, mais à quoi nous serons, apparemment, exposés, dans toutes les branches de l'activité humaine, tant qu'un décret ne forcera pas d'occire les artistes médiocres et les gauches ouvriers.

*
* *

Mais quittons ce badinage et venons à de plus graves propos. A présent que vous avez sevré tout un peuple d'un spectacle auquel il avait droit; à présent qu'appuyé sur une loi carnavalesque, vous avez méchamment ruiné un monde entier d'éleveurs, de bouviers, sans compter les nombreux comparses du drame tauromachique, vous allez, à ce que je suppose, coucher sur vos positions et partir de là pour des conquêtes nouvelles. Pionnier de la civilisation et des mœurs bénignes, vous allez entreprendre une croisade sacrée au bénéfice de tous les opprimés dont la souffrance, les blessures, la dégradation et l'agonie sont un instrument de plaisir aux mains de leurs cyniques montreurs.

Je ne parle pas ici de la prostitution *morale* de l'enfance. Votre entendement de brebis et votre conscience ruminante sont, à coup sûr, trop ingénus pour comprendre qu'il vaut mieux trucider cent mille vaches et tout autant de haridelles que de faire chanter un seul couplet grivois par une fille ou un garçon impubères, spectacle goûté des plus honnêtes philistins qui viennent, chaque fois que l'occasion s'en présente, communier, en famille, de cette abomination. Comme le tir aux pigeons, un tel spectacle doit paraître à vos yeux le plus innocent du monde.

Mais il est d'autres horreurs plus capables de fixer votre attention et de suggérer à votre bande un projet de loi pour le moins aussi respectable que celle dont feu Grammont cueillit le ridicule, au temps où, comme dit Rivarol, il « législatait ».

Si votre chasteté, monsieur, vous a, jusqu'ici, interdit l'aspect de certains halls, vous ignorez peut-être qu'en dehors du trafic des coucheries, ces endroits sont affectés aux « travaux » de divers saltimbanques, funambules et jongleurs qui ont acquis quelque famosité, en province ou à l'étranger, par l'imprévu de leurs dislocations.

Il n'est pas un clown de quelque envergure qui n'ait passé par ces endroits, bondi sur les trapèzes, marché sur la corde roide et voltigé parmi les apothéoses du ballet. Or, apprenez, monsieur, parmi tant de postures extravagantes et de contorsions monstrueuses, quel « exercice » mérite, entre tous, la bienveillance et les suffrages du public.

Les servants du manège disposent au milieu de la scène une manière de cadre matelassé, emboîtant exactement les épaules et le dos d'un gymnaste qui, couché là dedans, gesticule avec une parfaite aisance, tant des jambes que des bras. Un second acrobate, plus jeune que le premier, mais déjà, cependant, en pleine adolescence, monte sur les pieds que lui tend son camarade et lui saisit les mains. Survient un troisième plus jeune encore, puis un quatrième, un cinquième, par taille décroissante, jusqu'au dernier,— pauvre mioche de cinq à six ans, qui se place tout en haut de la pyramide vivante formée par ses compagnons. Leurs costumes reluisants d'or faux et de nuances criardes égalent en impudeur les plus nidoreux travestissements des bals masqués. Pendant un quart d'heure, l'homme jongle avec cette misérable et crapuleuse nudité, secoue la grappe humaine suspendue à ses membres, jetant, reprenant et renvoyant dans l'espace chacun des jeunes hommes qu'il fait métier d'exhiber. Cela s'appelle les « Jeux Icariens ».

Et la foule se délecte de cette épouvantable horreur. Elle en redemande encore. Et les ruffians qui l'exercent obtiennent d'elle, en peu de temps, forte somme et notoriété.

Outre l'horreur qui s'attache à la prostitution d'un être muni de quelque vague intellect et la tristesse de voir polluer ainsi la fleur de ces enfances, ne jugez-vous pas que cet emploi de la personne humaine, comme jouet, porte en soi quelque chose qui confine à l'anthropophagie et qui peut sembler à force gens indélicats aussi répugnant que l'agonie d'un « novillo », fût-il entamé de vingt-quatre coups de brette et durât-elle plus de quarante minutes ? Je sais bien que notre démocratie, toujours respectueuse de l'individu, tolère, chaque jour, que l'on montre, dans les jardins publics, toutes sortes de peaux rouges et noires, sans plus de respect pour ces malheureux que pour des ours ou des babouins.

Mais je prends mal mon parti de ces gentillesses. Jongler avec de petits enfants, couvrir d'opprobre les mornes esclaves dépaysés parmi de sinistres bourgeois, vingt fois plus sauvages qu'eux, ne me paraît pas la profession la plus louable du monde. Et les entrepreneurs de ces hideux spectacles me semblent au moins aussi méprisables que les hommes au fier courage dont le regard intrépide et l'épée vigoureuse attendent, sans défaillance, le choc formidable du taureau.

C'est pourquoi je prends la liberté, monsieur, de vous indiquer une sorte d'abus sur quoi se pourrait exercer votre humeur réformatrice.

Protéger les bestiaux; moissonner, dans les cirques, la verroterie de l'Encouragement au Bien est une belle chose. Déchaîner les vers taurophobes et généralement quelconques de Hugues ou d'Aicard est un loyer digne d'une grande âme.

Peut-être, cependant, vaudrait-il mieux arrêter les entreprises des bourreaux d'enfants et sevrer nos yeux affligés des immondes spectacles que ces drôles nous imposent, avec l'assentiment de la Police et de la Loi.

En présence du Bûcher

LA reprise de *Don Juan* à l'Opéra-Comique fut l'occasion de maintes découvertes insolites pour les écrivains aux bottes infatigables qu'un mauvais usage qualifie de « soireux ». L'un de ces plantigrades constatait naguère avec stupeur que Tirso de Molina, auquel la scène fut redevable du proto-don-Juan, avait reçu les Ordres Sacrés, ignorant combien cette circonstance fut commune, en Espagne, au temps où vivait l'auteur. Le curé Curiambro, si expert aux choses littéraires et qui juge sans appel la bibliothèque du Chevalier Manchois, n'est point un type d'invention pure. Ses confrères détenaient le privilège de la haute culture intellectuelle et, dans ce matin de la Renaissance, plus d'un s'exerçait à imiter les élégances italiennes du Bembo, de Pétrarque ou de Sannazar. Miguel de Cervantes fut un laïque parmi tant de clercs illustres. L'on peut dire sans témérité que cet état, considéré comme inférieur sous un régime théocratique, ne fut pas étranger aux longues souffrances qui abreuvèrent sans répit le grand blessé de Lépante. L'infâme Avellaneda, guidé par la clairvoyance de la haine, l'attaque par ce côté faible et, quand il lui reproche d'avoir raillé Lope de Vega, ce n'est point le dramaturge, mais bien le familier du Saint-Office que, méchamment, il l'accuse de tourner en dérision. Critique homicide, qui n'allait à rien moins qu'à supprimer le délinquant. Aussi faut-il voir de quel air Cervantes repousse un tel grief, de toute son indignation de gentilhomme et de fidèle. En plus de vingt endroits, il revient à la charge, ne voulant pas laisser subsister le moindre doute sur son attachement pour l'ordre établi, sur son respect envers le poète inquisiteur.

Ces grands livres du seizième siècle n'allaient point sans quelque danger. L'écrivain risquait à la fois sa fortune et son existence, quand, livrant sa nef aux souffles d'avenir, il naviguait, comme Pantagruel, vers la terre d'Utopie. L'imprimeur de Rabelais avait été brûlé vif par la vengeance ecclésiastique. Ce fut, grâce à l'insanité apparente, aux ordures de toute espèce dont il souilla volontairement son beau livre que l'auteur de

Pantagruel se put garantir des « Chats fourrés ». Mais ce que la douceur de France rendait encore possible eût semblé monstrueux à l'orthodoxie espagnole et tel passage, celui, par exemple, de l'*Isle sonnante,* eût conduit l'écrivain au supplice. De là cette perpétuelle génuflexion (trop voulue et trop soulignée pour être bien sincère) qui marque chaque page de Cervantes.

Le meilleur moyen d'échapper au terrible limier du Quemadero, c'était encore de s'affilier à ce tribunal omnipotent. Par leurs attaches avec le pouvoir occulte et redouté de l'Inquisition, Molina, Calderon, Lope de Vega, purent oser, sur le terrain de la morale (car leur pensée enfantine resta invariablement soumise au dogme établi), des hardiesses qui, pour tout autre, n'allaient pas sans danger.

La haute figure de Don Juan ne saurait être comprise si l'on ne tient compte du milieu spécial et de la profession de son inventeur. En accommodant au goût des autres peuples la fable dramatique de Tirso de Molina, Molière d'abord, puis da Ponte, insipide manœuvre du scénario que Mozart ennoblit de sa fraîche musique, ont enlevé au personnage ce qui constitue la particularité de son type, ce qui distingue le bandit prométhéen d'un séducteur vulgaire, ce qui fait que Don Juan n'est pas Almaviva.

Criminel grandiose et, jusque dans ses pires

excès, gardant l'orgueil du nom et la dignité castillane, don Juan n'a pas à redouter

> ... que l'Espagne impute à sa mémoire
> D'avoir mal soutenu l'honneur de sa maison.

Réclamé par l'Enfer, il accueille le sinistre convive sans faiblesse ni terreur. L'âme du Cid vit toute entière dans ce débauché. Ses crimes eux-mêmes revêtent une gloire incontestable, nonobstant la vilenie des conjonctures, par le sceau d'éternelle damnation que la foi du chrétien accepte et que réclame la fierté du grand d'Espagne. C'est, à la remorque de Poquelin, ce que n'entendirent aucun des auteurs qui, depuis si longtemps, dévident, sur ce thème, la bobine des lieux communs. En rimes fausses, parmi lesquelles brillent, çà et là, quelques nobles vers, Musset ravauda longuement des propos de chemisier, mettant de front Lovelace et don Juan, comme si le héros invertébré de Richardson était jamais sorti des limbes. Avec cette parfaite incompréhension des milieux qui distingua les romantiques, le poète de *Namouna*, voulant un don Juan

> ... *plus beau, plus poétique,*
> *Que personne n'ait fait...*

découvrit en l'époux de *doña* Elvire un

> *Symbole merveilleux de l'homme sur la terre,*
> *Cherchant de la main gauche à soulever son verre,*
> *Abandonnant sa droite à celle du Destin.*

Cela est extraordinairement bouffon. De nos jours, il est vrai, Monsieur Jean Aicard ressuscita, une fois de plus, l'héroïque fantôme, pour le montrer, en de copieux alexandrins, courtisant des « mousmés » au moyen du téléphone ! Mieux vaut encore la longue divagation que Théophile Gautier prête au noble scélérat, dans *la Comédie de la Mort*. Outre le beau gongorisme du vers connu :

J'ai demandé la vie à l'amour qui la donne,

le sens plastique de l'écrivain et son horreur païenne du trépas l'ont fourni d'une meilleure inspiration. Don Juan vieilli, dont les mains séniles et tremblantes

... laissent tomber les bagues
Trop larges pour ses doigts...

lamente les nuits de sa jeunesse et l'amertume des calices vidés. Du morne laboratoire d'Heidelberg, l'antique docteur Faust répond à sa nénie : aussi bien que l'Amour, la Science est décevante, pour les Hôtes passagers de la Terre, ces promis éternels de la Faucheuse éternelle.

*
* *

Je voudrais oser dire que don Quichotte et don Juan résument et figurent l'Espagne du seizième siècle. Ajoutez Sancho Panza, car le vilain doit avoir sa place auprès de l'hidalgo. Le *gracioso* des comédies et des *actes sacrementels* (je songe en ce moment aux étranges ithyphallies par quoi débute la *Dévotion à la croix*), sait autant de proverbes que le bon Sancho : sa prudhommie, copieuse en mots de gueule, divertit, par la bassesse même, un auditoire patricien, joyeux de tant d'impertinences. Et ce n'est point la face inquiétante du sinistre Aignelet que montrent ces grotesques. Le jacques torve et mal dégrossi qui mène la farce de Pathelin ne ressemble en rien à ces joyeux laboureurs d'Estramadure ou de Castille dont un soleil moins avare égaya les pensées. Comme l'âne à côté du palefroi, ils trottinent derrière leurs seigneurs, en une attitude immortelle, parmi les routes poudreuses, sur le chemin de l'Idéal.

*
* *

Car c'est l'Idéal que cherchent aussi bien don Juan que don Quichotte. Le boudoir des *mille e tre* n'est pas si loin du Toboso qu'on le croirait d'abord. L'âme de l'Espagne, « plus grande encore que folle », se reconnaît dans l'un et l'autre héros pour leur appétit de chimères épiques et de bonheurs démesurés. Certes, don Juan, forçat des ivresses charnelles, apparaît plus hautement tragique. L'immense tristesse du rut universel, la fatalité lugubre de l'amour se mêlent à ses moindres équipées : il semble, parfois, aussi peu individuel que les faunes ou les ægipans de la forêt.

Mais il reprend bientôt possession de soi-même et c'est la tête haute qu'il affronte le Tartare. Le temps est passé de combattre Boabdil ou Marsile : qu'importe ! Les fils des chevaliers gardent leur cœur indomptable. Capanée eut moins d'arrogance devant la foudre de Zeus que don Juan n'en fait paraître à braver son catholique Enfer.

A ces jeux magnanimes, la volonté se tend, l'âme s'exalte dans une haute atmosphère de désintéressement et d'orgueil. C'est par là que se rejoignent les deux personnages et que le chaste amant de Dulcinée rencontre un ménechme dans l'Inéluctable Séducteur. Tous deux marchent à leur folie, sans rien entendre des bruits du monde, à travers le sanglot des victimes ou le ricanement des muletiers yangois. Tous deux voguent à la dérive sur la « barque enchantée » de leur ivresse,

Regardant le sillage et ne daignant rien voir.

Leur esprit s'incarne dans toute cette race ardente chez qui l'amour divin se confond avec les extases sensuelles et qu'aiguillonne un perpétuel désir d'héroïsme extravagant.

Dans cette morne Biscaye, où pas un chant

d'oiseau n'égaie la sinistre verdure des montagnes, le chevalier de Marie, Ignace de Loyola, brise de ses propres mains sa jambe mal reboutée. (Plus tard, son compatriote Churruca, commandant un vaisseau à Trafalgar et les cuisses rasées par la mitraille anglaise, se fera plonger dans un baril de son pour suspendre l'hémorragie, pour combattre, comme Roland, jusqu'après la mort.) Voilà bien la « folie espagnole », d'autant plus calme au dehors qu'elle intègre les pires extravagances. Jamais don Quichotte n'est si courtois, si disert, si affable qu'avant d'enfourcher Clavilègne pour les beaux yeux de la duègne Trifaldi. Parfois des cris de passion éclatent entre les concetti à l'italienne et les *agudas* si fort au goût du temps. La strophe qui séduisit l'infante Antonomasie :

Viene, muerte, tan escondita,

répond à la glose célèbre de Thérèse : « Je meurs de ne pas mourir », que pourrait, d'autre part, lui envier Garcilaso ou Gongora. Mais, bientôt, l'amour déborde et s'épanche en ondes furieuses, comme dans ces rimes de la Grande Transverbérée :

Ce n'est pas l'enfer allumé
Ni le paradis qui fleuronne
Par quoi mon sein est animé.
Garde pour d'autres la couronne

Et la gloire qui l'environne,
Dans un éternel mois de mai.
Que m'importe cette couronne,
Ô Jésus ! Ô mon bien-aimé !

C'est vers le baiser de tes lèvres
Que pantèle et hurle ma fièvre,
En un abandon sans retour.

Indifférente à toute chose,
Géhenne livide ou Ciel rose,
C'est toi seul que je veux, Amour !

**
* *

Ici, n'est-ce pas ? les deux éléments sont confondus. La sensualité brûlante de don Juan s'épure aux mystiques ivresses du platonique Chevalier. L'amour luit et flamboie comme un estoc de Juan del Rey. L'âme espagnole a trouvé sa plus haute formule, un délire à satisfaire même sa soif généreuse d'Idéal. Et quand elle descendra, deux fois trempée de larmes et de flammes, jusqu'aux plaisirs de la multitude, elle inventera, cette âme éperdue, le seul jeu digne d'elle, victoire de l'esprit sur la force brute, le geste magnanime qui plonge dans le cœur du taureau une épée sœur de Hauteclaire, de Durandal et de Tizona.

Belluaires et Prudhommes

L'OUVERTURE de la chasse, exécutée par un lutrin d'acéphales, peuple de résonances imbéciles les coteaux et les bois. La vénerie au petit pied est à coup sûr un des moyens topiques dont use la classe moyenne pour faire patente son incurable stupidité.

Aucun spectacle n'est plus idoine à réjouir les quadrupèdes de tout pelage que l'aspect d'un huissier en tenue de guerre, que le ventre d'un tabellion bedonnant sous son carnier. J'imagine que les oiseaux de divers ordres, échassiers, conirostres, grimpeurs, fissipèdes, gallinacés, rapaces et totipalmes, garés des canardières maladroites, s'esclaffent aux dépens des boutiquiers cynégétiques. Le hérisson débite au lièvre maintes pointes sur les gabatines qu'il leur donne. Le conil, cette crapule forestière, leur fait la nique au bord des haies. Le geai les siffle et le chat-huant les vitupère. La bécasse prend en pitié la niaiserie de leurs apophtegmes, et, du creux des châtaigniers, la buse en parle à l'émouchet son compère. — Eux vont toujours, sans même soupçonner l'ironie des bêtes et des choses, la grimace cachinnatoire du soleil goguenard, qui leur bleuit la trogne et vermillonne leur sinciput.

Puis le soir tombe, et les bestioles vengées se livrent, sans contrainte, aux passions affectives dont Toussenel les a si libéralement gratifiées.

Celui de tous les écrivains qui s'est le plus attendri sur les déjections naturelles, Michelet, ne manque pas d'attribuer aux moindres volatiles de suprêmes amours et de rares pensers. Volontiers, il s'extasie sur la vaillance des guêpes, le grand cœur des pingouins.

Sans communier aussi largement de l'âme des choses, nous ressentons un fraternel émoi pour tant d'innocentes et gracieuses formes de la vie.

Les oiseaux surtout, amis de la chaumière et du labour, portent une grâce augurale et, pour ainsi dire, sacrée.

La caille, au plumage couleur de terre et de blé; le virevent, qui fuse, le long des saulaies, comme un éclair d'émeraudes et de lapis; la perdrix, si délicatement fourrée d'une peluche bleuâtre où saignent des gouttes de corail, et, par-dessus tous, la vaillante alouette, qui porte au plus haut ciel l'allégresse des laborieux matins, ne sont-ils pas la voix même, le chant humble et doux du terroir natal ?

Je ne pense pas que la douceur du cri ni le charme ingénu dissuadent les braconniers de courir, sans trêve ni merci, au poil comme à la plume. Les maîtres-queux infâmes qui, naguère, aux défilés de Savoie, prirent, en leurs lacs, quatre cent mille hirondelles, expédiées, sur-le-champ, au Royaume-Uni et transformées en mauviettes, ne cesseront d'exécuter, jusqu'au dernier moineau, la gente gent ailée. Cette façon de cruauté stupide ne révolte en aucune manière les belles âmes, s'implante, chaque jour, un peu plus dans nos mœurs.

* * *

En revanche, la seconde quinzaine d'août ramène, avec une précision désespérante, les invectives et les sanglots de l'espèce taurophobe.

Depuis que le soleil, dans l'horizon immense,
A franchi le Cancer, sur son axe enflammé,

les gazetiers en mal de copie, les vieilles filles

douces aux quadrupèdes, font retentir de myriologues et d'exorcismes les papiers publics.

La taurophobie est une profession comme une autre, profession des mieux appointées et qui n'exige du praticien ni cœur, ni talent, ni esprit, ni linge, ni syntaxe. A part quelques intellects trop généreux fourvoyés en cette galère, la plupart de ceux qui lamentent sur ces pauvres taureaux « méchamment mis à mort » sont de simples fumistes, jocrisses ou charlatans de sensibilité.

L'on ne saurait, en effet, trop souvent redire et paraphraser cette vérité flagrante, à savoir que, de tous les spectacles forains où les animaux jouent un rôle, il n'en est point de plus héroïque ni de plus beau que les *toros de muerte*. J'ajoute volontiers : de plus moral, si l'exercice de la bravoure et l'entraînement au mépris de la mort peuvent encore, dans notre siècle lâche, passer pour une vertu.

Combats de chiens, combats d'ours, combats de pinsons, et la boxe crapuleuse des Anglais, et la chasse à courre où se plaisent les gens chic dépassent de beaucoup en horreur l'estocade magnifique de la première épée, le coup de « vara » par quoi les *picadors* impavides accueillent le taureau. Présentement, la Société protectrice fulmine pour ce que, dans Avignon ou dans Baucaire, les directeurs du spectacle mirent en présence un ours des Cévennes et un taureau d'Andalousie. Les mêmes gens trouvent d'ailleurs tout simple de voir, chaque jour, dans les marchés et les fêtes votives, le terrible plantigrade s'acharner sur quelques pauvres mâtins hors d'âge, ou sur tels ânes rogneux. C'est cependant une bien autre fête, pour les yeux, que le spectacle de deux monstres affrontés l'un à l'autre, que ce conflit majestueux de deux forces pareilles défendant, avec des armes suprêmes, leur droit à la lumière du ciel.

Le bon poète Martial complimentait Domitien — l'impérial tueur de mouches au stylet d'or — pour le soin avec lequel ce prince entretenait sa ménagerie de bêtes curieuses ou féroces : lions d'Afrique, ours d'Hyrcanie, panthères, loups, rhinocéros et caméléopards. Entrepreneur de spectacles autant que maître du monde, l'Imperator devait à son peuple le *panem et circences,* les vivantes tragédies où condamnés à mort et fauves rugissants disputaient la victoire. Quelque chose de ces goûts d'épopée reste au cœur de la foule espagnole. Aux époques légendaires du Cid et de Bernard, sous Charles-Quint et sous Philippe V, les plus purs gentilshommes s'escrimaient contre les bêtes *fieras* et ne craignaient pas que ces jeux grandioses déshonorassent leur blason.

La péninsule ibérienne, dont la configuration géographique représente une peau de buffle mégissée, n'a point attendu la fin du dernier siècle pour s'enivrer des belles estafilades portées aux animaux. Mais depuis cette période populaire des Romero, des Cucharès et des Montès, les duels de ce genre ne se comptent plus. Quelques taureaux même ont laissé de fameux souvenirs dans la mémoire des *aficionados* : Garabata, par exemple, qui, le 25 mars 1805, lutta, dans les arènes de Madrid, contre un éléphant dont l'ivoire fit assez piètre figure devant la corne aiguë de son antagoniste; *Caramelo,* qui déchiqueta un lion, à la grande joie de l'assemblée. Les exploits de ces guerriers poilus soulevaient un enthousiasme pareil aux traits les plus hardis de l'audace humaine. *Garabata* recueillit, pour son compte, au moins autant de bravos à combattre son éléphant que Sévilla tirant un taureau par l'oreille ou Frascuelo, de vertigineuse mémoire, le mordant au nez.

**
* **

S'il s'agissait de dogmatiser, ici, ce serait chose aisée que de fournir maints exemples de vaillance dont regorgent les annales tauromachiques.

« Qui sait, — dit Edgar Quinet, cité par Armand Dayot en son excellente étude, — qui sait si les plus fortes qualités du peuple espagnol ne sont pas entretenues par l'émulation des taureaux, le sang-froid, la ténacité, l'héroïsme, le mépris de la mort ? Dans les légendes du Nord, Siegfried, pour être invincible, se baigne dans le sang du monstre. »

Mais j'aime mieux, pour finir, emprunter à M. Jules Apparici (Pero Gil) une divertissante anecdote qui, à défaut d'autre moralité, montrera, puisqu'il faut toujours conclure, la bestialité irréductible du *toro de muerte*.

Au temps de la plus grande gloire de *Caramelo*, au temps où l'on promenait cet illustre vainqueur des lions, rencontre ceint de fleurs, à travers la *plaza* de Madrid; quand il avait l'honneur d'être passé *de capa* par le seul Cucharès, premier que d'aller mourir sans gloire dans une course à Bilbao, l'on voyait, sur les murs de toutes les *fondas* madrilènes, à côté de son portrait, ceux de deux autres aumailles non moins estomirants : *Pilatos* et *Pichichi*. Ces deux braves, en effet, avaient paru dans une fête de bienfaisance et propugné devant la cour. Telle fut leur bravoure, que le peuple enthousiasmé demanda grâce et que l'estocade mortelle fut épargnée à leur courage. Or *Pichichi* était un taureau *cunero*, c'est-à-dire de race problématique et de performances inconnues. Son type le classait néanmoins parmi les plus beaux mâles de *Gijon*.

Voici quelle était son histoire. Un tonnelier

du village de Navalcarnero, dans la banlieue de Madrid, l'avait acheté à la mamelle et nourri (si je l'ose dire) au biberon, dans l'espoir fallacieux de l'apprivoiser. Le petit veau, logé dans l'atelier, devint le plus gracieux du monde. Partout il suivait *tio Antonio*, — le père Antoine, — son doux maître, qui déjà escomptait la gloriole de promener après soi, *more canino*, cette bête effroyable... L'illusion fut courte, hélas! car l'animal comptait à peine deux ans et l'on ne comptait déjà plus les ennuis qu'il avait donnés au père Antoine. Celui-ci, pourtant, s'acharnait à son idée et ne brocanta son élève que le jour où, dangereusement blessé lui-même, il put mesurer le danger que l'on voit à fréquenter privément les bêtes à cornes.

L'indomptable *Pichichi*, fils de père et mère inconnus, avait senti bouillonner le sang généreux des ancêtres, préférant le combat triomphal de l'arène à la paix grasse de l'étable, le trépas du héros aux plaisirs de l'esclave. Il mourut plus tard, féru par Gayetano Sanz.

Saint-Sébastien du Guipuzcoa, le 21 août 1896.

La Fontaine Desca

LE premier janvier 1897, la ville de Tarbes prenait livraison de la fontaine monumentale, édifiée, sur la place du Marcadieu, par le sculpteur Desca. Voilà certes de belles étrennes, ces eaux jaillissant parmi les architectures et les simulacres d'un grand artiste. ce rêve de beauté magnifiant tout à coup la laideur plate d'un marché provincial. Encore que le vouloir de la donatrice, maintenu dans toute sa rigueur par un héritier inepte et mécontent, ait assigné, au don royal de cet ouvrage, le décor le moins propre à le mettre en valeur, la majesté de l'ensemble, l'imprévu grandiose de chaque détail en font une pièce unique dans le pays de Bigorre — assez pauvre en objets d'art.

Avant même que la draperie symbolique fût tombée pour rendre au frissonnant azur les images glorieuses, pour intégrer aux yeux de tous ornements et statues, la fontaine Desca avait reçu le baptême de la bêtise cléricale et de la calomnie.

Un papier bigot, aniterge de sacristie que la pudeur interdit de nommer, cria au scandale en argot de confessionnal. Les messieurs en jupon noir qui le dirigent éprouvent, à les entendre, un malaise (combien flatteur!) devant ces augustes nudités, proposant de tailler quelques feuilles de vigne au mouchoir de Tartuffe. Abjectes âneries sans autre effet, d'ailleurs, que l'amusement des personnes, tandis que le Maître achevait sa carrière. Sous l'administration de M. Lupau, — un maire à qui la ville de Tarbes devra la plus belle des parures, — Desca, secondé par d'excellents auxiliaires, les sculpteurs Escoula et Mattet, a pu mener à bien une conquête de Beauté, « recréer la Nature » pour le charme de nos intellects.

*
* *

La fontaine, à présent, érige un bloc harmonieux, granit et bronze, où tels personnages humains, telles figurations animales incarnent la

Montagne nourricière, avec le charme de son horreur sacrée.

Rude personnifia la Guerre tumultueuse, souffletant d'un vol libérateur les Prêtres et les Rois. Puget, « mélancolique empereur des forçats », surchargea ses Hercules de toute la misère, de toute la dégradation monarchiques. Le bagne de Toulon et les latrines de Versailles, le martyre des prisonniers et la puanteur du Roi-Soleil ont gonflé de dégoût ces narines, convulsé de douleur ces muscles surhumains. Flore, de Carpeaux, rit au milieu des Amours : la Danse mène un chœur de Nymphes et de Satyres ivres de jeune orgueil. Mais la Montagne attendait encore le taumaturge qui, dans une symphonie de pierres, évoquerait ses gloires ou son épouvante, donnerait corps aux mirages flottants, des névés aux sapinières, en une inépuisable magie de ténèbres et de soleil. Désormais, le Rêve s'est fait chair dans l'airain comme dans le granit. Le taumaturge est venu, le maître des pierres vives, le grand statuaire Louis Desca.

*
* *

Ceci pourrait, à vrai dire, s'appeler la « Fontaine des Hautes-Pyrénées », si le sens large de l'auteur n'avait mis en son chef-d'œuvre une synthèse représentative de l'alpe universel. Suivons en détail le « livret » de cette grandiose pastorale.

Au sommet de l'édifice, l'Aurore, vierge et nue comme un matin d'avril, touche les cimes aériennes qu'illustre la blancheur des glaces éternelles, entre les sapins amers et les roux genèvriers. Elle avance. Bientôt

> *Les neiges, sous ses pas, paraissent s'embraser,*
> *Les épaules d'argent de la Nuit qui frissonne*
> *Rougissent de bonheur sous son premier baiser.*

Givres et fleurs décorent son passage. La montagne tout entière flamboie, en sa gloire matinale, comme un bloc de saphir ou d'améthyste, comme le degré géant d'un olympe ou d'un walhalla.

Aux pieds de la Déesse, bondit l'orageux chamois, l'isard qui monte aussi haut que la foudre, insoucieux de l'abîme et de ses épouvantements. Les torrents se déchaînent en cascades furieuses. Ils roulent aux sites de la plaine la débordante fécondité de leurs eaux. A la soif universelle, ils offrent une coupe sacrée de jouvence et d'amour.

Les bêtes nocturnes, les rôdeurs sanguinaires de la caverne et du hallier vont se tapir dans les caves granitiques, sous la chevelure éparse des clématites vénéneuses et des lierres amers. L'ours pesant, le renard oblique regagnent leur tanière. Seul, étendant ses pennes encore humides, l'aigle fauve plonge à travers l'abîme, d'un coup d'aile impérial.

Au-dessous de l'étage aérien, une frise sculptée en granit de Lorraine figure la débâcle des hautes neiges, sous l'influence de l'Aurore et du Printemps. Toute cette féerie des Eaux,

> *Cascades ruisselant de glaces entraînées,*
> *Gaves, sources, ruisseaux, torrents des Pyrénées,*

toute cette féerie occupe le bloc central, par neuf figures d'une composition surprenante et hardie. Nul poncif ne contamine ces Idoles fluviales : l'Adour, le Gave, le Bastan, la Neste, l'Échez, l'Arros, célébrant, en plein ciel, la fête de leur hyménée. Le beau vieillard Adour soutient d'un bras robuste encore l'Échez défaillante parmi les saules gris de ses berges en fleur. L'ardent montagnard sorti des gouffres de l'Arros poursuit la Neste bondissante, qui court vers la Garonne, plus effarée que Salmacis.

*
* *

Ne pourrait-on voir dans ces représentations hautaines quelque chose de plus que le conflit des énergies cosmiques? Le propre des œuvres fortes est de suggérer maintes rêveries, dans le sens littéral et dans l'anagogique.

Depuis le Ruisseau figuré par l'enfant jusqu'au fleuve Roi, symbolisé par le robuste patriarche qui maintient la faiblesse adolescente et contemple avec orgueil le stade parcouru, chaque groupe illustre, à sa manière, la douleur de vivre, l'impérieuse nécessité de la douleur et de la mort. Avant que de se résorber, comme nos âmes, dans l'impassible Devenir, ces eaux nourricières ont traversé les gorges homicides, la terreur lugubre des hauts lieux. Elles ont dû jaillir, gaves brisés aux pierres déchirantes, sources pareilles à des larmes, que pleure, dans la nuit, la tristesse des choses, jusqu'au temps où, le long des berges pacifiques, elles iront, comme nous, trouver la mer indifférente, le néant réparateur, l'arc-en-ciel du tombeau!

*
* *

Quatre robustes allégories flanquent les bords de la fontaine dont les trois vasques superposées harmonisent leurs architectures par le jeu imprévu des eaux. La nappe qui tombe des urnes supérieures est d'abord recueillie dans un premier bassin qui l'épanche ensuite, à flots pressés, dans la cuve de granit sur quoi repose l'édifice.

Aux coins de ce massif central les vallées de Tarbes, d'Argelès, d'Aure et de Bagnères, sous les traits de quatre vigoureuses jeunes femmes, célèbrent la vie heureuse, la douceur de la plaine, à l'ombre des sommets. Tarbes caresse un étalon, Argelès un agneau, tandis que la paysanne d'Aure accole un bouc orgiastique, avec des emportements de Tyade enivrée. Mais, auprès des Nymphes sœurs, le suave Bagnères n'a souci que de la Lyre, pour chanter la paresse des automnes et la délectation des faciles amours :

> *Comme un cygne qui dort au pied de la montagne,*
> *Avec ses blés mûris, ses prés de velours vert,*
> *Et ses blanches maisons dont le seuil entr'ouvert*
> *Laisse passer des chants que l'Adour accompagne,*
>
> *La ville des baisers, Bagnère, aux vents du soir*
> *Livre sa nudité charmante de baigneuse.*
> *Les paroles d'amour sur sa lèvre rieuse,*
> *Pareilles à de blonds ramiers, viennent s'asseoir.*
>
> *Tempée et le Lignon n'ont pas d'ombres plus fraîches*
> *Que ses tilleuls fleuris d'où pleuvent des parfums :*
> *Ah! vos rires perdus, filles aux cheveux bruns,*
> *Dont la bouche eut l'odeur enivrante des pêches!*

*
* *

L'artiste vrai, quel que soit d'ailleurs son moyen d'expression, est, avant tout, le missionnaire de sa race, le porte-parole d'une portion d'humanité. C'est, pour emprunter, une fois de plus, l'énergique formule d'Emerson, « l'homme représentatif », celui dont la volonté résume et concrète les aspirations des velléitaires épars. A ce compte, Desca mérite le nom sacré d'artiste. Pyrénéen, fils de la glèbe, cet honneur lui est échu d'enclore l'âme de son pays en une image suprême, de léguer au Temps son amour pour le sol patrial, à travers un mirage de Force, d'Harmonie et de Beauté.

Tarbes, le 31 décembre 1896.

Paysages

> Puck. — And this weak and idle theme
> No more yelding but a dream,
> Gentles, do not reprehend...
>
> *Mid-summer nigt's dream.*

I

SOIRS DE LA SAINT-JEAN

DÉCORTIQUÉ, l'aubier fendu sous des coins ligneux, le Pin de la Saint-Jean, debout entre les pals qui l'étançonnent, le Pin surgit, mitré de fleurs, chappé de brandes, avec l'appareil d'un fantôme-roi.

Un orage moutonne dans le ciel, torpide, rubéfiant l'azur de tonnerres avortés. L'âme ténébreuse des corolles s'exaspère en de vivants parfums : le baume des tilleuls avec l'ambre des roses imprègne de langueur la transparente nuit.

Ferments d'alcôve où se souvient le musc des chevelures, frissons du rut universel, orgasme des sèves pâmées, un arome fervent, où l'odeur des baisers et des lis de Marie circule sur les fronts de la plèbe enivrée comme un fleuve immortel épris de souvenir.

Devers le ponant, aux fins de l'horizon, une rougeur étale, un abîme de sang cuivreux où se détermine en silhouette l'ogive mince des peupliers. En haut, le bleu lucide, l'onde claire d'un outremer déjà pâli. Des hirondelles incisent de leurs ailes noires les volutes pourpres des nuées. Tragiques, des flammes s'écroulent du zénith à l'occident. Et, dans une lente apothéose, vers l'incendie astral qui s'effondre et s'échafaude, monte, d'abord fumée, l'embrasement glorieux du haillat*.

*
* *

La foule stupide à l'accoutumée. Des avoués sont venus là, concomités de leurs épouses, flanqués de leurs marcassins. Des guenippes aussi, — professionnellement.

---

* *Haillat* = *bûcher*, en dialecte gascon.

Des blousards — maternels avec excès — érigent à pleins bras leurs mômes englués de morve et de sucre en bâtons.

Bannières en tête, chantres au flanc, voici le clergé nasiférant des cantiques. Autour du bûcher, les vicaires génuflectent, goupillonnent et saluent, tandis que le célébrant, à grand renfort d'allumettes, provoque l'étincelle paresseuse à jaillir. Un nuage se tord, écharpe grise lamée brusquement de stries écarlates. Des feuilles de buis vert craquent et pétillent, s'échevèlent en sequins d'or. Sur le tronc voué ruisselle un baume incandescent qui le dévore. Les chantres suffoqués renâclent l'hymne de Guy d'Arezzo, le verset à double croches, où ce moinillon inoccupé harponna l'« ut-ré-mi-fa-sol » quantement douloureux aux enfances bien nées.

Un ecclésiastique myope que roussit le brasier, s'évertue de ramener son surplis en arrière. Les voyous se culbutent afin d'arder au brandon public les thyrses dont ils vont, sur l'heure, effarer Mesdames les bourgeoises en souci de leurs mollets.

Et dans le ciel où rougeoient des flammèches emportées, dans le ciel métallique et fumeux comme une forge éteinte, dans le ciel où grandit l'impérissable amour, éclate, sur la cohue imbécile, le rire vengeur des anciens Dieux.

* * *

Crépuscule ensanglanté de rouille et d'or; couchant de turquoise et de cuivre où défilent, endimanchées, les ménagères de l'endroit. Rasés bleu, les membres gauchis dans leur vêture de cadis, les mâles fument sur la place de l'Église en attendant souper. Une fuite d'encens traîne sous le porche ouvert. Des béguines, symétrisant les chaises bousculées par la débâcle de vêpres, glissent, falotes, entre les saints peinturlurés. C'est dans la nef qu'épargne la rousseur de l'heure, un bleuissement de paradis, une Avallon campagnarde éclose aux fraîcheurs des bénitiers.

Mais, plus rude, avec son fumet de simples écrasées, la moisson liturgique sature d'âcre miel les rues de la bourgade.

Roses bénites, lys sacrés et le fenouil qu'aima le Syrien Adônis, les herbes de la Saint-Jean évaporent, sous les toits rustiques, leur ardente fenaison.

Parmi ses glauques cheveux d'ondine, la nigelle aux yeux pers sème des nœuds de turquoise.

La feuille trilobée des ancolies supporte avec fierté des campanes améthyste.

Les daturas, les molènes velues, les euphorbes aux pétales virescents, les digitales assassines bandent leurs piques mal famées et, noir de suprêmes venins, l'aconit fait craquer, sous les sabots de frêne, ses cassolettes plutoniennes.

Amère saveur des plantes! Breuvage de l'Été qu'affadit à peine le nauséeux encens! C'est la veille où, par les hautes prairies, les jeunes hommes se baignent aux lustrales rosées, invigorent leur puberté dans la communion des choses. Les fontaines débordent, la fougère mûrit. Le village latin célébrera, ce soir, ses païennes et vivantes origines.

A moins que, nantie de quelque billon, la jouvence locale ne se rue au café du Sud-Ouest, présentement illustré par les intermèdes et chansons de Mlle Pépita, romancière excentrique à l'instar de Paris, comme en témoigne, avec déférence, l'aboyeur public — très digne — après un roulement de son tambour enchifrené.

Du val de Payolle, cette nuit de la Saint-Jean d'été 1897.

II

Sur la table, un faisceau de lis. Chair florale près de quoi la chair vive s'humilie, nacre odorante à dépriser le vernis des coquillages. Ni feuilles, ni rameaux. La tige d'un vert blême ostente cet émail où — vol d'insectes mordorés — posent les étamines. Nulle innocence, d'ailleurs, malgré le symbolisme goîtreux des processionnaires. L'orgueil d'être blanc — tel un soleil de juin; — le faste des parfums trop généreux pour nos désirs.

Superbes, d'une gloire laiteuse en la buire de Venise, les corymbes liliaux versent le plein Été aux choses familières. Comme le Berger du Cantique, le souvenir se repaît entre leurs dons. Parmi l'ombre où susurre — inquiet — l'appel des aromates, renaît l'effluve des charmilles, le givre des longs soirs à travers d'autres branches.

Les baisers fleuris de troënes, les cheveux constellés aux pâleurs des jasmins pernoctent, doux sabbat de la jeunesse fugitive.

Par la fenêtre, un coin d'éther crépusculeux, estompé, l'on dirait, de gaze noire. Le parterre noyé d'obscur, sans un bruit d'ailes ni de pas. Au loin l'harmonica solitaire des crapauds exaltant Vénus qui rit à leurs yeux de topaze, et, sur l'arête des ormes, se lève — coruscante.

III

Un fauve soleil darde sur la garrigue ses accablants rayons. La brande verte et rose dort immobile dans les silences de midi. Seul, le claquet des grillons scande les minutes chaudes, — horloge de l'Été. Au loin, vers la montagne, dans le val où badine quelque source, tremble, au sommet des aulnes, un brouillard évanoui. Massives, érigeant en plein ciel leurs arêtes d'acier bleu, les vastes Pyrénées enclosent l'horizon. Tours crénelées, flèches de cathédrales, coupoles imbriquées d'or, toitures monstrueuses d'une ville de géants, les lourdes cimes échafaudent, par la rude clarté, leurs dômes prestigieux.

Dans l'azur nu, invisible presque, l'orbe magique d'un vautour. Une couleuvre, par instants, rampe sur la bruyère avec le bruit sec du parchemin froissé.

Et le pastour dont les sabots tintent pesamment sur la route empoussiérée; le compagnon fourbu; le tourlourou convalescent; le porteballe qui vend aux filles de ferme des bréviaires d'amour, hument avec transport l'aveuglante beauté de l'heure, cependant qu'au bord du fossé où volète la mésange, un rustre, en pleine lumière, touche ses bœufs lassés, d'un mouvement pontifical.

IV

J'ai sous les yeux cette furieuse estampe de Rembrandt : *Saint Jean dans le désert*. Un plateau cendreux, aduste et comme vitrifié par endroits, que surplombent de noires falaises. L'aride et le nu du roc vif, sans eau ni végétal. Un peuple erréné de sommeil écrasé vers le sol, prospecte, de ses yeux vides, l'halluciné qui le harangue. Debout, sur un mamelon effrité, le Précurseur clame son rêve messianique, insoucieux de toute chose, hormis de l'idéal. Le souffle de la mort rétracte ses lèvres d'où fulgure, sur le vieux monde, l'orage des malédictions. Son maigre corps serré dans une loque, le capuchon nimbant sa tête creuse, le geste fanatique et bourru, tel surgit, en sa laideur visionnaire, l'ancêtre des moines tourmenteurs. — A vrai dire, près d'un tel homme, l'abbé Perraud semble un peu terne et le comte de Mun tout à fait idiot. — Qu'importe à l'ascète l'horreur brûlante de sa tanière, l'obtuse indifférence des auditeurs ? Une voix lui parle. Hors du contingent et du concret, l'extase le ravit. Un dieu l'emporte vers les cimes, lui découvre une justice nouvelle et, ruées du farouche Thabor, les hordes noires des Barbares à venir, destructeurs de toute harmonie sociale et de toute beauté.

Au premier plan, dans une lumière — on dirait apaisée — trois bourgeois pérorent avec un dégoût manifeste, improuvent ces ardeurs de colère et de foi. Leurs vêtements sont amples, levés dans des étoffes opulentes et durables, — faits d'un air cossu qui, d'abord, les signale pour des gens arrivés. De larges tiares, copieuses en broderies, cerclent leurs tempes grisâtres. Leur personne entière montre un air de délibération, effet de la richesse autant que de l'estime où chacun les tient. Pour les visages, rien ne se peut imaginer de plus bassement laid. L'astuce, la goinfrerie, la lésine poltronne dépriment ces faces, creusent ces rides, ignoblement. A coup sûr, ce sont des gens pieux, madrés en leur négoce et qui reluisent aux fins de mois. Aussi de quel mépris toisent-ils le mangeur de sauterelles, l'essénien prêchant la détestation du riche et la communauté! L'ahurissement du pleutre qui ne saisit pas s'unit en leurs discours à la haine du banquier menacé dans son argent. Pourtant, ici, le grotesque domine. Ce trio de pieds-plats fait songer à certaines planches de Daumier, cruel historien des bureaucrates; d'un Daumier gigantesque, promu à la vie sublime du grand art.

V

NOEL TRISTE

> *In natale Salvatoris*
> *Angelorum nostra choris*
> *Succinat conditio :*
> *Harmonia diversorum,*
> *Sed in unum redactorum,*
> *Dulcis est connexio.*
>
> ADAM DE SAINT-VICTOR.

Livide, par les sentes défleuries, le Froid dévale des montagnes — comme un ost de loups blancs au pelage de frimas. Les feuilles oubliées par l'aquilon frissonnent — papillons roux — au faîte des arbres assoupis. A travers les campagnes où la glèbe dure crie sous les pas, où, sur les chaumes passementés de givre, piaillent les agaces en demi-deuil, le bonhomme Noël sonne les trompes de l'Advent. Sur le velours tanné des herbes mortes, la neige étend ses froides pannes — royales et tristes dans leur impérieuse blancheur.

L'arc à l'épaule et le croissant au front, Luna transperce de sagettes d'or les moutonnantes nuées et, de ses cornes obnubilées, irise l'argent bleu des étangs.

Les flocons imminents où saignent des lueurs pourpres, épaississent l'horizon de teintes mornes et mates : gris turquin, rose tendre et — bordant les coteaux — des verts de turquoise malade, d'émeraude assombrie.

L'azur entier semble un écu géant où les noirs barons de l'hiver inscrivent leurs hautaines armoiries ; où les fasces de gueules et les chevrons de sinople s'élargissent, cantonnés d'étoiles boréales, accostés d'oiseaux migrateurs.

Noël ! Noël ! Dans l'étable aux colonnes fuselées, repose en son berceau l'Enfant Sauveur. A genoux, Madame sa mère prélude au baise-main des Rois, tandis que Joseph introduit l'ambassade barbaresque auprès du Nouveau-Né. Graves, sous leurs turbans étoilés de sardoines, avec des paroles de bienvenue coulant de leurs barbes embaumée, les princes d'Orient apportent au Dauphin du Ciel des présents d'alliance et d'éternelle soumission.

Noël ! Noël ! Un ange a réveillé les pastours sous leurs tentes de peaux. Les humbles communieront, ce soir, de la Bonne Nouvelle. Noël ! Noël à tous et joyeux Advent ! Par les routes sonores — des hameaux et des hauts lieux — s'empressent les bergers. Noël ! Noël ! L'astre unique verse, au firmament, la lumière et la paix — ici-bas — aux cœurs de bonne volonté.

Noël ! Noël ! Des chœurs d'enfants, et la voix

des orgues, par les ogives noires où tremblent des points d'or. Au loin, sous la mitre coruscante, l'Évêque sénile et pieux, les officiants aux lourdes chasubles, les préchantres vêtus de lin. Séquences aux douces rimes barbares, Antiennes et Répons, comme de soyeux oiseaux de nuit, voltigent par l'église embrumée d'encens. Les Cieux se sont ouverts, et, radiant le feu vermeil des gloires, la Tige de Jessé fleurit d'impérissables fleurs.

Noël! Noël! Et toi, si navrée, toi déserte, en ton orgueil, ô mon âme, bois encore, s'il se peut, un calice d'oubli. La chambre tiède est fleurie de jacinthes, de cyclamens. Réchauffe à leurs haleines tes souvenirs mourants. Au flamboiement des houilles sanglantes, évoque, pour l'adieu, ces ombres de promises; évoque, sous le soleil perdu, les étreintes nuptiales des vingt ans.

Vergogne provinciale

L'ANTIQUE cité de Montpellier, « montagne — comme nul n'en ignore — des pucelles », vient de donner au monde un grand exemple de vertu. Les « pucelles », choisies dans le notable commerce de l'endroit, professent communément la charcuterie, la banque ou le trafic des veaux. Mais, quand il s'agit de combattre pour sainte Modestie, les vierges héros se dressent — tels Parsifal ou Lohengrin — et, rosières barbues, portent une flamme rédemptrice parmi les ulcères de l'impudicité.

Ces préposées à l'occlusion des *seins que l'on ne saurait voir* s'illustrèrent déjà, il y a deux années, par un manifeste digne d'être mis en ariettes et qui poussait le cramoisi de la sottise jusqu'au dernier extravagant.

La postérité retient déjà leurs noms. Ce sont MM. Rue, Gay, Feilmann (un grand Français!), Valette, Castel et Laffont, entrepreneurs de morale publique, pères de famille comparables à des lys, gardant, avec un zèle sans pareil, l'hymen de leurs demoiselles et la chasteté de leurs garçons. Grâce à leur persévérante initiative, un haut-relief du sculpteur Injalbert fut exclu de la façade qu'il ornait, place de la Comédie.

Les fabriques montpelliéraines hésitent, pour le remplacer, entre la fiole du bienheureux Peyreboire et le stuc polychromé de Jeanne Darc. Le sénateur Bérenger, qui détruit dans Montmartre toute concurrence frivole aux établissements numérotés, ne porte pas, dans ses braies sexagénaires, une âme plus férocement virginale que ces provinciaux effarouchés. Les tutus grâce à quoi, Charles X *imperante,* le vicomte de La Rochefoucauld sous-entendit les grâces postérieures des filles d'opéra; les feuilles de vigne, suggérant aux âmes ingénues que l'espèce humaine se reproduit par boutures et cépages américains, semblent anacréontiques au regard de ces messieurs. Ce serait manquer à tous devoirs que de ne relater pas les protestations qu'ils déposèrent, avec un papier, le long des murs :

« *Habitants de Montpellier,* disait Fielmann, Valette et tutti quanti, *le plus humiliant des outrages vient de vous être jeté à la face. Un simple particulier, fort de sa richesse, s'est cru assez puissant pour insulter aux bonnes mœurs de toute une population.*

« *C'est le défi à la pudeur publique!*

« *C'est un défi à la morale publique!!*

« *C'est un défi à la bonne éducation de nos enfants!!!*

« *C'est une provocation au vice!!!!* »

Voilà, certes, des gens plus tendres à la tentation que le bon M. Tartuffe; gens que Shéridan lui-même, nonobstant l'hypocrisie biblique de Joseph Surface, n'avait aucunement prévus. Toutefois, il convient de rendre hommage à la vigoureuse salacité de leur complexion. Dire qu'un morceau tout uni de sculpture les met dans un pareil état! Quant à la réserve de leurs hoirs, rien de pareil ne s'était vu, depuis Paul et Virginie; depuis Daphnis, avant la leçon de Lycénion et de Chloé, avant celles de Daphnis. Au bahut, leurs descendants ne lisent donc pas les *Filles de Loth*? Ils ne fument donc pas la cigarette au milieu des... cours et ne fréquentent jamais chez les Sulamites à prix fixe? Leurs demoiselles, savamment confessées par un vicaire expert en casuistique, ne jabotent donc pas, entre elles, du Prince Charmant — officier ou ténor — qui désagrégera leurs nuits?

Il avait sur l'épaule une chaîne superbe,
Un manteau d'Espagnol doublé de velours noir
Et de grands éperons qui reluisaient dans l'herbe !

Heureux Montpellier, plus que jamais acropole des pucelles, combien tes habitants surpassent en pudeur les Lucrèces antiques et les Agnès modernes ! Le rat de Juvénal, lui-même, y cacherait ce que vous savez, de peur d'occasionner un tumulte dans cette forteresse de la pudicité.

Mais laissons quelque peu ce badinage pour transcrire l'écho d'un papier bien informé :

L'art en province :
Le sculpteur Injalbert exécuta, voici quelques mois, pour un propriétaire de Montpellier, un mascaron monumental, qui fut placé à l'entrée d'une maison située dans un passage très fréquenté de la vieille ville universitaire.

L'œuvre s'intitulait : *Faunes et Faunesses prenant leurs ébats, après un bain.*

L'artiste, insoucieux de la pruderie provinciale, n'avait certes pas traité son sujet de façon licencieuse, mais cependant le réalisme des poses des faunes et des faunesses effaroucha certains habitants de Montpellier. Quelques-uns pétitionnèrent. On réclamait un voile...

L'affaire traîna en longueur... l'on ne trouva rien de mieux que de démolir le passage et de le transformer en une rue plus vaste. Du coup, le mascaron d'Injalbert était supprimé avec la maison incriminée.

Hélas ! le mascaron fut donné à la ville qui ne put refuser cette œuvre d'art. Et aujourd'hui la municipalité ne sait qu'en faire... Chaque fois qu'on parle de l'installer en plein air, quelques Montpelliérains protestent ; quant au Musée, nul ne s'y rendrait si on y installait les faunes et les faunesses...

Et cette œuvre, de l'avis de tous les artistes, est une des plus belles du maître sculpteur.

Cela vraiment serait beaucoup plus bouffon que triste, si l'oblitération du sens commun qui, lâchement, relègue hors la place publique une œuvre de Beauté, ne menaçait, dans leur essence même, toute civilisation et toute grandeur.

Que les mômiers génevois « étouffent », dans leurs caves, les miracles de Rodin, sous couleur d'honnêteté, c'est un geste de leur emploi. Marchands de patenôtres calvinistes, ils boivent les froides eaux, les brouillards dissolvants et l'ombre des montagnes. Mais, à Montpellier, devant l'azur méditerrané, au bord du flot limpide où naquit la fille d'Ouranos, qu'une poignée de cocos malveillants puissent imposer de telles sottises à une ville entière; c'est, comme disait Berlioz, pour carier les dents d'hippopotame.

Quand le patriarche Théophile, d'une main sacrilège, porta la flamme au *Serapeum* de Memphis; quand Omar ensevelit sous les décombres la bibliothèque d'Alexandrie, ces infâmes, voués à l'exécration du genre humain, avaient, au moins, pour excuse, leur fanatisme et l'ignorance de leur âge. Que dire, à présent, des sacristains frénétiques, bedeaux mal embouchés qui, grimés de *respectability*, regardent au bas-ventre les statues? La province tient, je le sais, monopole de pareilles fadaises. La vie départementale, étroite et surveillée, force à renchérir sur le *cant* les personnes désireuses d'être bien vues par leur fruitier.

A Limoges, par exemple, une femme *qui se respecte* n'oserait monter en fiacre, ces véhicules étant, paraît-il, dans la Haute-Vienne, essentiellement libidineux. Voilà un menu fait qui pousse à la rêverie! Combien mornes ces existences mal aérées, prenant, à la longue, l'odeur moisie des appartements trop clos. La laideur, talion nécessaire, ne tarde point ainsi que l'hébétude : juste fruit des ignobles pensers et des vils comportements!

Faudra-t-il néanmoins, en ce temps de mufles et de pourris, faudra-t-il que l'impuissance où vivent les philistins de conquérir jamais l'Idée à travers le marbre ou la toile, chasse de nos regards la gloire nostalgique et le rayonnement du Beau?

Nous faudra-t-il, après Voltaire et 93, après l'hégire du monde vers la Science et la Raison, lamenter ces grands papes de la Renaissance qui, d'un culte pieux, sauvaient jusqu'aux débris des nudités païennes, offraient leur Vatican pour asile aux Dieux ressuscités?

*
* *

J'ai voulu revoir l'œuvre en exil d'Injalbert. Malgré les trahisons de la photographie, malgré, surtout, les voiles dont trois ans de douleurs ont obnubilé mes yeux, j'ai pu goûter, une fois encore, cette ardente évocation de l'Amour, de la Force et de la Puberté.

Sous l'architrave d'un balcon, une tête de Satyre bée au soleil méridional. C'est le Faune d'Horace, amant des Nymphes fugitives, celui que fête le laboureur, aux nones de décembre, en trois fois heurtant, d'un pied joyeux, l'arène inféconde. C'est la brute divine luttant contre

L'impur et fier époux que la chèvre désire.

C'est le chasseur d'extases dont notre Mallarmé célébra les langueurs, les élans et les fuites :

Alors m'éveillerai-je à la ferveur première
Droit et seul, sous un flot antique de lumière,
Lys ! et l'un de vous tous pour l'ingénuité.
. . . .
A l'heure où ce bois d'or et de cendre se teinte,
Une fête s'exalte en la feuillée éteinte :
Etna ! C'est parmi toi visité de Vénus
Sur ta lave posant ses talons ingénus...

Accoudés sur le chef du bouc olympien, mêlant à sa chevelure tumultueuse leurs membres aheurtés, deux couples s'enlacent, ivres de désir. La Dryade étreint le chèvre-pied. Tresses dénouées, lèvres en feu, toute l'ivresse amoureuse des choses, tout le rut du printemps s'unit à leurs baisers. C'est la grâce de Clodion, c'est la vigueur du Puget, avec, semble-t-il, retrouvé, quelque chose de l'hellénique vénusté. J'ignore ce qu'un morceau pareil doit inspirer aux éphèbes montpelliérains; mais je souhaite que l'aspect de ces robustes nudités leur inspire le goût de la gymnique sinon quelques besoins d'hydrothérapie.

*
* *

Sans doute il serait puéril d'ajouter plus d'importance que de raison à de telles âneries, bavachées par des Tartuffes provinciaux. La pudeur d'arrière-boutique est un mal inhérent à notre époque. L'*odeur de magasin,* dont se plaignait Joseph de Maistre, infecte la littérature actuelle d'une gangrène de vertu. Nul n'oserait, aujourd'hui, parler la langue de Molière, le français de Saint-Simon ou de Caylus.

Toute aristocratie de langage est si bien morte, qu'il faut, bon gré mal gré, s'en tenir aux vocables de nos seigneurs les calicots : ces vocables qui débitent les chemises et font vendre l'organdi.

*
* *

Plus horriblement encore dans les arts plastiques se manifeste l'ignominie des « honnêtes gens ». Avant tout, M. Prudhomme se préoccupe du sujet, demandant que la toile ou le marbre racontent, d'abord, une histoire édifiante, grivoise, peu importe, à condition que l'ouvrage soit d'une facture assez ignoble pour récréer ses yeux. « Vous peindrez les bourgeois en artilleurs, les lorettes en Vénus, avec les chevaux célèbres et les actions vertueuses sans nul souci du dessin ni de la couleur ; on dirait que vous manquez d'idées, prenez garde[*] ! »

Les congénères de Bouvard, les beaux esprits issus d'Homais, toute la clique des Philistins sans âme, des Calino sans yeux demandent à la chose peinte ou sculptée de n'être point une œuvre d'art. C'est pourquoi les zélateurs de Montpellier peuvent sembler redoutables. « Un homme comme Poiret — dit Vautrin à Rastignac — est une punaise ; il est plat, on l'écrase et il pue. » Mais quand les punaises se font légion, quand les termites éclosent par myriades, la vermine broute le monde, étouffe d'un pullulement infect les animaux supérieurs.

*
* *

Lorsque la France, grâce aux cagots, aux hypocrites, aux châtrés de toute espèce et de toute

---

[*] Gustave Flaubert. *Le Château des Cœurs.*

couleur, sera devenue une Belgique inhabitable ; quand les poètes, lassés de cabrioler en moujicks devant les souverains de passage, mourront décidément de faim ; quand les sculpteurs manqueront de tout salaire et que les peintres barbouilleront à jamais des logogriphes sentimentaux, le moment sera venu, pour les gens qui pensent encore, de fuir l'ignominie ambiante, de boire la ciguë.

A moins qu'ils ne préfèrent se rendre Chinois en Chine et humer le vin, sous les lanternes peintes, au pays en fleurs du doux Sé-Ma-Sian-Ju.

Jours de pluie

CE matin, la brume encapuchonne les montagnes, tandis qu'une averse menue semble dissoudre les horizons immédiats, liquéfier jusqu'aux toits des bicoques voisines.

Le pic d'Ayié, le Bergonz, l'Ardilène, tels de gigantesques pains de sucre, fondent lentement dans la buée victorieuse.

Un vent de neige dépeuple l'unique promenade, la terrasse des cafés où pleurent d'incontinentes gouttières.

Au cercle, les officiers, attendant le prochain départ, se prolongent en quelque whist mélancolique. Des chaises à porteurs, véritables cercueils à quatre pattes, galopent dans le brouillard, emportant vers les hôtelleries, presque désertes, la face d'un baigneur retardataire ou quelque enfant à demi éveillé.

Barèges, sous la pluie, offre le charme et l'imprévu d'un entretien imbécile que l'on ne peut rompre ni esquiver.

Le bain pris, l'eau bouillante ingurgitée, les heures deviennent pesantes, quand la nature fait relâche; quand les guides, si fringants au soleil, remisent, devant l'ondée, mulets, bourriques et carcans. Ce déluge détend la fibre, enchifrène l'intellect d'un incurable rhume de cerveau.

La page commencée languit. On ajourne à des lendemains hypothétiques la réponse aux missives les plus urgentes. C'est un beau temps pour intégrer des patiences ou faire de la tapisserie au petit point, lorsqu'on est doué pour ces arts d'agrément dont s'honore le sexe auquel nous devons Pierre Loti et Marie Kryzinska.

Nulle bibliothèque où trouver de quoi étancher un peu cet humide implacable qui vous désagrège l'entendement.

Le seul cabinet de lecture dont s'enorgueillisse la bourgade recèle des romans fossiles, incongrus et rébarbatifs. C'est une revue des trépassés qui fait songer le curieux aux grenadiers de Heine, quand il secoue de leur poudre ces antiques horreurs.

Si, berné par le démon du désœuvrement, le caprice vous vient de plonger en cette nécropole, devant vous les morts se lèvent, ceux de 1830 chevelus et truculents, ceux de 48 paternes, barbus et sentencieux.

Ce cadavre sans tête, c'est Frédéric Soulié; ce nègre aux bavardages insipides, le premier des Dumas, cher aux femmes de chambre. Cette chanson de ruffian, bêlée sur un air de romance veule, c'est la poésie Mürger. Voici Féval, voici Gaboriau dans une escorte de policiers de génie et d'assassins pleins de distinction. Alphonse Karr déride Paul de Kock. Walter Scott manœuvre ses chevaliers en zinc d'art; Fenimore Cooper, ses Mohicans en marron sculpté.

Tout au fond, et surplombant les paperasses voisines de leur gigantesque ennui, ces deux incommensurables tas de papiers : Voltaire près d'Hugo, dont les œuvres complètes sont, à coup sûr, le plus encombrant des meubles dont on ne se sert jamais.

Triste pâture des jours d'ennui, ces volumes d'antan dont les exemplaires maculés et décousus sentent la poussière et le bain sulfureux !

Par bonheur, quelques livres jeunes, aux tranches immaculées, me rappellent avec grâce Paris lointain et mes amis absents.

Le rire de Courteline, la fantaisie d'Allais m'invitent à leurs fraîches couvertures. Les neuves chansons d'André Barbe évoquent, dans ma solitude, les pénétrantes mélodies de Marcel Legay.

Paul Gerardy m'envoie, de Liège, d'excellentes « notes à la gloire de Bocklyn ». Enfin, le poète Saint-Georges de Bouhélier, en de lyriques prosopopées, déroule avec emphase les exploits des aèdes et des aventuriers, magnifie la conquête héroïque de l'amour, en attendant qu'il déroule — ô combien audacieux ! — le martyrologe des révoltés qui donnèrent leur vie à l'idéal d'une société meilleure, à l'espoir d'entonner, au milieu du pignouffisme universel, le pæan d'Harmodios :

> *De ces myrtes en fleurs j'ornerai mon poignard.*

Mais l'âtre où larmoient, sans brûler, des rameaux de hêtre encore verdoyants, souffle aux yeux une hostile fumée. Le pétrole de l'hôtel excède en puanteur la martre et le putois. Il faut prendre le chemin du Cercle ou bien s'asseoir, parmi les éclopés, sous la voûte romaine des Thermes, en attendant l'heure de la piscine ou du lit réparateur.

*
* *

Cependant un peu de gaieté nous vient parfois de la plaine. Le récit de telle muflerie grandiose allume, nonobstant la saison funeste, quelques pétards de belle humeur.

La palme de la cocasserie échoit, cette semaine, au tiers état de Montpellier. Leur pharisaïsme est d'une si pure vilenie qu'il ferait trouver monsieur Uhrich — si je l'ose dire — appétissant.

Oyez un peu la dernière simagrée de ces topinambous. Cette histoire, outre la fantaisie qu'on y voit, peut fournir aux décentralisateurs un utile sujet de méditation. La province y paraît toute entière avec sa bêtise, son hypocrisie et la scélératesse indécrottable de ses mœurs.

Un certain Monsieur Giraud — fort galant homme, semble-t-il, encore que beaucoup trop docile aux injonctions des cafards — chargea, naguère, le sculpteur Injalbert, son compatriote, de décorer une maison qu'il possède à Montpellier, place de la Vieille-Comédie.

L'artiste, dont ses compatriotes auraient le droit de se montrer fiers, exécuta un haut-relief du meilleur style, figurant, comme la plupart des sculptures décoratives, une quelconque mythologie.

Au fronton de la maison Giraud, deux groupes se suspendent, séparés par un masque de proportions insolites, quelque chose comme la tête de Polyphème, entre deux chœurs de bergers,

Un vieux Faune, riant, dans sa grotte sauvage,

pour parler comme Segrais.

A droite, un Satyre et une Nymphe s'apprêtent

au premier baiser, dans une attitude qui rappelle de très loin la Psyché de Canova. Daphnis répète à Chloé la leçon de Lycénion. La vierge, dont la ceinture est enfin dénouée s'apprête à célébrer les doux mystères de son oaristys. A gauche, un autre couple pour qui le désir n'a plus de secret. C'est un Ægipan, lassé des furieuses étreintes, que sa maîtresse raille et convie aux danses ingénues. Le marbre vit et palpite. Un sang divin, le flux éternel de jouvence et d'amour, anime ces beaux enfants ivres de leurs baisers. Par la fureur de volupté qui les anime, les chèvre-pieds d'Injalbert pourraient symboliser cette « vitalité endiablée du Midi français » dont Baudelaire s'enivrait.

Or, cet ouvrage (chaste s'il est beau) scandalise, dans Montpellier, certains pieds-plats de sacristie auxquels le bon M. Giraud eut la condescendance excessive de répondre : d'où lettres échangées, entrefilets idiots dans les feuilles catholiques.

Un journal cléri-goîtreux, dont la fonction essentielle est de relater les dernières pasquinades de NN. SS. les évêques ainsi que le nombre des renards écorchés dans les trains de pèlerinage, l'*Éclair* (sic) *du Midi*, a ouvert le feu.

Des mômiers sans vergogne, érotomanes à rebours, des moralistes d'arrière-boutique, grands dépuceleurs d'enfançons ; la clientèle pudique des lupanars assermentés, tous les eunuques et tous les cafards de l'Hérault, ont déclaré honteuse l'œuvre d'Injalbert, hurlant au scandale et vociférant le préjudice que cause aux bonnes mœurs, ainsi qu'au renom intact de Montpellier, une si infâme exhibition.

Là-dessus, la Province aux yeux de chat-huant d'emboîter le pas.

Depuis l'histoire, dénichée par Flaubert, d'un mariage rompu à cause que le fiancé avait trouvé sa prétendue en train de lire *Fanny*, rien d'aussi bouffon n'avait paru sous le soleil.

Un groupe de « pères de famille » va, chaque soir, protester devant la maison Giraud, à l'instar des cochons qui, vers le déclin de l'Empire, maculèrent d'une fiole d'encre la *Danse* de Carpeaux.

Le doux Basile rencontre à ces petites fêtes sa vieille amie de la Prudotterie. Des avoués qui ont ruiné vingt familles et passé quarante ans dans les ordures de la chicane, rougissent timidement devant les croupes étalées; des marchands de pruneaux ratiocinent sur la moralité de l'art (!), ce dada de tous les imbéciles. Ces saligauds eucharistiques affirment entre eux la scélératesse d'Injalbert. M. Coquembois hurle à qui veut l'entendre que ce marbre scandalise son « épouse », qu'il allume dans les rognons de ses héritiers mâles de redoutables appétits et que sa « demoiselle » ne saurait passer devant sans éprouver des titillations nuisibles à l'intégralité de sa membrane hymen.

Nonobstant la brise de mer et le voisinage de Palavas-les-Flots au nom harmonieux, la ville de Montpellier conflagre. Tels, au pays du divin Swift, les naturels de Lilliput, divisés sur la façon de manger les œufs à la coque, se partageaient de *gros boutiens* et *petits boutiens;* tels les aborigènes de Montpellier, favorables ou revêches à l'ampleur des derrières, se partagent en *gros* et en *petits fessiens*.

N'est-ce pas énorme, ce déchaînement de pudeur agressive et bordelière? cette réclame des « arènes madurques », mise par Nonotte au service de quelques ignorantins?

Eh quoi donc, marguilliers et cocus de mon âme, vos fils ne vont-ils pas au collège? N'ont-ils pas traduit et feuilleté, avec le mieux aimé de leurs copains, cette deuxième églogue de Virgile que tous les potaches commentent, d'un poignet fébrile, dans le silence du cabinet?

Quant à votre infante, élevée, comme elle fut, à ce que je crois, dans la plus exquise piété, que voulez-vous que lui enseigne la vue de quelques derrières, à cette jouvencelle catéchisée et bénie par un ecclésiastique vigoureux? Après le viol moral du confesseur auquel vous l'avez soumise, tenez pour certain qu'elle connaît l'amour (c'est le cas de le dire) sur le bout du doigt, en attendant le mufle qui la dévirgine et l'amie de pension qui la déguste amoureusement.

En ce qui concerne Mesdames vos épouses, ne doutez pas, de l'humeur dont vous êtes, qu'elles vous aient planté le plus beau bois du monde, et ce, depuis assez longtemps, pour expérimenter, dans leurs plus fins détails, tous les préliminaires et rubriques du congrès.

*
* *

En avant des bourgeoises cocasseries, se dégage une personnalité d'une belle turpitude : le meneur de scandale, auteur intéressé d'un tel grabuge, qui empoisonne les simples de son hypocrisie. Ce bedeau cacographe, injuriant, dans sa feuille jaune, le noble effort des artistes, apparaît comme un polisson quelque peu insolite et déconcertant. Le pleutre a-t-il donc oublié les ornements orduriers des plus notoires cathédrales : moines accolant des boucs, nonains retroussées, etc., pour oser soulever une si dégoûtante controverse? Ignore-t-il les abominations du monachisme, les rêves obscènes des Spranger, des Remigius, des Rio, de ces bouchers priapiques mêlant à leurs pieux assassinats les plus immondes rêveries qui aient jamais déshonoré l'entendement humain ? En vérité, — pour rappeler ce fol de Cyrano, — si les étrivières s'envoyaient par écrit, le rédacteur de l'*Éclair* aurait droit à recevoir nos arguments sur les épaules.

« Le sourire — dit Michelet — est « la meilleure arme contre les dieux », mais la trique ne semble en aucune façon inconvenante contre leurs serviteurs, alors que, pareils à l'Escobar de Montpellier, ces marchands de sottises s'attaquent à la religion supérieure de l'Art, pour lâcher bride à cette horreur du Beau qu'ils portent en eux, congénitalement.

Nul, cependant, ne les empêche de répandre les bondieuseries de la rue Sulpice, d'adorer les hideux bonshommes, les Sacrés-Cœurs pistaches et abricot, les Notres-Dames en carton-pâte, rêves monstrueux et funambulesques d'un Botticelli garçon épicier.

Mais qu'ils laissent en paix les honnêtes gens. Qu'ils ne sortent mie de leur crasse et de leur fétidité, pour essayer les pieuses dévastations, les meurtres et les jeux iconoclastes dont le christianisme a si longtemps affligé l'univers.

La jeunesse de Montpellier a, dans cette ridicule affaire, une occasion de s'affirmer en remettant à sa place le congréganiste de l'*Éclair*. Qu'elle se montre fidèle à son sang, à la race latine, au culte pérennel des anciens dieux!

Certes, je ne suis pas suspect de goûter les braillards orduriers et de fraterniser avec les voyous qui, sous couleur d'études, emplissent de leur crapule un arrondissement de Paris. Les étudiants de brasserie me répugnent autant que les étudiants de sacristie. Mais la jeunesse intellectuelle n'appartient à aucun de ces pieds-plats. Elle est digne de combattre, avec ses forces vives, pour la raison et la beauté.

Si — comme le prétend Louis Ménard — « l'amour est un mystère entouré, comme la mort, d'un inexplicable mélange de respect et de dégoût; si l'on ne peut, sans impiété, soulever les derniers voiles du désir, non plus que violer un tombeau; si, devant les deux portes de la vie, existe une horreur sacrée qui les défend », que l'Art puisse, du moins, exprimer en liberté jusqu'au baiser suprême et — comme l'a fait Injalbert — n'éteindre le flambeau d'Eros que sur les couples enlacés!

Barèges

Au docteur I. Bétous.

Un ravin où la fonte des neiges accumule, chaque printemps, les cailloux monstrueux, les roches granitiques déracinées par l'avalanche.

Un gave — le Bastan — qui tantôt hurle, déborde et s'échevèle, tantôt bleuit et s'apaise avec des transparences de saphir.

A gauche, une montagne lépreuse qui s'effrite et se désagrège, malgré les plants de jeunes arbres étayant sa caducité.

A droite, en surplomb du torrent et fermement adossée aux contreforts du pic d'Ayré, la voie unique, pleine d'un tumulte de ruche, à l'heure où tous les corps de métiers indigènes, guides, baigneurs, servantes d'hôtelleries, s'évertuent au racolage du passant.

Tel, Barèges apparaît d'abord. Taine qui, pour le compte de la *Vie parisienne*, visitait les Pyrénées, en 1857, déclare ce paysage « hideux ».

« Le bourg de Barèges — dit-il — est presque aussi vilain que son avenue : tristes maisons, mal recrépies. De distance en distance, une longue file de baraques et de cahutes de bois où l'on vend des mouchoirs et de la mauvaise quincaillerie. L'établissement des bains est misérable. Les compartiments sont des caves sans air ni lumière. Il n'y a que seize cabinets, tous délabrés. Les malades sont obligés souvent de se baigner la nuit... L'hôpital militaire, relégué au nord de la bourgade, est un triste bâtiment crépissé, dont les fenêtres s'alignent avec une régularité militaire. Les malades, enveloppés d'une capote grise trop large, montent un à un la pente nue et s'asseyent entre les pierres. Ils se chauffent au soleil pendant des heures entières et regardent devant eux d'un air résigné. Les journées d'un malade sont si longues ! »

Cette peinture hargneuse, prise, sans doute, par un jour de brouillard, a de quoi surprendre le lecteur d'aujourd'hui. J'ignore si les éclopés de l'hôpital militaire, victimes, pour la plupart, de la guerre ou de l'amour, prennent, dans le beau jardin qui leur est ouvert, les attitudes mélancoliques notées par Monsieur Graindorge. Vont-ils, comme le malade symbolique de Stéphane Mallarmé, regarder, par les fenêtres, mourir un glorieux soleil, tandis que leur lèvre fiévreuse

> . . . . *et d'azur bleu vorace,*
> *Telle, jeune, elle allait embrasser son trésor,*
> *Une peau virginale et de jadis, encrasse*
> *D'un long baiser amer les tièdes carreaux d'or ?*

Je ne saurais l'affirmer.

Quant aux Thermes civils, les Thermes où cet excellent Monsieur Prudhomme raffermit son valétudinaire, tout en pérorant, selon sa louable coutume, sur des questions portenteuses, matagrabolifiquement, les Thermes, aérés à plaisir, sont les plus vastes et les mieux aménagés où l'on se puisse ondoyer. On y rencontre force raseurs et pas mal d'idiots : mais ce futile inconvénient leur est commun avec le restant de l'univers. Aussi, quand la bruine tombe sur la montagne et chaperonne les toits d'un insipide brouillard, quand l'averse met en fuite les promeneurs et détrempe leurs ombrages favoris, les gens courent aux Thermes dont la voûte romane sonne comme un vaisseau d'église, — une église où l'encens, le benjoin et la myrrhe seraient (assez honnêtement!) remplacés par un léger parfum d'œufs durs, où la tiédeur persistante des fontaines tiendrait lieu de calorifères et de choubersky. Bien longtemps, d'ailleurs, avant la diatribe de Taine, Barèges avait connu d'illustres visiteurs et rendu la santé à d'augustes malades. Quand les routes actuelles n'existaient pas, même à l'état de projet, quand il fallait traverser littéralement la montagne, soit en chaise, soit à dos de bourrique, plus d'un intrépide baigneur s'aventura dans les gorges du Tourmalet, pour demander aux Nymphes souterraines, aux Déesses latentes des minéraux et des sources, un regain de jeunesse et de virilité.

Parmi ces magnifiques explorateurs de piscines ignorées, il convient de citer *in primis* le plus célèbre bâtard de Louis XIV et de la Montespan.

*
* *

Ce fut dans l'été de 1676 que Madame de Maintenon, accompagnée de Fagon et de Madame de Ventadour, conduisit, pour la première fois, le duc du Maine aux eaux des Pyrénées.

Le sang béarnais d'Henri IV s'était grandement vicié dans sa postérité immédiate. Deux reines, l'Autrichienne après la Florentine, avaient infusé dedans cette bile noire et cette odieuse scrofule que la médecine extravagante d'alors était impuissante à neutraliser.

La pléthore sanguine de Louis XIV ne valait pas mieux que la sèche anémie de Louis XIII. « Il avait — dit M. Paul Lacroix — il avait dans le sang une âcreté qui se révéla, dès son enfance, par des gales et des érysipèles, sans que les médecins parvinssent à détruire jamais ce principe d'éruptions cutanées. » Le journal de Dangeau relate jour par jour les luttes du médecin et de l'apothicaire contre les dartres et l'atrabile du Grand Roi.

Le héros de Lebrun, le porte-sceptre, le Jupiter tonnant entrait dans la garde-robe, après l'apothéose mythologique. Le Maître du monde quittait la foudre et les rayons, entre les mains des porteurs de clystères. Il avalait force rhubarbe et non moins de juleps, sans triompher jamais de l'excoriation maligne, de toutes les incommodités, qu'envenimait ou faisait naître son insatiable voracité du prince. Apollon et Crépitus à la fois, le Roi Soleil avait les pieds hostiles et baffrait comme un chantre. Sa majesté ne le préservait pas des fistules, non plus que la gloire de son rang ne le détournait de l'indigestion.

Les Mémoires du temps, ces Mémoires pleins — selon Théophile Gautier — de victuailles et de chaises percées, ne tarissent pas plus sur les menus que sur les médecines du Grand Roi.

La princesse Palatine, témoin fidèle et révolté des abominations de la cour de France, nous à gardé, avec sa grossièreté pleine de franchise, le menu de ces ignobles repas. Sa lettre à l'électrice de Hanovre suffirait, d'ailleurs, seule, à nous montrer quelles étaient les mœurs de cette cour si hautainement policée: quand elle descendait de l'Olympe, elle marchait droit au fumier.

En tout cas, le régime de Versailles profitait mal aux enfants.

Princes bossus, idiots, contrefaits ou mort-nés, la kyrielle est navrante autant qu'interminable. Tristes victimes infantiles

Des vices paternels traînant l'hérédité!

Ceux même qui survécurent aux maladies du premier âge portèrent fréquemment le stigmate de la hoirie malsaine. Le duc de Bourgogne ne peut empêcher son épaule de dévier et le flot de ses beaux cheveux bruns sert à masquer le membre difforme. Le duc de Berry porte une croix de fer pour maintenir sa taille droite; enfin le « rejeton du double adultère », comme l'appelle Saint-Simon, le « mignon » de Louis XIV et de « la vieille guenippe », traîne à Barèges son pied-bot et sa jambe contrefaite.

L'idée de conduire son élève aux bains des Pyrénées aurait pu être suggérée à Françoise d'Aubigné par son premier mari.

Scarron, assez longtemps avant son mariage, mais postérieurement à cette folie de carnaval qui le cloua sur un lit de douleurs impossibles à conjurer, Scarron avait usité les bains de Bagnères. Il comptait même y retourner lorsqu'il fut obligé d'entreprendre le funeste voyage d'Amérique, dont il ne rapporta pas un rouge liard et qui acheva de l'écloper.

Mais ce n'est pas ce souvenir — du moins officiellement — qu'évoqua la veuve Scarron pour soigner son protégé à Bagnères. Le conseil lui en fut donné par le médecin ordinaire du Roi.

A Bagnères, Fagon, qui cumulait avidement les emplois et qui se montrait fort curieux de simples et d'herborisations, en sa qualité d'intendant au Jardin royal, avait herborisé dans les vallées de Campan, de Gripp et d'Aygos-Cluses, franchissant ainsi le territoire de Bagnères et le port du Tourmalet. Chemin faisant, son guide lui parla des cures merveilleuses dont Barèges se vantait déjà, si bien qu'il décida la gouvernante du petit duc à y mener son pupille.

Ce projet, approuvé de Madame de Maintenon, eut bientôt l'assentiment du Roi, encore que tous deux ne fissent que préluder à « cette coquetterie en Dieu et le chapelet à la main » qui pensa mettre sur le trône de France la veuve Scarron, maîtresse de Villarceau! Un ordre royal fit abaisser le Tourmalet et la noble caravane put franchir le col, peu de temps après le commencement des travaux.

A Barèges, Françoise d'Aubigné ne goûta que de faibles plaisirs. Elle trouvait ce lieu « plus affreux qu'on ne peut dire » et, pour comble de misère, elle y gelait. La compagnie mauvaise la respectait et l'ennuyait.

Mais son agile perfidie ne perdait pas une si excellente occasion de supplanter sa bienfaitrice. Déjà, la vieille Esther songeait à détrôner cette « altière Vasthi » dont Louis XIV ne supportait plus qu'avec ennui la hautaine et quinteuse humeur. Ses lettres, chefs-d'œuvre de tact, de retenue et de décence, charmèrent le roi par leur exacte médiocrité. Quand, après une longue absence, il vit entrer le « mignon » presque guéri, boitant à peine et guidé seulement par la main de sa gouvernante, modeste et grave sous ses coiffes blanches, son cœur fut pris à ce spectacle si judicieusement calculé. Françoise d'Aubigné commençait l'aventure sans précédent qui conduisit presque une gourgandine sur le trône de France. Elle entreprenait ce merveilleux travail et cette farce sublime qui devait, au dénouement, lui faire épouser

> *D'une main un cul-de-jatte,*
> *Et de l'autre le soleil.*

*
* *

Telles étaient les songeries qui me servaient d'escorte pendant que je suivais, sous bois, les antiques sentiers de l'Allée Verte. Là, peut-être Françoise d'Aubigné s'était assise en compagnie de son royal élève. Un portrait, à Versailles, avec la fameuse chaise de satin noir, quelques phrases haineuses de Madame, quelques mots méprisants de Saint-Simon, le souvenir exécré de l'édit de Nantes, voilà tout ce qui reste de tant de crimes et de scélérate ambition.

Mais les choses gardent leur beauté, qui nous console un peu de la laideur des hommes. Les chênes, les hêtres, les sorbiers qui prêtèrent leurs ombrages à la vieille Maintenon, les arbres ont traversé, dans leur sérénité divine, ces deux siècles, deux cents fois couronnés de feuilles vertes et de fleurs.

Barèges, le 24 août 1895.

Divagation sur la Montagne

ENCORE que les papiers publics arrivent à la hauteur où nous sommes copieusement défraîchis et faisandés, si je l'ose dire, autant que le saumon des aubergistes, la lecture des gazettes n'en reste pas moins un passe-temps indéfectible aux touristes comme aux baigneurs.

Pour prendre le lac en patience, pour explorer d'un visage bénin la grotte, le précipice et le névé, plus d'un forçat du pittoresque emporte furtivement quelques journaux de l'avant-veille qui, à défaut d'autres plaisirs, lui donneront une contenance tout à fait distinguée devant les « grands spectacles » préconisés par Joanne ou Bædecker.

Donc, malgré le soin de nos personnes, et l'immersion répétée dans toutes sortes de baignoires, et l'ascension des pics les plus hétéroclites, les gens ratiocinent, comme ailleurs, sur les événements de chaque jour. Dans les tables d'hôte, « ces piscines où l'on mange », d'ineffables dialogues s'élèvent à l'heure des épanchements. L'antagonisme entre riz et pruneaux dont s'affligeait, sur les Alpes, ce prodigieux Tartarin, n'existe point ici. Les divers éclopés : bancroches, rhumatisants ou béquillards, sans compter ces infirmes « très précieux » dont Rabelais a spécifié l'infortune, vivent dans une touchante harmonie, nonobstant l'uniformité des jours et l'inclémence du pocker.

Un événement tragi-comique a, plus que tout autre, épanoui les rates et suscité naguère maintes palabres, dans ce public méridional où la taurophobie passe pour une sorte de gâtisme, sinon pour une spéculation à grimaces attendries. Et l'on s'est conjoui franchement de la mésaventure infligée au commissaire de Dax, tandis que ce magistrat verbalisait contre les nobles jeux du *toreo*.

Le « beau geste » par lequel un taureau vengeur des Grandes Épées houspilla le protecteur officiel des haridelles a paru divertissant au possible. Puisque, d'ailleurs, la victime en est quitte avec quelques horions, aucune bienséance ne défend de se gaudir à l'imagination de ce spectacle inattendu. Ce dut être une rencontre gracieuse à voir que celle du policier au harnachement tricolore et de la *bestia brava*. Malgré l'imposant de sa fonction, malgré l'honneur de représenter la société protectrice, le pauvre argousin n'a pas dû faire beaucoup plus haute contenance que Sancho berné par des muletiers. Encore le ventripotent écuyer avait-il une couverture pour le recevoir à la fin de sa promenade aérienne et ses bourreaux ne portaient-ils des cornes que dans le style figuré.

Aussi, la part faite à la commisération qu'inspire l'état du malencontreux policier, nous sommes-nous galamment esclaffés, entre Latins, sur ce dénouement imprévu. La mauvaise foi des empêcheurs de tauricider qui ne font campagne ni contre les combats des coqs, ni contre la chasse à courre, ni contre les hideuses batailles de chiens, est tout à fait agréable, dans la posture souffletée où l'a mise le taureau de Dax. Puisse le noble animal être capé de la main des plus illustres *espadas*, sans recevoir jamais l'estocade finale !

Cette grâce, impartie autrefois au célèbre *Caramelo*, serait un juste prix du ridicule dont il a couvert les hystériques et les hypocrites qui, de l'amour pour les rossinantes, font une enseigne à leur bazar, le bazar de la Pitié.

Au surplus, la semaine est fâcheuse pour nos estimables recors. Voici qu'un exploit (anarchiste, ô combien!) pénétra dans la demeure entre toutes sacro-sainte du roi des Juifs, sans crever pourtant l'œil auguste auquel, selon toute apparence, on le put croire destiné.

Ces engins, *manifestement construits pour ne pas entraîner la mort des personnes qu'ils atteignent*, s'allument, détonent, et fournissent de la copie aux mouchards du journalisme, sans que Notre-Dame de la Rousse mette jamais le grappin sur le chimiste qui les fabriqua.

Soit qu'ils explosent contre une fenêtre dont les débris seuls forment projectile, soit qu'ils fusent assez prudemment pour ne pas aveugler celui qui reçoit leur charge en pleine figure, il est permis de les regarder plutôt comme un épouvantail que comme un instrument de mort. Cette qualité suffit à démontrer pourquoi « toutes les recherches de la Préfecture demeurent infructueuses », quand il s'agit de retrouver les bandits qui terrorisent Monsieur Prudhomme, toutefois et quantes il importe de le faire bien voter.

**
* **

Ces entretiens d'un tour amène emplissent les loisirs des pauvres hydropathes. Mais le plaisir ne saurait faire oublier le devoir. Or — vous le savez — il n'est pas d'obligation plus sacrée que d'effectuer un certain nombre d'excursions, au sujet de quoi on ne manque pas d'être interrogé par des amis outrecuidants.

« Il est enjoint, dit le maître que je me plais à citer, il est enjoint à tout être vivant et pouvant monter un cheval, un mulet, un quadrupède quelconque, de visiter Gavarnie ; à défaut d'autres bêtes, il devrait, toute honte cessant, enfourcher un âne. Les dames et les convalescents s'y font conduire en chaise à porteurs.

« Sinon, pensez quelle figure vous ferez au retour. « *Vous venez des Pyrénées, vous avez vu Gavarnie ? — Non. — Pourquoi donc êtes-vous allé aux Pyrénées ?* » Vous baissez la tête et votre ami triomphe, surtout s'il s'est ennuyé à Gavarnie. Vous subissez une description de Gavarnie d'après la dernière édition du guide manuel. Gavarnie est un spectacle sublime ; les touristes se dérangent de vingt lieues pour le voir ; la duchesse d'Angoulême se fit porter jusqu'aux dernières roches ; lord Bute s'écria, lorsqu'il vint là pour la première fois : « *Si j'étais encore au fond de l'Inde et que je soupçonnasse l'existence de ce que je vois en ce moment, je partirais sur-le-champ pour le voir et pour l'admirer !* » Vous êtes accablé de citations et de superbes sourires ; vous êtes convaincu de paresse, de lourdeur d'esprit, et, comme disent certains voyageurs anglais, *d'insensibilité inesthétique.*

« Il n'y a que deux ressources : apprendre par cœur une description ou faire le voyage. J'ai fait le voyage et je vais donner la description. »

Cette description, vous la pourrez lire dans le *Voyage aux Pyrénées* où, malgré force jolis détails, le « spectacle sublime » de Gavarnie est assez faiblement rappelé. Le procédé minutieusement exact de l'auteur, la notation rigoureuse de tant d'objets divers font paraître une précision sèche tout à fait insuffisante pour évoquer cette grande fantasmagorie de la montagne. Les précipices d'ombre, les forêts suspendues au bord des gouffres, le chaos de Gèdre peuplé de roches erratiques, malgré leurs beautés intrinsèques, tirent leur principal attrait des jeux de la lumière, de l'éther incomparable où se profilent, en vigueur, les montagnes de Gavarnie, les tours du Marboré. Et quel mot suffirait à peindre ces enchantements ? Cette lueur, rose le matin, contourne amoureusement les cimes, avive peu à peu les reliefs, dissout la nuit avec lenteur. A midi, elle flamboie, aveuglante dans la transparence des eaux, le vert cru des prairies, les teintes violentes des fleurs, iris, gentianes, aconits. Puis, vers le soir, les masses déjà rousses des tilleuls et des frênes s'étendent comme un tapis aux teintes chaudes sur les versants où le crépuscule promène déjà ses ombres violettes. C'est le pays des légendes. Ici, le Rêve a fleuri spontanément comme une fleur du sol volcanique. Voici le torrent où, pendant les nuits de juin, les amantes éperdues viennent tenter les beaux pastours; voici le ravin où sonne la cloche bénite de Noël qui appellera au jugement dernier les ancêtres de la vallée. Et, dominant cette terre de prestige, voici par delà nos montagnes, entre Espagne et France, le rocher où Roland essaya, mais en vain, de briser son épée :

Durandal fiert le perrun de sardoine,

dit le moine Théroulde en son fruste parler. Le souvenir de Roland est vivace chez ce peuple ingénu qui, d'ailleurs, mêle volontiers le souvenir d'Henri IV aux exploits du preux carolingien; de même, au pays d'Ermenonville, s'il en faut croire Gérard, la mémoire de Jean-Jacques et de la Belle Gabrielle ne font qu'un, dans les traditions rustiques des trouvères plébéiens.

*
* *

Au retour du Cirque, tout frissonnant encore d'avoir marché sur les ponts de glace et reçu la froide poussière des cascades, l'hôtelier nous présenta son album en nous priant d'y répandre quelque sentence ingénieuse à défaut d'impromptu. C'est un curieux compendium de la bêtise et de la présomption bourgeoise que cet album de Gavarnie. Depuis le Gaudissart qui fait des calembours sur la montagne jusqu'au vicaire emphatique, rabâchant son credo, nulle forme du crétinisme ne manque à ce rendez-vous.

Comme une fleur d'edelweiss, parmi tant de navets obcènes et de choux mal odorants, j'ai relevé cette strophe mélancolique de Karl Boès, le noble poète des *Opales* et des lointaines chevaleries. La grandeur du lieu ajoute un charme pénétrant à ce salut attristé d'un rêveur moderne aux antiques paladins :

> *Ta blessure géante, ô mont! et cet orgueil,*
> *Toi que blessa Roland, de maintenir ton deuil*
> *Pur, dans la neige et dans l'azur,*
> *Ont fait rougir de honte un chevalier fourbu*
> *D'avoir trop désiré Luciane et trop bu,*
> *Par les auberges, du vin sur.*

Près de ces rimes héroïques se prélassait une odette du plus chevelu diseur de vers qui règne sur la parfaitement bonne compagnie. Me saurez-vous gré de l'avoir, pour vous complaire, cueillie à quinze cents mètres au-dessus de la mer ?

SUR L'ALBUM DE GAVARNIE

> *Divers pignoufs secs ou ventrus*
> *Souillent de propos incongrus*
> *Les pâles feuilles virginales,*
> *Crottin sur un pied d'edelweiss,*
> *L'esprit de Scholl ou bien de Weiss*
> *Manque très fort en ces annales.*

*Plein de graisse et de petit bleu,
L'abbé Chose qui croit en Dieu
Et popine à toute écuelle,
Affirme, sur un ton bêlant,
Que la brèche est bien de Roland
Et son âme spirituelle.*

*Un bonnetier de Carpentras
Supporte gaîment l'embarras
De causer avec le notaire
Barbanchu sur le coût des foins.
Sa « demoiselle », dans les coins,
Suit un calicot délétère.*

*Puis ils courent au Marboré,
Sur le pont neigeux qu'a doré
Un soleil d'août aux flammes roses.
Et le vieux mont de pourpre teint
S'indigne à voir tel Philistin
Que Vénus combla d'amauroses.*

*D'autres sont gâteux ou fleuris
De gales et de panaris,
Tous sont bêtes comme des oies.
Dénonçons leur orde horde à
Caligule ou Torquemada
Pour en faire des feux de joie.*

*Quant à moi, n'ayant bu ni rhum
Ni « parfait-amour », sur l'album,
J'écris cette ode vraiment saine.
De moi l'on dit : « Ecce homo ! »
Car je suis le seul Jean Rameau
Que l'on s'arrache à Paris (Seine).*

Barèges, le 31 août 1895.

Un Ouragan au Tourmalet

C'était une règle impérative, aux beaux jours de Campistron et de Lachaussée, quand les princes déplorables, héros en vers de tragédies lacrymatoires, « ne buvaient que du poison et ne mangeaient que leurs enfants », c'était une règle stricte d'orner par quelque « songe », à l'exemple d'*Athalie* ou de *Mérope*, l'exposition aux moroses sentiers.

Le « songe » de la présente semaine, le motif obligatoire pour les gazettes, n'est-ce point la catastrophe lamentable qui, ces jours passés, jeta l'horreur et l'épouvante dans la moitié de Paris? Mieux que les visites princières, mieux que les grands assassinats, les convulsions de la nature : cyclones, inondations, tremblements de terre, ont le don d'émouvoir, malgré son égoïsme de pachyderme, le bourgeois frissonnant. L'examen des gobe-mouches semble moins niais, venant du frisson légitime que donnent aux âmes les mieux trempées ces soubresauts du monstrueux animal en qui les anciens personnifiaient le Monde. L'indifférence des choses pour nos bâtisses d'un jour, pour nos civilisations d'infusoires; l'énorme dédain de l'univers pour la bêtise humaine, s'adjugeant comme un fief les étoiles en myriades et les abîmes des soleils; cette ironie énorme, ces forces brutales qui nous écrasent, nous soufflettent, démentent nos plus hautes pensées, nos plus chères ambitions, — tout ce Mal qui est la Vie, la scélérate, l'exécrable Vie, — se manifestent aux esprits, même obtus, sous la fulguration des cataclysmes.

L'homme cesse alors de croire à sa primogéniture, à son éternité, au vaste ciel créé pour l'homme. Devant le conflit majestueux des éléments, sa curiosité s'ennoblit, son esprit s'élève à la hauteur de ces grandioses spectacles et du renoncement aux croyances ineptes qu'entraîne leur contemplation.

*
* *

J'essaierai donc, à mon tour, de narrer une tempête, la seule que j'aie vue. Ce n'est point un désastre fameux, ni quoi que ce soit de pareil aux tourmentes épiques de Virgile ou de Lucrèce. Ce n'est rien de comparable au sinistre de Lisbonne qui détruisit, en 1755, la capitale du Portugal, ou bien à cette éruption du Krakatoa par quoi furent englouties la plupart des îles volcaniques de la Sonde, éruption dont le contre-coup se fit sentir jusqu'en Andalousie et dont les feux lugubres se reflétèrent, en décembre 1883, dans l'atmosphère hivernale de Paris. Ce n'est pas non plus aux champs phlégréens où naguère Casamicciola, Ischia,

Ischia de ses fleurs embaumant l'onde heureuse,

renouvelèrent pour l'effroi contemporain les désastres de Pompéi ; ce n'est pas à travers les « cités du monde » et les villes féeriques de la mer des Indes ou du golfe de Naples que j'assistai au choc des éléments. Plus obscure est ma tempête que ce tourbillon d'octobre 1859, illustré à jamais par la plume d'or de Michelet : car elle n'eut pas l'Océan pour théâtre. C'est dans une simple gorge de montagnes que son ire s'exerça.

***

Malgré la réticence inaccoutumée des guides et l'opposition des gens nerveux, nous avions quitté Barèges par une matinée très claire du mois d'août. Il s'agissait, non d'une excursion alpine, impliquant le moindre péril, mais d'une promenade tout unie, avec déjeuner sur l'herbe et cavalcade par une route sapacieuse, carrossable aux plus mauvais endroits. Notre dessein était de gagner, en deux étapes, le col du Tourmalet, un de ces ports si communs dans les Pyrénées qui semblent ouverts, pour le plaisir des touristes, entre leurs plus riantes vallées.

La route de Barèges au Tourmalet serpente le long d'une corniche — un sourcil de montagne — qui côtoie la rive droite du Bastan. A gauche, dans une combe aride, formée par le torrent, quelques granges où troupeaux et bergers transhument pendant les beaux jours. Plus loin, les premiers gradins du Pic du Midi. En surplomb sur la route, la Hourquette des Cinq-Ours, sommet inaccesible qu'attriste la morne verdure des sapins et des genévriers. Çà et là, quelques champs d'iris bleus, de gentianes et d'asphodèles à travers les rochers, quelques touffes de saxifrages et de rhododendrons ferrugineux. Notre première halte se fit au bord d'un ruisseau, venu d'Escoubous, dans un lieu propice aux collations champêtres, et des sources tentantes à plonger les flacons.

*
* *

Il était environ midi quand nous reprîmes, avec nos montures, le chemin du Tourmalet. Déjà les touristes expérimentés se répandaient en descriptions inéluctables et pittoresques, nous faisant escompter d'avance les beautés du spectacle et la vallée joyeuse de Campan, montrée, comme en un rêve du haut de la montagne.

Pendant ces vains discours, l'aspect des choses avait notablement changé. Une brise d'ouest qui depuis le départ nous récréait de flabellations légères avait complètement cessé. Dans l'air pesant, parfois, un souffle, comme de forge, soulevait un tiède nuage de poussière, tandis qu'au bord des pâturages quelques ouailles bêlaient éperdument. Les beaux papillons alpestres : adonis pareils à des turquoises, machaons aux larges ailes soufre ocellées d'azur, vulcains de satin noir et feu, se posaient, de toutes parts, sur les tiges immobiles, tandis qu'en plein éther, les sacres, les gypaètes, les bondrées tournoyaient lentement, d'un rythme silencieux.

De plus en plus, l'air devenait rare et la chaleur suffocante, lorsque, soudain, les chevaux refusèrent d'avancer, en même temps qu'un troupeau de brebis s'effarait à quelques pas de nous. Puis, dans le silence que troublaient seuls des appels de berger, avec le hurlement confus du Gave, un coup de tonnerre effroyable à nos pieds. La vallée que nous dominions à présent n'était plus qu'une houle de vapeur, un brouillard sans limite, rayé, de minute en minute, par de stridents éclairs. La montagne tout entière frémissait comme si chaque sommet, après avoir enfanté la foudre, la rejetait à d'autres échos. Le Pic du Midi seul et la Pointe de Cinq-Ours dégageaient leurs fines arêtes sur le fond d'un ciel livide, parmi ces flots de tonnerres et de nuées où le reste du paysage semblait anéanti. Le drame, néanmoins, se passait loin de nous, sur les rives du Bastan, qui, furieux et déchaîné, mugissait à présent sur son lit de cailloux. Une voix lugubre secouait la haute cime des mélèzes; les pins craquaient sous la décharge du fluide épandu. Stupides, nous suivions de l'œil cette onde caligineuse, qui, de minute en minute, envahissait notre refuge, nous apportant la mort.

***

« Messieurs, vous l'avez échappé belle ! » exclama l'un des guides, cependant qu'il nous montrait, dans l'opaque trouée, une soudaine déchirure, promptement élargie. Le vent changeait de direction, et balayait l'orage vers le Bergons lointain et la plaine de Luz. La vallée réapparaissait, où, dans quelques moments, nous pourrions reprendre notre route, indemnes et joyeux. Arbres tordus, granges sans toiture, chemin défoncé par l'éboulis des roches, toute une désolation ravageait maintenant le paysage que nous avions quitté naguère si fortuné. Un maigre chien ralliait, avec de longs abois, les troupeaux dispersés. Au seuil des granges, la voix aiguë des femmes se lamentait.

***

Mais, bientôt, un rayon de soleil vient à luire. Le ciel d'outremer lavé brûle d'un insolite éclat. Sur les herbes d'une verdure intense, des milliers d'arcs-en-ciel ; dans chaque gouttelette, une moisson d'opales et de cristaux en feu. Malgré l'ondée persistante, sous cet éclat de fête, la beauté des choses, l'éternelle sérénité des monts a vite fait d'apaiser ce qui reste de nos terreurs, et c'est le cœur léger, que, cinglant nos montures fumantes, nous redescendons vers Barèges, au refrain entonné par nos guides, air de bravoure et de tendresse que la légende pyrénéenne fait remonter, pour plus de gloire, au beau comte Gaston Phœbus :

> *Ces claires montagnes*
> *Qui tant hautes sont*
> *M'empêchent de voir*
> *Où sont mes amours.*
>
> *Ah ! pour les atteindre*
> *Et les rencontrer,*
> *Je passerais l'onde*
> *Sans peur d'y mourir.*

Argelès, 12 septembre 1896.

Historiette de jadis

La stupide affaire de la maison Giraud nous remet en mémoire l'accident arrivé, il y a deux siècles, à Charles Coypeau-Dassoucy, dans la capitale du Bas-Languedoc.

Certain complot fomenté, sans doute, par les aïeux des iconoclastes acharnés sur Injalbert, conduisit presque au bûcher l'infortuné rimeur.

En ce temps béni du Roi-Soleil, le principe d'autorité ne souffrait pas la moindre gêne. Pour peu qu'un homme de néant, poète, libelliste, chansonnier, eût, par quelque brocard, offusqué la maîtresse, l'apothicaire, le confesseur ou le valet, telle discrète maison, Châtelet sinon Bicêtre, emprisonnait le délinquant.

Lorsqu'un peu de calomnie assaisonnait l'aventure et motivait l'ingérence des personnes pieuses, rien ne s'opposait à ce qu'un bon mot conduisît son auteur en place de Grève. Tartuffe molesté, avant de lâcher prise, trempait de sang ses ongles noirs.

Grâce à d'illustres protections, les vicissitudes du pauvre Dassoucy, à Montpellier, n'eurent point une fin si tragique. Le conte qu'en ont fait Chapelle et Bachaumont, dans leur voyage, s'accorde le mieux du monde à ces agréables récits, encore que les joyeux pèlerins eussent pu montrer une plus humaine condoléance aux méchefs de leur ami.

* * *

Ce fut une hilare, une plaisante figure que l'artisan d'*Ovide en belle humeur*. Poète misérable autant que bon joueur de luth, il se nommait, sans vergogne, Empereur du Burlesque et sire Dassoucy, tandis que les registres de Saint-Étienne-du-Mont, sa paroisse, le baptisaient plus simplement du nom bourgeois de Coypeau.

Les grotesques — souvent peu intéressants — dont Gautier exhumait, en style d'or, la mémoire incertaine, ont pour la plupart bien moins de relief et de couleur que celui-ci. Voyageur ivre de fantaisie, son existence de quatre-vingts ans oscilla, sans trêve, de la prison aux courtilles, allant des cités de Misère aux pays de Cocagne, sans que ses accointances avec les grands de la terre, l'accès que lui donnait près des rois son talent de compositeur, aient modifié jamais ses humeurs vagabondes et ses goûts crapuleux.

Un vers méprisant de Boileau, « ce stoïque constipé qui ne rit de rien », quelques bouquins dont la gaieté maussade met en fuite les curieux, voilà tout ce qui reste du pauvre Charles Coypeau. Et pourtant cet oublié eut son heure! Il « trouva des lecteurs ». Ses mélodies, pendant un siècle, firent les délices des princes et des grands. Aux accents du théorbe et de la guitare, il charma l'incurable ennui de Louis XIII et fit sourire le morne souverain qui fouillait avec des pincettes la guimpe d'Hautefort.

Si indigestes que semblent à nos esprits les pantalonnades sans fin de Coypeau, leur gaieté n'est pas autrement caduque et nauséabonde que celle des contemporains.

La lecture de Scarron, de Cyrano, qui nous paraît intolérable, a passé pour joyeuse, autrefois. Ces longues farces de cuistres en liesse, les *Virgiles travestis*, les *Métamorphoses burlesques*, égayèrent les nobles « alcôvistes » de Julie d'Angennes. L'odeur de crasse et de collège, la bassesse des parodies ne scandalisaient point ces raffinés qui, d'ailleurs, pouvaient, sans périr d'ennui, achever les dissertations mucilagineuses de l'*Astrée* ou du *Cyrus,* tant il est vrai que changent les manières du style et que les élucubrations des gens de lettres n'ont pas de plus fermes destins que la mise-bas des couturiers. Hélas! et qui donc oserait, à présent, promettre une survie de trois siècles aux meilleures chroniques de Henri Fouquier?

*
* *

Lorsque Dassoucy vint à Montpellier où l'attendait un si fâcheux accueil, l'heure grave de la quarantaine sonnait déjà, et plus d'une aventure avait égayé son existence erratique. Lui-même a pris la peine de rédiger son odyssée en une prose entrelardée de rimes, selon le goût déplorable du temps.

Notre âge de confort, où poètes et notaires vivent de même façon, comprend mal ces fantasques bohèmes des anciens jours. Piliers de cabarets, toujours à la recherche d'un gîte ou d'un écu, ils faisaient bon ménage avec la pauvreté, regardant le ciel par le pertuis de la bouteille et fredonnant, après boire, leurs chansons en méchants vers. Parmi ces bizarres personnages, Dassoucy fut un prédestiné.

Son père, avocat au Parlement, avait pris comme femme un petit bout d'amazone, prompte et colère, qui, pour réparer le défaut de sa petite taille, portait des patins si hauts — nous dit son fils — que celui qui en aurait fendu l'écorce eût fabriqué de fort beaux cotrets. En récompense, à la qualité de chanter comme un ange et de jouer divinement du luth, la dame joignait un si merveilleux esprit de contradiction, une humeur si hérissonne, que, durant quarante ans, elle n'était jamais tombée d'accord avec son époux. Aussi l'avocat, bien qu'homme d'érudition *(homo litteratus)* et quelque peu gentillâtre, n'osait ouvrir la bouche, de peur d'être rabroué ou même pourfendu.

Après une scène un peu vive où les deux époux, ayant mis l'épée à la main, se cuidèrent égorger, chacun tira de son côté, après avoir partagé meubles et deniers.

Bien que le gamin eût été dévolu à son auteur, sa vie ne fut guère plus heureuse après le départ de Mlle Coypeau. Une servante-maîtresse avait pris, chez l'avocat, la place de la Bradamante exilée. Elle appelait son beau-fils de la main gauche « petit diable », qui la traitait à son tour de « carogne » et de « maman putain ».

Après quelques mois de cette intimité, l'enfant prit, un beau matin,

Ce bijou sans pareil nommé la clef des champs,

et commença de courir le monde, à peine entré dans sa dixième année.

Après avoir planté sa tente en divers lieux, il pensa tout d'abord se fixer dans Corbeil où l'abbesse d'un noble couvent l'envoya d'abord garder les « codindes », pour témoigner l'estime qu'elle faisait de son mérite. Plus tard, cette majestueuse personne, l'ayant ouï parler grec et le jugeant, sur cet échantillon de belles-lettres, fils d'honnête race, afin de montrer en quelle révérence elle tenait l'idiome d'Aristote, le chargea, « non seulement du soin de ses souliers, de son pot de chambre et de son éponge, mais encore de son ampoule au fard et de la boîte où elle tenait le lierre précieux de son cautère ».

De plus, elle couvrit ses épaules d'une mandille couleur de tan agrémentée de galons verts, qui n'avait servi qu'à six ou huit laquais, la bonne dame n'en changeant qu'une fois par semaine.

Après quelque temps de service, le voilà promu à la dignité de magicien et se faisant passer, chez les bourgeois de Calais, pour un petit-fils de Michel Nostradamus. Comme Gaultier de Nêves, « cet illustre Amphion » que des paysans crurent un loup-garou « et qui se trouva fort empêché de revomir un enfant qu'il n'avait pas mangé », Dassoucy eut bientôt à se repentir de sa sorcellerie. Il ne put éviter le gibet que par la fuite.

* * *

Hors de Calais, il parcourt le monde, jouant du luth, couchant au hasard des auberges et flagornant les maritornes pour en obtenir, non l'amoureux déduit, mais du rôt le meilleur et du vin le plus frais. Le duc de Saint-Simon le fait entendre aux concerts du roi Louis XIII où son habileté à jouer du luth soulève tant d'admiration que Christine de France, alors Madame Royale, n'en perd jamais la souvenance et le fait mander, trente ans après, dans son palais de Turin.

* * *

A travers champs et cités, le poète musicien poursuit sa vie nomade, tantôt dépouillé par des voleurs de grand chemin, tantôt allégé de sa pécune par des truands experts à corriger le sort. A Villeneuve-Saint-Georges, un filou d'aspect ingénu répète la scène du marchand avec le comte de Grammont et quitte notre homme sans lui laisser une pistole. Plus tard, Coypeau s'encanaille, à la triomphe, avec des juifs barbus, dans Avignon, où il laisse tout jusqu'à ses nippes, mais où il attrape la gale. Parfois, il rentre dans Paris, annonce aux amateurs ses « concerts chromatiques », puis déblatère sur Corneille, dont l'*Andromède* n'a réussi que grâce à ses couplets et aux machines de Torelli.

Quant à son équipage, durant ces infatigables pérégrinations, lui-même en donne le détail à la postérité.

Sa suite était d'un âne pour porter hardes, instruments et manuscrits. Ce baudet, élevé à de si fiers destins, se pouvait comparer, en quelque sorte, au grison d'Apulée ou bien à celui qui promenait le simulacre d'Osiris, tant par le puissant organe de sa voix que par la vénération due à ses longues oreilles. Ses hautes qualités musicales étaient bien dignes du premier rang : aussi marchait-il en tête du cortège symphonique. Au surplus et nonobstant sa gloire, la bête était chargée d'un coffre tout rempli de chansons, épigrammes, palinodies et autres pièces de musique, tout caparaçonné de théorbes, d'archiluths, de guiternes et de violes d'amour. Car ce n'était pas un musicien de « bibus » que le sieur Coypeau-Dassoucy, recherché des princesses et courtisé par les rois. Il s'explique à chaque instant là-dessus avec une emphase opiniâtre et la plus parfaite admiration de soi.

Outre son âne, le poète emmenait avec lui, par l'univers, deux jeunes garçons de mine avenante, ses pages de musique, ainsi qu'il les nommait. Le favori, Perrotin, agréable vaurien porteur d'une incurable ivrognerie, avait, un jour, essayé d'empoisonner son maître, sous prétexte que le digne homme le forçait à mettre de l'eau dans son vin. Mais, quand il n'était pas gris, Perrotin faisait entendre une haute-contre miraculeuse qui concertait le mieux du monde avec les instruments. Pour cette raison, Coypeau traitait le drôle en enfant gâté, lui pardonnant ses peccadilles, jusqu'au jour où force lui fut de confier aux soins d'un guichetier ce trop indépendant élève.

*
* *

La province a l'étonnement facile, une rage de calomnier ce qu'elle ne comprend pas, c'est-à-dire à peu près tout. Perrotin fit sensation à Montpellier. Comme c'était le plus grand fol ainsi que le meilleur chantre de l'univers et que le mérite de sa voix lui donnait accès dans les bonnes compagnies, il ne manqua pas de médire à tort et à travers, couvrant de ridicule maintes graves personnes et daubant sur les pecques dont les simagrées emplissaient de joie son esprit frondeur.

Avec la persévérante et lâche cruauté des petites villes, un complot fut organisé qui devait perdre Coypeau et son page trop aimé.

Encore que la cour de France donnât l'exemple de toutes les débauches; que Monsieur et ses mignons, Vendôme et ses soldats, que Villars, Condé, Huxelles et tant d'autres fussent crûment chansonnés pour leurs sales amours, les simples bourgeois, sur qui pesait l'accusation de mœurs thébaines, risquaient la prison perpétuelle et même le fagot. Voici, d'après Chapelle et Bachaumont, le résultat des trames ourdies par les cafards montpelliérains contre l'imprudent joueur de luth :

> Entrés dans Montpellier par la rue des Parfumeurs, nous fûmes, disent-ils, bientôt épouvantés de rencontrer en cette place un grand concours de populace. Chacun y nommoit Dassoucy : « Il sera brûlé, Dieu merci! disoit une vieille bagasse. Dieu veuille qu'autant on en fasse à tous ceux qui vivent ainsi ! »
> La curiosité de savoir ce que c'étoit nous fit avancer plus avant. Tout le bas étoit plein de peuple, et les fenêtres remplies de personnes de qualité. Nous y connûmes un des principaux de la ville qui nous fit entrer aussitôt dans le logis... Nous apprîmes qu'effectivement on alloit brûler Dassoucy pour un crime qui est en abomination parmi les femmes... nous trouvâmes grand nombre de dames qu'on nous dit être les plus polies, les plus qualifiées et les plus spirituelles... Insensiblement la conversation tomba sur Dassoucy, parce qu'il leur sembla que l'heure de l'exécution approchoit. Une de ces dames prit la parole, et s'adressant à celle qui nous avoit paru la principale et la maîtresse précieuse :
>
> > « *Ma Bonne, est-ce celui qu'on dit*
> > *Avoir autrefois tant écrit,*
> > *Même composé quelque chose*
> > *En vers sur la métamorphose?*
> > *Il faut donc qu'il soit bel-esprit?* »

Et la maîtresse précieuse, dans sa réplique, de gratifier généreusement Dassoucy du titre d'académicien.

> *Puis, d'une mine sérieuse,*
> *Avec certain air affecté,*
> *Penchant sa tête de côté*
> *Et de ce ton de précieuse,*
> *Lui dit : « Ma chère, en vérité,*
> *. . . . .*
> *C'est dommage que dans Paris*
> *Ces Messieurs de l'Académie,*
> *Tous ces Messieurs les beaux-esprits,*
> *Soient sujets à telle infamie. »*

« L'envie de rire, ajoutent les auteurs du *Voyage*, nous prit si furieusement, qu'il nous fallut quitter la chambre et le logis pour en aller éclater à notre aise dans l'hôtellerie. Nous eûmes toutes les peines du monde à passer dans les rues, à cause de l'affluence du peuple. »

> *Là d'hommes on voyoit fort peu ;*
> *Cent mille femmes animées,*
> *Toutes de colère enflammées,*
> *Accouroient en foule en ce lieu*
> *Avec des torches allumées.*

Elles écumoient toutes de rage, et jamais on n'a rien vu de si terrible : les unes disoient que c'étoit trop peu de le brûler ; les autres, qu'il falloit l'écorcher vif auparavant ; et toutes que, si la justice le leur vouloit livrer, elles inventeroient de nouveaux supplices pour le tourmenter. Enfin

> *L'on auroit dit, à voir ainsi*
> *Ces bacchantes échevelées,*
> *Qu'au moins ce monsieur Dassoucy*
> *Les auroit toutes violées.*

Et cependant il ne leur avoit jamais rien fait. Nous gagnâmes avec bien de la peine notre logis, où nous apprîmes, en arrivant, qu'un homme de condition avoit fait sauver ce malheureux, et quelque temps après on nous vint dire que toute la ville étoit en rumeur, que les femmes y faisoient une sédition, et qu'elles avoient déjà déchiré deux ou trois personnes, pour avoir été seulement soupçonnées de connoître Dassoucy : cela nous fit une grande frayeur, en vérité :

> Et, de peur d'être pris aussi
> Pour amis du sieur Dassoucy,
> Ce fut à nous à faire gille.
> Nous fûmes donc assez prudents
> Pour quitter d'abord cette ville,
> Et cela fut d'assez bon sens.

A une lieue de Montpellier, les voyageurs rencontrèrent notre Dassoucy avec « un petit page assez joli » qui le suivait. Le dialogue fut rapide : Chapelle et Bachaumont, en braves égoïstes, n'avaient cure d'un ami dans l'embarras. Après avoir consolé, par quelques bons mots, le désespoir du fugitif, ils suivirent leur périple de bombance, à travers les cuisines et les celliers du Languedoc.

Dassoucy ne leur pardonna jamais leur indifférence devant l'exil et le bûcher, non plus que le ton gouailleur de leur historiette. Cela tient, sans doute, à ce que le pauvre sire n'avait point assez fortement éduqué son âme, ne pouvant lire, à cette époque, les œuvres de monsieur Barrès.

Un Tyrtée calviniste

C<small>E</small> douteux printemps — soleil et bourrasques — flagelle d'absurdes ondées le vert ingénu des feuilles, les pierres grises des maisons. Une averse rayée parfois d'un coup brusque de lumière, pleureusement, dégouline sur les toits dont Remy Belleau magnifia l' « ardoise fine ». Et Blois,

Cet escalier de rues
Que n'inonda jamais la Loire, au temps des crues,

se transforme, pour nous, en cascades vagabondes, en un jeu contrariant de Grandes Eaux. Denis Papin grelotte, nonobstant le brasier de sa marmite, cependant que les yeux aveugles d'Augustin Thierry pleurent d'esseulement parmi cette grisaille. Voilà bien le jour atone rêvé par le désespoir du poète :

> *Montez, brouillards; jetez vos cendres monotones,*
> *Avec de lourds haillons de brumes, dans les cieux*
> *Que noiera le marais livide des automnes...*
> . . . .
> *Et toi, sors des étangs léthéens, et ramasse,*
> *En t'en venant, la vase et les blêmes roseaux,*
> *Cher Ennui**...

Certes, le château de Blois est un lieu, entre tous, propre à la méditation. Ce ne sont point des heures perdues que la promenade sous ces murs où tout un siècle de notre histoire a vécu. Nul refuge mieux approprié contre le ciel maussade et les gens nidoreux. Les touristes évités, le suisse garni de quelques piécettes et convié au mutisme, nous restons seuls dans les appartements que tant d'illustres souvenirs ennoblissent à jamais.

Depuis la maison de Louis XII, bourgeoise et sans grandeur, jusqu'au flamboyant degré de François Ier, il n'est pas une seule pierre, en la vieille demeure, qui ne porte l'estampille du majestueux passé. Ici, la cordelière qu'adopta, pour son veuvage, la duchesse de Bretagne, enguirlande le cygne de Valentine; là, près du hérisson des Orléans, l'héraldique hermine et la salamandre

---

* Stéphane Mallarmé, *l'Azur*.

chère au vainqueur de Marignan. Parmi les fleurs de marbre et les joyaux de granit, dans les salles désertes, l'esprit évoque l'image exquise et meurtrière des derniers Valois. Leurs traits, que léguèrent à nos mémoires les portraits de Clouet et les bustes si exacts de Germain Pilon, revivent en cette ruine d'où les déprédations ni même les enjolivements n'ont pu chasser le parfum tenace d'autrefois. Malgré la coupole de Gaston, malgré l'infâme adaptation en caserne et le morcellement des jardins, quelque chose y transparaît, une ombre de ce vivant seizième siècle dont les princes, artistes ou bandits, surent, du moins, créer un beau caractéristique, donner à l'Art une empreinte indélébile.

Dans l'oratoire de Catherine, un jeu de pédales compliquées ouvre la boiserie du mur sur telles armoires que l'esprit imagine scélérates, au milieu de fleurs d'or ciselées en plein bois. La cheminée ou s'appuyait Henri de Guise, en attendant le coup mortel, resplendit encore de lys en fleurs et d'ornementations mirifiques, en témoignage des antiques splendeurs.

Ici, la Menteuse florentine intrigua les manigance de sa politique à double tranchant; là, Marguerite de Navarre prodigua ses amours aux premiers aventuriers venus, et, comme la Messaline du poète, rapporta souvent au lit royal les âcres parfums du mauvais lieu.

L'on peut dire, en effet, que l'acropole et le château de Blois sont faits à l'image des enfants de Catherine, témoignent de leur esprit, tout comme Versailles est conforme à la ressemblance des premiers Bourbons.

Et c'est là vraiment que gît l'attrait incomparable de ces localités désertes, de ces demeures abandonnées, où se lit encore le signe mystérieux des époques révolues. De même que l'ossement ou le coquillage d'une espèce abolie ressuscitent, aux yeux intelligents, toute une période cosmique, de même ces lambeaux de pierres, ces haillons de tableaux ravivent l'âme et le geste des temps passés.

Mais, ainsi qu'à Versailles, ce n'est point la majesté des personnes royales qui domine sur toutes choses. Adultères princiers, crimes par la grâce de Dieu, mensonges sacrés à Reims et fistules Louis quatorziennes cèdent le pas aux magnificences de la pensée : leur gloire s'efface devant les triomphes de l'esprit. Ce n'est pas Louis, par la grâce de Dieu, roi de France et de Navarre, ce ne sont pas Turenne ni Condé, qui remportent sur le temps la victoire définitive, mais bien ce prestigieux Saint-Simon, dramaturge comme Shakespeare, historien comme Tacite, en qui se résume tout entier le siècle des dragonnades et de Malplaquet.

*
* *

De même, au seizième siècle, une figure de poète accapare toute la lumière, éloigne, dans la pénombre, les effigies souveraines, les forfaits et les amours des potentats. Et ce n'est pas Ronsard, valet d'une royale concubine, ce ne sont pas non plus les cuistres bourgeois de la Pléiade, si grotesquement contrefaits, de nos jours, par un escadron d'imbéciles, mais bien le fier, le dédaigneux soldat auquel nous devons *les Tragiques* et *le Baron de Fœneste* : Agrippa d'Aubigné.

Ce qui fait d'Agrippa un écrivain sans égal, en qui son siècle se résume et se personnifie, c'est qu'il eut, comme Saint-Simon, la chance non pareille de n'être point un professionnel. Semblable au vieil Eschyle, Agrippa consacra sa verte vieillesse à retracer des exploits qui furent siens. De même que l'auteur de *Prométhée* avait usé son printemps aux bords de Salamine et « sur la belle prairie de Marathon », le héros calviniste avait eu le bonheur de combattre pour sa foi, aux grands jours d'Arques et d'Ivry.

Tout enfant déjà et comme il était à peine hors de pages, son père, digne générateur d'un tel fils, lui fit jurer sur les têtes sanglantes des martyrs d'Amboise de défendre jusqu'à la mort la Réforme proscrite.

Or, pendant une existence de quatre-vingts années, le gentilhomme huguenot ne manqua pas une heure à son serment. Compagnon d'Henri et fidèle à son Roi comme à sa doctrine, Agrippa ne put assister sans dégoût à l'apostasie du Béarnais, à la reprise de cette politique absurde et criminelle qui, de persécutions en persécutions et de forfaits en forfaits, conduisit la monarchie française à la révocation de l'édit de Nantes, roula sa gloire dans tous les crimes de l'obscurantisme et de la cruauté.

Mais jusqu'au dernier jour, Agrippa fut le mécontent incorruptible et dévoué que nul mauvais traitement ne put détourner de sa foi. Lorsque Henri, monté sur le trône, le requit de porter, en son nom, des messages amoureux, le vieux seigneur, auquel l'honneur de proxénète royal ne convenait guère, refusa cet indigne service et, pour la première fois, désobéit à son général couronné.

De même, quand, après l'attentat de Châtel, Henri s'entretenait du danger couru, avec son vieux serviteur, Agrippa, qu'animait par instants le souffle des Prophètes, lui fit entendre ces graves et mémorables paroles : « Sire, le Dieu que vous n'avez renié que de bouche, vous frappe en cet endroit; mais prenez garde que, le jour où vous le renierez de cœur, il ne vous atteigne au cœur. »

Ainsi parlait au roi d'Aragon et de Castille le Cid Campéador, victorieux mais intraitable, prêt à sacrifier au service du Prince sa vie et sa richesse, mais non son franc-parler.

*
* *

Dans la bibliothèque où mon cher Pierre Dufay oublie en des travaux érudits le temps où, sous le nom de Georges d'Ale, sa verve fleurissait en rimes printanières, j'ai lu, non sans quelque effort, cette morne épopée que l'auteur, si justement, baptisa *les Tragiques*.

C'est un livre abrupt, rocailleux et mal plaisant, où le discours « casqué », saint Jérôme, fait paraître en tous lieux l'amertume des prophètes et la rudesse du soldat.

En place des *Châtiments* grandiloques, boursouflés et peu sincères, de ces *Châtiments* où Joseph Prudhomme vaticine avec les mots de Juvénal, *les Tragiques* — *Châtiments* du seizième siècle — donnent le cri parfois rauque et discordant, mais toujours véridique, de la passion la plus incoercible.

Les sept chants dont ils se composent ne tarissent point en invectives contre la turpitude des princes, la cruauté de leurs ministres et la honte de leurs amours.

Les Feux, les Fers, la Misère n'épargnent pas un détail dans le supplice des martyrs. C'est, proprement, l'Enfer de Dante, avec une porte ouverte sur le Paradis.

Les supplices de Ziska, les tourments du généreux Hawkes et la décollation de Jeanne Gray, cette douce victime, qui, jusque sur l'échafaud :

> ... *Garda aussi le rang*
> *D'un esprit tout royal comme le royal sang,*

attendrissent à peine le confesseur qui, tant de fois, a bravé la torture et la mort.

Aubigné n'a que la corde d'airain. Ses rimes, imprégnées encore de lutte et de carnage, ont la fougue et la violence du combat. Le vers adorable, si fréquemment cité :

> *Une rose d'automne est plus qu'une autre exquise,*

ressemble, parmi les escarpements bibliques de son œuvre, à ce rayon de miel que Samson trouva dans la gueule du lion.

Au bout de tant d'horreurs, d'attentats et de meurtres, précédant le jugement, où les tombeaux ouverts rendront à la justice éternelle pécheurs et bienheureux, flamboie comme un noir frontispice le livre des Feux. Ce titre pourrait s'appliquer à tout ce livre, brûlant d'amour et de haine.

De même que la Guyon qualifiant de « torrents » ses rêveries mystiques, Aubigné eût pu voir un brasier dans l'incendie vengeur de ses poèmes.

Soldat blessé dans ses espérances et meurtri dans sa chair, un autre combattant du seizième siècle donna aussi à la postérité la triste peinture de l'âge à son déclin. Don Quichotte achève, dans sa gentilhommière, son rêve d'épopée, à peu près au même temps où l'abjuration d'Henri IV annonce la prise de la Rochelle, clôt la phase héroïque de la Réformation. « La vache à Colas », comme disent les papistes, est frappée à mort. Ce qui reste du protestantisme aura bientôt fait de composer avec la poltronnerie ambiante, de s'incliner devant le tyran. L'égoïsme des Bourbons fera le reste, et leur ingratitude engendrera bientôt l'aristocratique mendicité.

Le temps n'est plus des chevaliers ni des martyrs.

Seuls, quelques liseurs d'antiques parchemins se plaisent à l'évocation de ces hautes figures, se consolent, à leur nom, du temps vilain où nous sommes, du panmuflisme contemporain.

Blois, le 12 avril 1896.

Un Naturaliste d'autrefois

DANS sa réponse au discours savoureux d'Anatole France, le docte M. Gréard, avec toute sorte de poncifs et de gentillesses pour distributions de prix, a stigmatisé, comme il convient, le Naturalisme et ses adhérents. Férule académique sur le *bottom* de la Mouquette, son boniment pédagogique semblait donner à l'élève Zola un pensum mémorable : la conjugaison — comme qui dirait! — du verbe « être emmoutardé », mis autrefois en lumière par Goncourt.

Cette manifestation du virus académique rappelle (par bonheur, de fort loin) tant de persécutions et d'outrages qu'eut à subir l'excellent écrivain Antoine Furetière, pour s'être écarté de la médiocrité chère à l' « Illustre Compagnie ».

Sans doute, le cuistre Charpentier — un Gréard du XVIIe siècle — poussa l'invective directe beaucoup plus loin que le palmigère ci-dessus. Néanmoins l'on retrouve, dans les vagissements de ce dernier, comme un arrière-goût des insultes par quoi les pions d'alors accueillirent l'auteur du *Dictionnaire* et du *Roman bourgeois*.

Et, de fait, il méritait bien d'être honni, ce « roman », d'une langue virile et forte, où s'étalent sans pudeur toutes les bassesses, toutes les hontes du tiers état. Livre abominable, que les jolis messieurs de la Sorbonne lisent en se bouchant le nez : livre qui égale en impudeur et vaut, pour la crudité, les Mémoires de cet autre naturaliste, le duc de Saint-Simon. Certes, le vice-recteur de l'université n'y trouverait pas ces « ombres charmantes » que l'art a pour mission de jeter sur la vie, ni rien des jolies choses dont on fleurit communément les palmarès. Aussi Furetière est plongé dans un oubli sans second, tandis que le mufle continue d'admirer, sur la foi de messieurs les normaliens, divers pompiers, en usage dans leurs cours.

Peut-être cependant trouverez-vous injuste cette proscription deux fois séculaire, si jamais *le Roman bourgeois* vous fut ouvert. Certes, on lira *Germinal* et *l'Assommoir*, quand le nom du docte Gréard sera plus oublié que celui d'un Pharaon de la vingt-quatrième dynastie. Pourquoi n'en serait-il pas de même du bouquin de Furetière, dont la gaieté vivante compense quelque peu le méthodique ennui de son confrère Despréaux ?

C'était au beau temps des précieuses, dont nulle comédie n'avait encore atténué le prestige. Les salons de la place Royale, du Cours et du Marais, les ruelles illustres des nobles pédantes regorgeaient d' « alcôvistes » qui, pour se donner le bel air du monde, parlaient phébus à qui mieux mieux. Sous des noms grecs ou latins dont Saumaise, en badinant, fixa pour nous les ridicules, gens de robe et gens de cour se poussaient dans le bon vouloir des inhumaines par la beauté de leurs rubans et la perfection de leur galimatias. Un clystère s'appelait, en ce temps, « le bain intérieur », et les fenêtres, « la porte du jour », sans compter les cocasseries que Molière nous garda. Les filandreux récits de Madeleine Scudéry et de son capitan de frère, le *Sylvandre* de La Calprenède faisaient école. Robins et grands seigneurs leur empruntaient l'enjouement d'Amilcar, le « Tendre passionné » de Cyrus !

Hors de ces beaux diseurs, la verve ignoble de Scarron ne pouvait égayer que des laquais. L'*Aventure de Francion*, parue longtemps avant l'écrit de Furetière, semblait trop dépourvue d'agréments pour faire échec aux fadeurs en vogue dans la parfaitement bonne compagnie. Et ce dut être une joie pour les libres esprits que tant de niaiserie prétentieuse écœurait, l'apparition d'un livre fort, sincère et net, rejoignant par la forme aussi bien que par la matière l'œuvre des grands conteurs du siècle précédent.

* * *

Comme la *Ménippée*, comme *le Moyen de parvenir, le Roman bourgeois* est un livre de terroir. N'y cherchez autre chose que l'âpre et forte saveur de la souche gauloise. L'auteur, issu de la plus infime bourgeoisie parisienne, a gardé l'accent, le geste, sinon l'esprit, de son milieu. C'est le ruisseau de la place Maubert et non la fraîche Castalie qui coule à pleins bords dans ses historiettes. Les infamies du procureur Vollichon; les comptes de mademoiselle son épouse rognant les liards dans sa cuisine; l'hydropisie galante de la jeune Lucrèce; l'infection du négoce et de la chicane; les odeurs du Palais et du marché aux veaux, rien n'est épargné pour empuantir les délicats. Mais aussi, quelle verve, quelle jeunesse et quelle bonne humeur!

Les entrevues galantes des deux plaideurs incorrigibles, Charosselle et Collantine, dressant leur contrat de mariage en vue des procès futurs; les articles litigieux conservés avec soin, pour garder, sur la planche, le pain moisi des procédures, cela dépasse la comtesse de Pimbesche et vaut les meilleures de Poquelin. Le linge sale de la classe moyenne, dans *Pot-Bouille* même, n'est pas secoué d'une pareille vigueur. La bêtise et l'iniquité des juges personnifiées dans le conseiller Bélatre qui, « ayant ouï parler un jour de l'étoile poussinière, demande combien de fois l'an elle donne des poussins », fait bonne figure entre le Bridoie de Rabelais et le Brid'oison de Beaumarchais.

Son portrait offert de nos jours, pour l'appliquer à tel magistrat bien-aimé, serait unanimement proscrit comme imbu d'anarchisme. Que dirait-on par exemple de l'ébauche que voici :

« Il était aussi laid qu'on le puisse souhaiter, si tant est qu'on fasse des souhaits pour la laideur; mais je ne suis pas le premier à parler de la sorte. Il avait la bouche de fort grande étendue, témoignant de vouloir parler de près à ses oreilles, qui étaient aussi de grande taille, témoins assurés de son bel esprit. Ses dents étaient posées alternativement sur ses gencives comme les créneaux sur les murs d'un château. Il avait les yeux fort petits et battus, quoiqu'ils fussent fort enfoncés et vivant dans une grande retraite; le nez fort camus, le front éminent, les cheveux noirs et gras, la barbe rude et sèche. Pour le peu qu'il avait de cou, ce n'est point la peine d'en parler : une épaule commandait à l'autre comme une montagne à une colline.

« En un mot, sa physionomie avait toute sorte de mauvaises qualités, hormis qu'elle n'était point menteuse ! »

Est-ce assez joliment torché, assez peint en pleine pâte ? Ne pourrait-on, dans ce croquis, retrouver les fortes qualités des portraitistes contemporains : Philippe de Champagne, par exemple, qui d'une touche si sérieuse fixa le type de la bourgeoisie cossue et janséniste ? Quelques silhouettes féminines : Lucrèce, Javotte, ont l'éclat solide, le sang riche des belles dames immortalisées par Largillière.

*
* *

Mais le maître tableau, celui qui fait du *Roman bourgeois* un « document » non pareil, c'est à coup sûr la minable peinture du poète nécessiteux, l'efflanqué Mythophilacte. Sans nulle réticence, la misère des gens de lettres sous les rois « protecteurs des arts », leur abjection devant les grands éclatent en ce pamphlet tragi-comique. Le catalogue dressé par l'écrivain famélique des « Amphitryons où l'on dîne », la psychologie des Mœcenas, la mécanique de l'escroquerie à la dédicace, toutes les souffrances, tout le néant des pauvres diables est consigné dans ces pages d'une effrayante sincérité ; ni déclamation, ni larmes : le constat d'un greffier inventoriant la douleur, et la honte, et la faim!

* * *

Après avoir conspué de mille façons l'indépendant Furetière, l'Académie s'ingénia de le voler. « Les sottises que j'entends dire me feront mourir », exclamait Boileau, en quittant ses confrères. L'auteur du *Roman bourgeois* pensait à coup sûr de même quand il entreprit, à lui seul, d'édifier le dictionnaire sur quoi somnolaient, depuis longs jours, les autres immortels :

> *Depuis six mois dessus l'F on travaille*
> *Et le Destin m'aurait fort obligé*
> *S'il m'avait dit :* « *Tu vivras jusqu'au G.* »

Les Astier-Réhu du XVIIe siècle n'étaient guère meilleurs ni plus savants que celui de Daudet. L'audace de Furetière fit scandale et l'Académie, en corps, s'acharna sur l'audacieux. Pourtant l'esprit d'un seul triompha de la bêtise collective. Furetière, exclu de l'Académie, eut les rieurs de son côté, — mais la misère aussi, — la « conspiration de la faim » n'étant pas une trouvaille des gazetiers modernes. Après la mort de l'infortuné, les jésuites de Trévoux s'emparèrent du Lexique élaboré par Furetière, et ce larcin fut si bien mené que l'ouvrage portait encore leur nom, il y a quelque vingt ans.

Ainsi fut châtié par la pauvreté d'abord, par le plagiat ensuite, un maître coupable d'irrespect et de franc-parler. Juste salaire d'un orgueil déplacé dans une profession qui demande, avant toute chose, la souplesse, l'entregent, — avec le moins possible de génie, de syntaxe et de cœur.

Cité de mélancolie

A Edmond Lepelletier.

Un ouragan d'automne souffle et hurle par les avenues royales, chassant le raz pulvérulent des feuilles mortes, le tourbillon des menus bois. Grisâtres et boursouflés, de lourds nuages pendent au ciel pluvieux qu'ensanglantent, par place, quelques rais de soleil. Les clairons des casernes, le sabot d'un cheval sur le pavé de grès se mêlent, dans l'air humide, à l'aigre sifflet des omnibus.

L'ennui, un ennui bête et désolé, suinte le long des murs avec la bruine menaçante,

L'horizon, bas et lourd, pèse comme un couvercle.

Voilà bien le temps qu'il faut pour goûter dans sa plénitude le désert de Versailles, capitale du spleen et de l'abandon.

Depuis longtemps, cette débauche de Grand Siècle me hantait. J'ai voulu, après quelques années d'absence, me donner l'amusement d'une nuit à Versailles. Tout — les ridicules eux-mêmes — revêt en cet endroit une façon apaisante et monarchique.

Le garçon des « Réservoirs » qui, pour changer une assiette, a l'air d'attendre le duc de Normandie ; les cochers obséquieux et grandiloques, ferrés sur Louvois comme sur Montespan, concourent, dans la mesure de leurs possibilités, aux ambiantes harmonies.

Les paysages, d'ailleurs, ne valent guère que pour ce qu'ils manifestent de la volonté humaine. C'est sa propre effigie que l'homme quête, parmi les monuments et les sites fameux. Le tourisme niais des Alpinistes et des bécanassons peut convenir, tout au plus, aux calicots du dimanche, aux cockneys en rupture de bazar. Mais, pour qui demande à prolonger sa rêverie dans la tristesse mémorante des choses, les villes seules, avec leurs restes de beauté défunte, avec leurs stigmates d'amours ou de douleurs, installent un suffisant décor. Les cités de labeur moderne, comme les ruines de jadis, appellent une rêverie de même intensité.

Bruges ou Chicago conviennent, l'une et l'autre, au promeneur méditatif.

Quant aux champs de salades, aux guérets fertiles, aux villages harmonieux, pleins de crasse, de puces et de curés, je n'ai pas assez le goût des insolations ni des servantes d'auberge pour m'y complaire peu ou prou.

L'intérêt commence où l'on peut voir des moellons, de la peinture et des statues.

Je préfère aux sources boueuses, aux murmures des ruisseaux, aux torrents qui, paraît-il, ont « un goût de menthe », le bassin de Latone ou le Char embourbé. Les cascades d'Anet, les Tritons de Versailles, les Eaux de Saint-Cloud, cette fraîche pyrotechnie d'ondes jaillissantes, ne l'emportent-ils pas sur les gorges des Pyrénées, sur les trous pas chers de la Bretagne, et les glaciers des Alpes, sur les cascades, les névés, les précipices et tout le bataclan en usage dans les Villes d'Eaux ?

A vrai dire, les fleurs n'existent guère que chez les fleuristes du boulevard, aux expositions d'horticulture et dans les entours des Parisiennes, qui civilisent leurs parfums.

« Ces monstres charmants » (c'est des fleurs que je parle) ont cela de commun avec les femmes que l'artifice n'est point chez elles distinct de la beauté. Le maquillage atteste une vie supérieure, aussi bien dans le végétal que chez la reine des animaux.

De même, le pittoresque n'existe, pour des yeux bien appris, qu'au séjour où triompha l'architecture.

*
* *

Or, il n'est pas, dans ce monde sublunaire, ni même dans les environs de Paris, une enceinte plus *représentative* que le baroque domaine du Grand Roi. Le coquillage demeure intact si le mollusque a péri ; chaque méandre témoigne éloquemment de ce que fut l'existence monarchique à son apogée. Le palais — caserne fastueuse de la valetaille blasonnée — suggère tout un peuple de laquais en grands cordons, de coquines princières, de dignitaires serviles et d'aigrefins épiscopaux. Ici, les falbalas des royales gourgandines frôlèrent la soutane de Bossuet, cette soutane peinte si majestueuse par Hyacinthe Rigaud.

Ici, la parturition des bâtards fit bon ménage avec la Sodome de Monsieur, l'arsenic de la Voisin avec l'eucharistie des Jésuites, les chaises percées Louis quatorziennes avec la peau d'Espagne, et les amants de Vendôme avec les concubines du Soleil.

Ici, toutes les prostitutions, toutes les bassesses, toutes les ignorances, tous les orgueils d'en bas gravitèrent autour de Louis XIV, produit sans second des divers genres d'autorité religieuse, politique et militaire.

Le lit, regorgeant de punaises, à quoi les duchesses étaient tenues, même en l'absence du roi, de faire une révérence, garde son allure d'autel, pour la plus grande satisfaction de voyageurs Cook et des provinciaux.

La cire accusatrice de Benoist révèle, auprès, sans aucun mensonge de peinture officielle, sans habileté ni réticences, le « porc couronné » que Lebrun et Girardon apothéosaient en demi-dieu.

La lèvre pendante, l'œil clignotant de bureaucrate tatillon, la face grimée d'orgueil et tatouée de petite vérole, donne bien l'impression de ce Maître du Monde, qui croyait au diable et sentait mauvais des pieds. C'est instructif.

De grand matin, j'ai revu, par l'attique du palais, ce jardin que peuplèrent les justaucorps dorés des Philintes et les satins brodés des Célimènes, avec ses régiments d'arbres à la parade, ses fleurs soumises, ses gazons en tapis verts, ses marbres à présent galeux et ses fontaines épuisées.

Les dieux marins : sirènes, hippocampes, océanides, font voir sur leurs écailles, dans leurs barbes et parmi leurs cheveux, des dentelles de vase, des broderies de goémons. Il semble que la Nature, si violemment contrainte pour le caprice d'un imbécile omnipotent, s'efforce d'en vomir jusqu'aux traces dernières. De là, cette mélancolie sans pareille, flottant, comme un brouillard d'impérissable automne, le long de ce pourpris.

Remontez vers Trianon, sur la berge du canal, ou bien prenez, à l'orangerie, la route de Saint-Cyr, que foulait, écœurée par ses mornes grandeurs, assombrie peut-être par le remords de ses forfaits, la vieille Esther de Louis XIV.

C'est là que dans tel soir d'octobre, limpide et mordoré, il vous faudra relire *Bérénice* et les portraits de Saint-Simon, et la Correspondance de Madame, et le Sermon pour cette pauvre La Vallière : « ... Vous, ma sœur, qui avez commencé à goûter ces chastes délices, descendez, allez à l'autel ; le feu est allumé, l'encens est prêt, le glaive est tiré. Le glaive, c'est la parole qui sépare l'âme d'elle-même pour l'attacher uniquement à son dieu. Le sacré pontife vous attend, avec le voile mystérieux que vous demandez ; enveloppez-vous dans ce voile ; vivez cachée à vous-même aussi bien qu'à tout le monde... »

Car ce fut entre ces bois domptés, ces ifs en colonnades, ces vasques ruisselantes, que les nobles héroïnes sacrifièrent leur vie à d'illustres amours, et, pour citer un mot du vieux Corneille :

Rendirent le sang pur qu'elles avaient reçu.

Que ce soit Iphigénie ou la reine d'Espagne, l'amante de Titus ou la maîtresse de Louis, les soupirs qui brisaient le cœur de ces aimables femmes ne convulsèrent pas l'harmonie de leurs gestes, ni la grâce de leurs discours.

Vous les retrouvez encore dans les portraits inconnus des salles désertes, le col emprisonné d'un rang de perles, la gorge palpitante sous un point de Flandre ou de Venise aux motifs surannés.

Le charme éclate si puissant de cette nostalgie rétrospective inhérente à Versailles, que les poètes les plus divers sont unanimes à le célébrer :

Versailles, tu n'es plus qu'un spectre de cité,
Comme Venise au fond de son Adriatique,

chante l'indifférent Gautier, qui retrouve, dans la Cour d'honneur et la pièce d'eau des Suisses, un ressouvenir des Procuraties ou de la Piazetta.

Chénier, le doux évocateur des muses d'Agrigente, ne souhaite pas d'autre horizon pour ses molles élégies. Les marbres, les bosquets, les portiques de l'« Élysée embelli par les dieux et les rois », tels furent, avec les coteaux modérés de Sèvres ou de la Malmaison, les paysages rêvés par l'amant de Fanny.

*
* *

Quant au musée de Louis-Philippe, il est vraiment plus beau qu'on ne l'ose espérer. Bouvard et Pécuchet, Calino, Pipelet et Joseph Prud'homme semblent avoir collaboré à l'illustration de ses murailles. Après les abominations du Roi-Soleil, la turpitude — ô combien! — du Roi-Garde National. Chauvin, patriotard, vaguement religiosâtre et plus étranger à la peinture que le dernier des Tasmaniens, j'ai retrouvé notre excellent Homais tout le long de vingt kilomètres barbouillés historiquement.

Les gardiens ont tort de ne point chanter, en un tel lieu, du Béranger, du Béranger tricolore, celui qui pindarise nos « gloires et nos malheurs » :

> *De tes grandeurs tu sus te faire absoudre,*
> *Frrrrance! et ton nom triomphe des revers;*
> *Tu crois tomber, mais c'est comme la foudre*
> *Qui se relève (?) et gronde au haut des airs!*

Il y aurait, dans cette musique, une touche suprême et, je l'ose dire, appréciable, de sagouinisme national.

Les rues de Versailles, où je n'avais aucunement pernocté depuis mes vertes et lointaines saisons, regorgent de soldats. Dragons, artilleurs, fantassins, cuirassiers, échevelant à leurs casques de bronze le crin rouge des cavales; houzards bleus et chasseurs vert-myrte, un peuple d'uniformes encombre les endroits publics, ainsi que les promenades à la mode.

Quand tombe en poussière d'or le crépuscule des beaux soirs, la « Petite Place » travaille à dégorger, sous ses persiennes closes, le trop-plein sentimental de « notre » armée. Et c'est là, vraiment, que, moyennant un salaire modeste, fleurit l'amour le plus convenable aux héros ingénus. Amène Petite Place! voisine décente et profitable du Château!

Les La Vallières pour sous-offs, les Athénaïs à quarante sous l'heure viennent patriarcalement s'éjouir, par les nuits d'été, sous ses ormes rogneux. Ce sont les abattoirs de Cythère, jouxtant aux bocages d'Amathonte, le tout-à-l'égout démocratique remplaçant les grottes olympicoles et les fontaines du Grand Roi.

Les larges avenues, rayons de l'astre monarchique, s'embellirent, depuis le tzar, notre petit Père, de tramways jaune-serin, à moteurs électriques. Ces machines énormes roulent silencieusement, comme pendues à des câbles métalliques dont les réseaux enchevêtrent sur les « compites et les quadriviers de l'urbe » d'extravagantes arabesques. Au crépuscule, une étincelle bleue jaillit soudain, comme un petit éclair, foudre bénigne, incapable, hélas! d'anéantir le panmuflisme hideux qu'elle promène. Cela marche sans fin, comme un symbole agressif de laideur industrielle, qui, selon un mot d'Edgar Poe, « contamine de cicatrices rectangulaires la face de l'Univers ».

*
* *

« Il est dix heures et demie ; le dernier train des Chantiers part à onze heures pour Dreux », insinue mon Frère Ane, ce délégué du Moi, que nous préposons aux bagages et à l'horaire des chemins de fer. Un fiacre vide, puis le tintamarre des wagons refermés, et je roule, béatifiquement seul, emportant vers les coteaux ombreux et les plaines fertiles du Vexin le mirage délicieusement fugace de l'Autrefois revécu.

Montfort-l'Amaury, 10 août 1897.

Ruines seigneuriales

A mademoiselle Georgette Desplas.

La tiède rousseur d'un soleil de septembre enveloppe d'or fluide les plaines vaporeuses, la mollesse des coteaux. Des lambeaux de soleil traînent, comme une étoffe lumineuse, par les javelles assombries. Sur les vignes rubescentes et les jaunes peupliers chatoyent des escarboucles. Là-bas, au couchant, le ciel turquoise s'amortit peu à peu, dans une envolée de rose, tandis que l'ombre détache en vigueur, sur ces flammes éparses, la dure silhouette des maisons et des bois. La forêt de Rambouillet, les chemins des Yvelines, allongent, dans le crépuscule, d'inquiétantes perspectives que traversent déjà les bêtes de la nuit. Seule, émerge encore, avec ses tours informes, ses murs drapés de lierre et ses pentes gazonnées, la crête où Guillaume de Hainaut vint, au xe siècle, ériger sa Seigneurie.

Des taches de soleil papillotent sur les ruines

> *Et la ville, à nos pieds, d'arbres enveloppée,*
> *Étend ses bras en croix, et s'allonge en épée*
> *Comme le fer d'un preux dans la plaine oublié.*

*
* *

Amaury-de-Montfort. La vieille ville féodale morte, à présent, et veuve de sa gloire; la Comté dont les rois de France se faisaient honneur d'assumer le titre, s'échelonne, à jamais orpheline, entre sa cathédrale et ses remparts.

C'est un lieu morne, tel que Balzac l'eût aimé.

Le cadre ne saurait être mieux adapté aux amours tenaces, aux intrigues patientes, aux haines sans éclat ni rémission des provinciaux de la Comédie Humaine.

Voilà bien le décor qui convient aux existences médiocres, aux intrigues mesquines, aux plates rivalités du *Cabinet des Antiques* ou du logis Rogron. Ici pourrait naître Louis Lambert et s'étioler Eugénie Grandet. Les rues déclives, hostiles au passant, avec leur sol de grès, avec leurs maisons claustrales, sous une grille chargée de lierres ou d'aristoloches, manifestent l'humeur inhospitalière, l'esprit pointu des habitants. Par ces couloirs étroits aux pentes rêches, le vent souffle en tempête, même dans les plus beaux jours. Pas de sources jaillissantes ni de fraîches fontaines pour égayer le paysage; quelques étangs croupis sous les joncs et les lentilles d'eau.

Il y a plus de morts que de naissances dans ce pays de ruines, où le dernier recensement constatait, sur une population de quatorze cents âmes, trente-sept veufs, et de veuves cent trente-neuf. Les enfants seuls et les vieillards y résident toute l'année, les adultes allant chercher fortune vers des lieux plus humains. Un tel site convient à l'ambition déçue, aux douleurs incurables de l'orgueil ou de l'amour. Ici la voix du monde fait silence. Cœurs brisés, esprits malades, tous les résignés, tous les retraités de la vie cherchent pour suprême refuge ces villes moribondes, plus froides que Savannah-la-Mar, plus désertes qu'Herculanum. Chaque pas y soulève la poussière des temps anciens; un peu d'histoire flotte dans l'air assoupi des promenoirs.

***

La maison où je reçois l'hospitalité connut d'autres destins qu'héberger des poètes: les Rois dormirent en ses murs. Ce n'est rien moins, en effet, que l'ancienne hôtellerie des *Trois Chandeliers*, où, s'il en faut croire un acte de la tabellionnée de Montfort, « Henri IV, d'heureuse mémoire, a aucune fois logé quand il prenait ses plaisirs dans la forêt de Gambaiseuil ». Une venelle de dix-huit pieds de large séparait la porte cochère du perron de l'église, fournissant aux divers aubergistes une admirable matière à procès. Ce furent, aux seizième et dix-septième siècles, d'interminables plaidoiries entre les propriétaires mitoyens, ceux de la maison Noël-Gaillard et ceux du Petit Cimetière. La comtesse de Pimbèche n'est point, en effet, une imagination poétique. Le monde réel fournissait, aux époques heureuses de la royauté, d'incurables chicanous.

Par les jardins en terrasses échelonnés jusqu'au parc Petau, les dépendances des « Trois Chandeliers » descendaient aux remparts et gagnaient les « Poulies », ainsi nommées des prés humides où les « pouliers », avant l'eau de javelle et nos lessives spagyriques, faisaient blanchir toiles et linceuls.

Chaque habitation, demeure bourgeoise ou logis seigneurial, porte, à Montfort, l'empreinte des vieux âges. D'autres souvenirs, plus près de nous, en illustrent la solitude. C'est ici que Roucher, la veille de sa mort, adressait à sa sœur Eulalie, à ses enfants réfugiés près d'elle, le quatrain qui survit au naufrage des « Mois » et perpétue le souvenir de l'auteur :

Ne vous étonnez pas, objets tristes et doux,
Si quelque air de tristesse assombrit mon visage;
Quand un crayon savant dessinait mon image,
J'attendais l'échafaud et je pensais à vous.

C'est d'ici que Victor Hugo, en octobre 1825, a daté « la Fiancée du Timbalier » avec l'une de ces « odes » redondantes qui ne présageaient guère le poète qu'il fut depuis.

Écartez de vos murs ceux que leur chute amuse !
Laissez le seul poète y conduire sa muse,
Lui qui donne du moins une larme au vieux fort
Et, si l'air froid des nuits sous vos arceaux murmure,
Croit qu'une ombre a froissé la gigantesque armure
 D'Amaury, comte de Montfort.

*
* *

La vieille acropole des Almaric et des Simon rattache, par un lien de sang, l'histoire de ses Comtes aux fastes du Languedoc. Comme un oiseau de proie, ivre de sang et de carnage, le douzième seigneur de Montfort quitta son aire féodale pour mener, à la tête des barons français, l'immonde Croisade contre les Albigeois. Rapine et fanatisme combinés! Gouverneur de Toulouse par le fait d'Innocent III, duc de Narbonne et comte de Toulouse par l'investiture de Philippe-Auguste, le sinistre vainqueur de Muret, le porte-glaive de l'exécrable Dominique, trouva l'expiation devant les murs de sa nouvelle Comté. Une Toulousaine, digne des héroïnes antiques, fit choir d'un mangonneau la pierre qui écrasa Simon. Ainsi tomba l'homme perfide et cruel, bourreau de l'Occitanie. Ses complices, moines et soudards, Dominique et Philippe, conférèrent au bandit le surnom de « Macchabée », le proclamèrent sauveur de la Foi, lui rendirent, à Carcassonne, d'atroces et superbes honneurs. On inhuma ses chairs dans la Cité albigeoise, tandis que ses ossements, transporté au prieuré de Haute-Bruyère, y furent enterrés devant le maître-autel.

*
* *

Des seigneurs de Montfort et des ducs bretons qui, au quatorzième siècle, furent substitués à leur hoirie, l'église, reconstruite sous Anne de Bretagne, atteste, seule encore, la défunte splendeur. Aux vestiges romans d'une construction plus ancienne, le gothique flamboyant et le style Renaissance ont ajouté, de siècle en siècle, leurs pinacles fleuris, leurs cintres surbaissés.

Mais la gloire, l'orgueil et le renom de la vieille basilique, ce sont des vitraux connus du public aussi bien que des antiquaires. Les paléographes avec les cyclistes en route vers Maintenon, s'arrêtent pour admirer leurs magnificences. Les employés de commerce eux-mêmes y viennent, au grand scandale des ecclésiastiques, « rigoler » devant Adam et Ève, en costume de baigneurs.

Si les vitraux de Montfort exécutés seulement au seizième siècle, où, déjà, l'art du verrier touchait à son déclin (en essayant, mal à propos, de rivaliser avec la peinture); si les vitraux de Montfort ne peuvent atteindre la beauté coruscante des verrières de Chartres, colorés dans la masse et cernés de plombs opaques, ils n'en restent pas moins, malgré Didron, un très beau spécimen de la peinture translucide à cette époque. Le deuxième vitrail représente les *Litanies de la Vierge*, où parmi les saints personnages en robes d'améthyste, de pourpre et de saphir, fleurit le *Lys des Vallées* et la *Rose mystique*, le *Cèdre glorieux* et la *Fleur de Jessé*; où la *Tour de David* garde les *Sources d'eaux vives* et le *Jardin fermé*.

Notre-Dame-des-Victoires, dans le royal appareil que lui prêtera Jean de Fiesole, tient, comme un ostensoir, l'Enfant entre ses bras. Le satin blanc de sa robe et l'or de son manteau flamboient dans le soleil levant.

Ce vitrail, attribué aux artistes de l'école de Beauvais, est, avec la *Résurrection de Lazare* et le vitrail de *sainte Anne*, un des plus beaux spécimens de cette riche collection.

Le retrait de *sainte Anne*, où l'on voit Joachim, vêtu de pourpre et mitré de sinople, offrant des tourterelles au grand-prêtre Ruben, fait songer, par son exécution ingénue, au cantique de Tristan Corbières, magnifiant la patronne des Bretons :

> . . . .
> *Vieille verte à la face usée,*
> *Comme la pierre du torrent,*
> *Toi, dont la mamelle tarie*
> *S'est refait, pour avoir porté*
> *La virginité de Marie,*
> *Une mâle virginité !*
> *O fleur de la pucelle neuve !*
> *Fruit de l'épouse au sein grossi !*
> *Reposoir de la femme veuve*
> *Et du veuf, Dame-de-Merci !*
> *Arche de Joachim ! Aïeule,*
> *Médaille de cuivre effacé,*
> *Gui sacré ! Trèfle quatre-feuille !*
> *Mont d'Oreb ! Tige de Jessé !*

Sur les murs passés à la chaux, les effroyables bondieuseries de la rue Bonaparte : anges à la crème et saints au nougat, ont vite fait de dissiper le Rêve. Elles évoquent (même ici) les boutiques sacrilèges du quartier Saint-Sulpice où, selon le mot d'un fantaisiste de mes amis :

> *Les saint Joseph, l'Adoration des Rois-Mages,*
> *Les Sacrés-Cœurs ont l'air de « machins au fromage ».*

Pourquoi ces moulages hideux n'offusquent-ils pas la piété des catholiques, le respect dû aux images qu'ils affectent de vénérer?

*
* *

La laideur est maîtresse du monde. Le soir est venu de toute aristocratie, de toute élégance, de toute pudeur. Les seuls lieux qui témoignent encore d'une vie plus haute sont les villes désertes, où le pas du voyageur retentit sur les dalles comme sur un tombeau; où les voix du passé n'annoncent plus aux races finies que tristesse, écœurement et désespoir.

Montfort-l'Amaury, le 21 septembre 1897.

Le Mardi Gras des Cimetières

Eh bien! non, malgré la vénérable autorité de Monseigneur le Truisme, et l'impératif de l'omnipotent Cliché, j'aurai ce courage de ne verser aucun pleur devant les « sociétés » plus ou moins joviales qui perlustrent, fin octobre, dans quelques moments, les cimetières parisiens.

Telle est, bonnes gens, la complexion sacrilège de mon âme!

Les sujets, attendrissants, combien! de chromolithographies, ces anecdotes leucorrhéiques dont s'enorgueillissent les boîtes de vermicelle ou les chocolats instantanés : « Départ des Hirondelles », « Enfin seuls », « Convoi du Pauvre », et même les « Adieux du Torero » (ces derniers exclusivement acquis aux raisins de Malaga) n'agissent point sur mon plexus solaire et n'augmentent pas d'un battement la générosité de mon pouls.

Le dirai-je ? Cette échéance de douleur, dernier cri des foires estivales qui, le long des avenues funéraires, échelonne, avec tentes ou maringottes, les photographes nomades, les boulangers en pain d'épices, manque plutôt de grandeur et de sérénité.

Au lieu d'induire le passant vers un funéraire congruent à de telles promenades, la « visite aux nécropoles » fait naître volontiers cette bonne humeur compliquée de mal de mer qui caractérise la fête de Neuilly.

Si les enterrements brillent, d'habitude, par l'indifférence des conviés autant que par les gestes imbriaques des croquemorts obscènes, rien ne surpasse en hilarité simiesque la rigolade annuelle des Trépassés.

Les gens de boutique, vêtus pour ce jour-là de vêtements inusités; leurs « dames », sous des chapeaux qu'elles ne portent pas en semaine; les ouvriers, curieux d'absorber le litre à seize, communion de toutes les joies ainsi que de toutes les douleurs plébéiennes, gravissent les pentes mortuaires avec des façons de carnaval. Ajoutez les paquets de frites, l'orgue de Barbarie, les joujoux lacrymatoires : immortelles jaunes ou regrets éternels, avec, pour toile de fond, les incohérentes horreurs de la marbrerie sépulcrale : n'y a-t-il pas de quoi mettre en fuite le Génie même du Désespoir ?

*
* *

En ses *Rêveries*, trop peu lues, *d'un Païen mystique*, Louis Ménard donne un tableau plein de grâce — mais furieusement embelli — de ce que Méténier appellerait sans doute « la godaille en noir » :

« Le peuple de Paris est le plus religieux de tous les peuples. Sa religion c'est le culte des Trépassés. A Paris s'est établi l'usage de se découvrir devant un cercueil. Tous les ans, au commencement de ce triste et brumeux novembre, bien choisi pour une fête funèbre, la foule envahit les nécropoles, spontanément, sans convocation, sans prêtre, sans solennité. On se disperse dans le dédale des pierres funéraires et chacun cherche ses tombes pour y déposer l'offrande de pensées et de chrysanthèmes, dernières fleurs de l'année. »

Tel est le tableau rêvé par le poète encore plus que par le philosophe. Si l'écrivain eût accompli, quelque jour de Toussaint, le pèlerinage qu'il décrit en un verbe si pur, le contact de la plèbe, et les marmots criards, et les ivrognes nidoreux eussent refroidi, je pense, l'enthousiasme de sa description.

*
* *

Il faut l'avouer ici. La décadence du christianisme a sevré l'humanité des plus belles fêtes qu'elle ait jamais connues, depuis le retour des siècles barbares. Même les vestiges de ces grandioses solennités gardent encore une magnificence étrangère aux pompes laïques, si mesquines et d'une si honteuse bouffonnerie !

L'*Office des morts,* en particulier, avec ses lamentations infinies, ses musiques de deuil et ses poèmes de terreur, forme le plus majestueux spectacle, la plus troublante mise en scène.

A Saint-Sulpice, banal pourtant, à Saint-Sulpice où la chapelle fait entendre un *Dies iræ* composé sous Louis-Philippe (le même que J.-K. Huysmans admire comme plain-chant du quatrième siècle), la beauté du cérémonial pénètre l'âme de tendresse et de douleur.

Les vêpres de la Toussaint achevées, quand un rideau noir à croix d'argent cache le maître-autel et sa parure d'allégresse ; quand le clergé, vêtu de noir aussi, lentement, se range dans le chœur, tandis que l'orgue éclate en sanglots éperdus, les plus braves, les plus libres de toute superstition abjecte sentent passer sur leur front l'aile inévitable de la Mort.

*
* *

De tels rites, à vrai dire, ne sont guère pour apaiser les nerfs, pour animer d'un souffle robuste la poitrine des croyants.

Au lieu des vertus civiques, de l'action virile, c'est le renoncement et la torpeur béatifique des cloîtres qu'ils enseignent, et le mal de vivre et la douceur de mourir.

*
* *

Tout autres les funérailles antiques, aux âges de civilisation, de lumière et de beauté.

Dans la claire Athènes, sous le regard perçant de la Déesse, les rites funèbres exaltaient l'énergie individuelle, éternisaient l'âme héroïque dans la descendance du héros.

Toujours présent par la libation funéraire, l'Ancêtre, dont le tombeau sanctifiait la maison et gardait le patrimoine, l'Ancêtre promu à l'existence divine siégeait encore entre les siens, — juge suprême et consulté.

Sur le tertre du père assassiné, Électre apporte le sacrifice propitiatoire. Là, parmi les urnes et les coupes, se montre le gage, promettant un justicier à l'adultère, un continuateur à la maison de Pélops.

Telle fut, dans ce matin du monde, où la race indo-européenne fonda pour jamais sa noblesse, érigea l'autel du droit et la Cité des hommes libres, telle fut la surabondance de la vie, que la mort même y gardait un sourire de jeunesse, une invincible sérénité.

Dans les blanches prairies d'asphodèles, parmi les bois sacrés et la confuse lumière des champs Élyséens, les combattants de l'Iliade prolongent sans fin telle bataille de leur printemps.

Et ce n'est pas un squelette cliquetant, la noire Faucheuse des âges postérieurs, qui recueille, à son départ, l'esprit des citoyens. Non : c'est le dieu toujours enfant, dieu des échanges et de la parole, c'est Hermès conducteur de la palestre et des larcins joyeux, qui vient, au crépuscule de la vie *(Sûryameïa)*, rassurer l'âme tremblante et guider son couchant vers l'immuable repos.

Ainsi la commémoration des morts était, en Grèce, l'apothéose du Printemps.

A voir la terre égayée de fleurs, et les matins d'avril ramener Perséphone, le deuil paraissait moins amer, le souvenir embaumé d'espoir.

Tant de places vides! Tant de paupières closes sous le baiser suprême! Tant d'amis disparus! Mais ils renaîtront sans doute, au rayon d'un autre monde, comme ces plantes, comme ces roses de jubilation que ramène chaque été.

*
* *

La journée de flemme à Saint-Ouen, la ballade à Montparnasse et la vadrouille au Champ d'Asile ont remplacé, pour le Parisien moderne, ces augustes rituels du moyen-âge et de l'antique Hellas.

Les sépultures bourgeoises, de laideur économique et prétentieuse, dégoûteraient jusqu'aux vers du tombeau, si ces louables travailleurs ne jouissaient d'une agréable cécité.

Les nécropoles sont à présent devenues la boutique à treize et le caboulot du désespoir.

Seul, encore, le soleil donne une fête suprême et console de rayons attendris le spleen des Trépassés.

Chrysanthèmes, dahlias et les dernières roses, et les premières violettes, il couronne de sombres et royales fleurs son été de la Saint-Martin. Comme un prodigue, à la fin du trésor, il enguirlande les grilles funéraires et les marbres endeuillés d'incomparables festons. Avant que de mourir lui-même, il dit adieu aux pauvres morts, en éparpillant sur leur tombe mille fastueuses corolles teintes de pourpre, de sang et d'or.

Paris, le 1ᵉʳ novembre 1897, soir des Morts.

La Prose de l'Ane
et
Les Rituels de haute graisse

ES vacances de Noël et le retour du jeune soleil invitent à de calmes entretiens. Le souvenir des coutumes ancestrales hante ces heures de repos.

Tel usage — usage héréditaire conservant jusqu'à nous les traditions du polythéisme — revient en nos mémoires, pendant la trêve de Christmas. Entre autres, je cite la Fête des Fous, la messe de l'Ane, la Danse des Morts, qui longtemps eurent place, jadis, à côté des liturgies orthodoxes.

Mais où est le preux Charlemaigne ?

De ces pompes bizarres, nulle n'est plus caractéristique, plus traditionnelle, plus véritablement religieuse que la Fête de l'Ane, dont vous daignerez souffrir que je rappelle quelques traits.

Cette réjouissance fut, pendant vingt siècles, le corollaire indispensable de la Nativité.

Si, comme le soutient Chamfort, il n'est jours plus mal employés que ceux où l'on n'a ri, nul temps ne fut perdu à l'égal du paresseux moyen âge. Entre le dogme religieux et l'autorité civile, tous deux absolus, tous deux indiscutés, une langueur sans nom prostrait l'homme des champs comme le bourgeois des villes. Aucune diversion, nul voyage sinon pour ces Croisades meurtrières que le tempérament goguenard de la France dénigrait même au temps de Rutebeuf.

Malgré la splendeur féodale, malgré les pompes de l'Église et la robustesse de sa foi, le moyen âge dépérissait d'ennui.

A cette époque, dit Brierre de Boismont, le suicide envahit les monastères. Le petit nombre d'idées, la force du sentiment chrétien, la vie cénobitique, le faste seigneurial ne défendaient aucunement les races médiévales contre l'*acedia*, précurseur du *spleen*, dont Cassien, dans son *Esprit de Tristesse*, a, le premier, décrit la marche, les symptômes et les sinistres effets.

Le moyen âge se mourait d'ennui. Si le clergé, maître omnipotent des consciences, n'eût parfois donné carrière à ce besoin de gaieté qui est le

« propre de l'homme », cette mélancolie eût sans doute éclaté en sinistres orages.

Mais, par bonheur, le prêtre sut faire la part de l'humanité, alléger, pour quelques instants, la charge de croyances et de labeurs dont le monde était alors accablé.

De là, ces réjouissances dont le sens échappe au scepticisme contemporain, dont l'hilarité rudanière offusque notre goût indifférent et cultivé. Lâchés, pour un jour, hors de l'obédience despotique, nos aïeux, moins blasés, chômaient avec une allégresse de captifs ces heures brèves, ces heures attendues de liberté précaire et de détente puérile, entre les murs d'une prison.

Parmi tant de solennités incompréhensibles à la foule, et dont quelques-unes se faisaient juste assez intelligibles pour lui briser le cœur, Noël fut, de tout temps, une exception bien venue.

Ce jour-là, jour de joie humaine et familiale, le foyer domestique avait sa part de liesse et de vénération.

La même bûche qu'allumait à l'autel des Pénates le Romain bien pensant, le feu qu'Athènes gardait, brûlant et pur, au foyer de la Cité, égayait à présent de flammes roses la vigile de Béthléem.

Un repas de largesse et d'humeur affectueuse groupait la famille entière, conviait à l'oubli des haines et des griefs passés.

Tant de douceur ouvrait les âmes, qu'un lot de bénédiction était offert aux bêtes elles-mêmes. L'âne surtout, ce compagnon laborieux, l'âne patient, l'âne docile et sobre, l'âne qui, dans l'étable, réchauffa le Nouveau-né, avait un rang d'élection parmi les animaux domestiques. Un office tout entier se disait à sa louange.

Et dans la bête humiliée autant que débonnaire, le pauvre serf entrevoyait son image buvant à la coupe sainte de la fraternité.

Donc, après la messe de minuit, un baudet conduit processionnellement à l'Église, s'installait dans le chœur. Un prêtre en chasuble d'or offrait itérativement le sacrifice, tandis que les assistants répondaient aux oraisons prescrites, par le « hi-han » du roussin :

> *Hez! sire asnes, car chantez,*
> *Belle bouche rechignez,*
> *Vous aurez du foin assez*
> *Et de l'avoine à plantez!*

« Ici, — dit le Rituel, — chacun pliait le genou. »

Les encensoirs des thuriféraires envoyaient au baudet un hommage de parfums, cependant que le préchantre entonnait au lutrin la prose coutumière. Cette prose, conservée par Ducange dans son *Glossaire*, avait — semblerait-il — droit à figurer dans le *Latin mystique* de Gourmont, ne fût-ce qu'à titre de repoussoir. Et plus d'un s'étonne d'une pareille lacune au travail si notable du jeune et profond érudit.

C'est un panégyrique intégral du « coursier aux grandes oreilles », cette « prose » de l'âne. Sancho Pança, lui-même, ne trouve pas de plus chauds accents pour épancher sa gratitude envers son inséparable ami :

« *Des confins de l'Orient, — clopin-clopant, advint l'âne, — superbe et robuste aussi, — avec des sacs sur le dos.*

« *Voici, les oreilles hautes, — voici le fils lourd bâti, — l'Anon egrogore qui — est vraiment le roi des Anes.*

« *Sa course égale en vitesse — la biche et le daim fuyard, — il basse les dromadaires — véloces de Madian.* »

La tempérance, vertu fondamentale du héros, n'est point omise :

« *Traînant plus d'un véhicule — et les sacs pleins jusqu'au bord, — ses frugales mandibules — triturent de durs festins.*

« *L'orge brut dans son épi, — l'Ane broute le chardon, — mais, sur l'aire, il sait choisir — le froment pur, hors du chaume.* »

Suit le mandat « évangélique » où triomphent tant de courage et d'humilité :

« *Encens, baumes précieux — et la myrrhe de Saba, — c'est l'asinaire vertu — qui vous porta dans l'Église.* »

Ce chant discors et bigarré a pour *coda* une strophe de grande allure. Mouvement lyrique fort au-dessus des couplets antécédents, dont le principal mérite provient des timbres assonnés et des rythmes imprévus, — toutes choses qu'une traduction, même littérale, demeure impuissante à révéler :

> AMEN! *dis* AMEN, *bourrique!*
> *Déjà repu de gramens,*
> *Réitère cet* AMEN
> *Et dédaigne le passé!*

Michelet admirait, dans les vers ci-dessus, une façon de *Marseillaise,* un cri de ralliement pour les gueux en quête de bonheur et de fraternité.

Le culte de l'Ane, ainsi gardé par le christianisme latin, ne semble donc jurer avec les dédaigneuses fêtes d'icelui qu'aux yeux d'une trop superficielle observation.

C'est, en effet, chose connue à tous ceux qui portent la moindre clarté sur les études religieuses, que le christianisme hérita des cérémonies païennes : théories, encensements, aspersions lustrales, prosternations, offertoires et absoutes dont il orna la pauvreté de sa théogonie.

Venu d'Égypte avec l'Isis africaine, mêlé aux rituels orgiastiques des dieux adolescents chers à l'Asie Inférieure, l'Ane figurait avec gloire dans ces religions obscures qui, même aux jours triomphants de la Rome impériale, préparaient dans l'ombre l'avènement du dieu nouveau. Tandis que la belle courtisane, lasse de plaisir et d'adoration, cherchait

> . . . un esprit indulgent à qui tendre
> L'ardente et lourde fleur de son dernier amour,

on voyait les prêtres de Cybèle promener sur le roussin hiératique un simulacre de la déesse, vendre force indulgences et gris-gris miraculeux, selon une pratique florissante encore de nos jours.

« Non moins vivace qu'Adonis, et plus sournois, dura (et dans l'antiquité et dans le moyen âge) l'autre démon qu'avait dompté le prophète Balaam, le rusé Belphégor de Syrie aux longues oreilles, l'âne du vin de la lascivité, indomptablement priapique* »

Le goût des siècles féodaux pour les bêtes monstrueuses accueillit aisément le grison que tant d'illustres motifs recommandaient à ses bontés.

Non content de le conduire à l'autel, il en orna les enseignes et le sculpta sous mille formes, entre « l'ours qui vielle » et « l'oison ferré ». Plus tard, enfin, quand l'esprit de la Renaissance mit un terme aux joies grossières des époques naïves, Cervantès emprunta son baudet à la fête de l'Ane, et, sur cette monture, conduisit le bon Sancho à l'immortalité.

* La Bible de l'Humanité : *Le Tyran*.

De nos jours, les fêtes de l'Ane sont à peine un reflet dans la mémoire du liseur.

La « Nef des fols », où le xve siècle embarquait si volontiers sa névrose, a mis ses passagers en terre ferme, sans que nul chaperon à clochettes les distingue du premier venu : « *Papa fatuorum incensabitur cum boudino :* le pape des fous sera encensé avec un boudin, » prescrivait l'antique formulaire ; mais Quasimodo, présentement électeur, déclinerait ces familiarités.

Seule, la *Danse des Morts* poursuit son branle à travers l'humanité. Chaque heure qui tinte, chaque année qui s'efface, marquent le pas de la blême farandole. Et le sage, en attendant que vienne son tour, se divertit aux grimaces pitoyables, aux lâches contorsions des macabres danseurs.

Paris, le 31 décembre 1896.

Pour les Victimes de la Mer

DE tous les ergastules, des chantiers où, sans trêve, le combat opiniâtre s'accomplit du labeur contre la faim, il n'en est pas d'aussi funestes ni de plus redoutables que la Mer. Aux rudes laboureurs de la glauque prairie, la vague homicide et féconde ne livre ses richesses qu'au prix d'incessants, d'héroïques efforts.

Partout ailleurs, au moins, le duel du prolétaire et de l'indigence a pour théâtre un milieu respirable. Le noir mineur, lui-même, dans l'étouffante galerie où la foudre le menace, le mineur boit encore, à pleins poumons, l'air qui engendre la vie. Le tâcheron de la glèbe dilate sa poitrine au souffle ami des champs, tandis que le rameur, sur sa planche audacieuse, court au-devant de l'asphyxie, sans autre sauvegarde que l'incertaine bénignité du flot. La plupart, pêcheurs des côtes de Bretagne ou de Provence, marins des armateurs ou de l'État, ne savent point nager : c'est en vérité la « tombe mouvante » des poètes qu'affronte, pour subsister, leur mâle insouciance. Si du moins la richesse de la proie récompensait tant de vaillance ! Mais, aussi avare qu'opulente, la Mer ne donne qu'à regret la plus humble parcelle de ses trésors. L'homme intrépide qui, chaque jour, affronte mille dangers, n'est pas sûr de rapporter au logis la provende nécessaire.

Combien de fois les nasses vides, les filets chargés de pierres seulement !

Combien de douleurs, en ce pauvre monde — si brave — des plages, que ne soupçonnent guère les oisifs dont la paresse, aux jours pesants des canicules, va demander à la grande Nourrice le sel réconfortant et la fraîcheur de l'air. Pour eux, la Mer se fait coquette. C'est la vague harmonieuse « chantant et souriant comme une jeune reine » ; c'est « la verte plaine où le flot se hérisse » ; ce sont « des écumes de fleurs bénissant les dérades », ou bien les ondes révigorantes que magnifiait Arthur Raimbaud :

> *Est-ce en ces nuits sans fond que tu dors et t'exiles,*
> *Million d'oiseaux d'or, ô future vigueur ?*

Ces paroles en fleurs, ces rêveries des beaux

soirs demeurent lettre morte aux travailleurs de l'Océan. Pour eux, la coquette a bientôt fait de redevenir marâtre. Sous les lambeaux déchirés de sa robe d'azur, les écailles de la sirène, le monstre impitoyable, prompt à les dévorer.

*
* *

Cette vie misérable du pêcheur n'est pas sans quelque joie, lorsque le protecteur de la maison ne pousse pas au delà d'un jour sa course maritime. Père, amant, fiancé, tous l'attendent, avec patience, dans une cordiale union. Les petits jouent sur le sable avec les coquillages d'or; les vieux fument, rêvassent aux choses d'autrefois, tandis qu'en réparant les filets, elle chante d'une voix doucement monotone, quelque chanson d'amour.

Aux rives opulentes de la Méditerranée, la douceur du climat rend l'existence plus facile : conduits à travers les madragues, puis abattus par milliers, sans efforts ni péril, les thons apportent, chaque automne, un butin assuré. Parfois, quand le passage est fertile, un pêcheur misérable réalise, à son profit, le conte des *Mille et une Nuits*. Sans autre ressource que sa barque vermoulue, amarrée au fond de l'humble *calanque*, il se réveille, un beau matin, riche de l'abondante proie, gavache, en un seul jour, devenu millionnaire. Tel est, conté par l'enchanteur de Maillane, le poème de *Calendal*.

Tout autre est la destinée pour les riverains des plages de Bretagne ou de Normandie.

Sous ce ciel inclément, la houle formidable de l'Atlantique, le flot irascible de la Manche, ne se prêtent guère aux grasses récoltes de la Côte d'azur. Habitués de père en fils aux navigations lointaines, les robustes Northmans, les Celtes impavides, vont tenter au risque de leurs jours des ondes inconnues. Comme les Basques de Saint-Jean-de-Luz qui, au XVIᵉ siècle, affrontèrent l'horreur du pôle sur leurs frêles bateaux, ces hommes au grand courage suivent, jusqu'au bout du monde, la pêche nourricière. Les brumes de l'Islande, les fjords glacés de Terre-Neuve, sous un ciel d'épouvante et de déréliction, n'ont pas d'hôtes plus assidus.

En son roman *Pêcheurs d'Islande,* où, malgré tant de gauche afféterie et d'incorrections de langage, fut rencontrée l'émotion poignante et l'humaine vérité, M. Loti a popularisé ces modestes héros. Grâce à lui, plus qu'à Michelet, dont la belle étude sur la mer n'atteignit jamais un tel succès de librairie, les pêcheurs de morue ont droit de cité près des belles âmes élégantes. Il est permis de déplorer leur sort, tout en restant dans les bornes du *swaʒer* le plus pur.

*
* *

Hélas! ce ne sont pas seulement des peines d'amour que les pauvres gens ont à souffrir! Au moment de la pêche, pendant le grand jour boréal de six semaines, ils n'ont guère le temps de songer à leurs promises. Un labeur sans répit les tient courbés sur le banc de pêche, sur le tonneau de saumure, dans l'infection des gades éventrés. Mais ils acceptent joyeusement la corvée annuelle, sachant qu'un peu d'or les attend au retour, et quelque peu de bien-être, et des cœurs aimants dans leur foyer. Ceci est l'idylle. Par malheur, de cruelles réalités rompent le charme un peu fictif de ces trop agréables récits.

Imagine-t-on ce que doit être la maladie sur ces affreux bateaux de pêche où la cupidité des bailleurs de fonds a tout prévu, hormis la souffrance de leurs malheureux serviteurs? Mal logés, peu nourris, les vêtements toujours humides, les mains ensanglantées par le tranchant des arêtes, où le sel avive sans répit les cuisantes blessures, ils n'ont d'autre repos qu'une halte brève, après douze heures de travail, une sieste dans la brume glacée, parmi les détritus infects de leur affreuse cuisine.

***

A ces infortunés, d'abord, puis à tous ceux que la maladie surprend dans le grand désert de l'Océan, des hommes de cœur se sont avisés de porter secours. Leur entreprise, que recommandent à la France entière les noms les plus respectés de l'aristocratie maritime, a pour nom : *OEuvre des navires-hôpitaux*. J'en expliquai naguère le fonctionnement aussi simple qu'ingénieux.

La grâce que m'accorda une trop bienveillante zélatrice en me voulant choisir pour, un des premiers, dénoncer au public cette OEuvre (dont mon confrère Georges Docquois et M. Landry, du *Figaro*, l'avaient entretenu déjà), m'imposait le facile devoir d'en signaler, d'abord, le généreux esprit avant que d'aborder les précisions techniques.

***

Un premier navire, le *Saint-Pierre*, partait, au mois d'avril 1896, apportant aux pêcheurs d'Islande vivres et médicaments. Ce bateau s'est brisé sur les côtes de Terre-Neuve, au moment de rejoindre les barques des pêcheurs qu'il avait mission de ravitailler. Mais les hommes bienfaisants qui dirigeaient le comité de l'Œuvre n'ont pas perdu courage, malgré cet accident d'un si fâcheux augure. La Pitié se rit des présages funestes : car elle porte en soi une vigueur assez magnanime pour triompher des êtres aussi bien que des éléments.

Déjà confiant dans l'humanité publique, ils ont fait mettre sur chantier deux nefs hospitalières. Mais, pour que ces embarcations nouvelles puissent gagner la mer, à la prochaine campagne, il leur faut de l'argent, et beaucoup (chaque navire coûte cent quarante mille francs); c'est pourquoi l'œuvre fait appel à toutes les bourses, à tous les cœurs!

Les nobles femmes qui mènent cette croisade pitoyable sollicitent les plus humbles, comme les plus favorisés. Elles tendent l'escarcelle au petit comme au grand, reçoivent d'une gratitude pareille l'obole du pauvre et la pièce d'or du riche. Tandis que toutes les misères sont soulagées, au moins dans une certaine mesure, et que l'universelle commisération s'efforce de lutter, sur terre, contre le paupérisme, aucun secours ne fut jusqu'à présent offert à ces tristes pêcheurs qui comptent, dans leurs équipes, un monde tout entier d'enfants et de vieillards. L'Œuvre des navires-hôpitaux tente de suppléer à cette lacune envers les pêcheurs islandais.

Puisse notre appel être entendu ! Pour moi, je m'estimerais heureux, si, parmi tant d'inutiles efforts et les déceptions incessantes d'un écrivain épris de Beauté pure, je suscitais dans l'âme de mes lecteurs le désir de prendre part à ce bienfait tant méritoire, à cette noble charité.

Les Romans qu'on ne lit plus

LE vent inquiet d'automne, comme un vieillard maussade, rabâche et pleure à travers les portes disjointes et les volets mal clos. En tourbillons de pluie et de feuilles livides, l'orage descend à travers les monts, noyant de brume opaque et de hâtive nuit la bourgade mondaine et l'alpe déserté. Ce coin de Paris transporté par quelque négromance au pied de l'Entécade et du « Vénasque chauve », Bagnères-de-Luchon, aux piscines fameuses, est, depuis ce matin, à moitié dans le brouillard. Les petits ânes robustes qui d'ordinaire trottent si galamment par les sentes pierreuses, avec leurs conducteurs : éphèbes en béret bleu, *toyes* aux écharpes voyantes, supportent nonchalamment l'ondée sans autre parapluie, d'ailleurs, que leur résignation. Vide l'Esplanade et les thermes aussi; lugubre, sous le nuage humide, ce promenoir que consacre le nom légendaire d'Étigny. Les chanteurs forains, les équilibristes en plein vent, les montreurs d'ours qui, devant la terrasse Arnative, présentent aux désœuvrés les petits-fils d'Atta-Troll; tout ce monde bohème pour qui l'or du soleil se monnaie en gros sous, fait relâche aujourd'hui, consterné par cette rognure insolite dans le pain hivernal.

La douche prise, la nymphe ingurgitée et le bain paresseux contrepointé de tous les journaux disponibles, il ne reste plus même aux baigneurs de Luchon l'amusement suprême de la grande Marquise : éprouver l'effet des eaux et discourir là-dessus entre gens de parfaitement bonne compagnie.

Hier, c'étaient les feux de Bengale, c'étaient fleurs, parmi la fête des fleurs; les poètes notoires, les gazetiers authentiques et les ruineuses pécheresses. Des croupiers magnifiques, des jockeys plus fameux que l'École romane y coudoyaient les prétendants aux divers trônes de l'Europe. Miracle de la royauté constitutionnelle! Philippe d'Orléans, à travers un essaim de petites femmes, redevenait Gamelle avec simplicité.

A présent, la féerie est morte. La grande semaine de Luchon s'en retourne au pays des vieilles lunes ; le troupeau des belles inhumaines,

> *Qui s'en va sans poser le pied sur les chemins,*

éparpille déjà sur d'autres routes le sable d'or de la jouvence, de la richesse et de la beauté. Il pleut lugubrement sur la ville, comme disait Raimbaud, et, seuls, les vers du doux Verlaine chantent en nos esprits leur plainte délicieuse :

> *Il pleure dans mon cœur*
> *Comme il pleut sur la ville.*
> *Quelle est cette langueur*
> *Qui pénètre mon cœur ?*

Reste le cabinet de lecture où l'immémoriale poussière, où la crotte des rongeurs embaument les écrivains du temps passé ? Dès l'entrée, la moisissure prend à la gorge. Ce n'est pas sans quelque hésitation que, guindé sur l'échelle vacillante, le curieux démaillote, en un blême jour de cave, les illustres fossiles et les bouquins momies.

— Ici, l'on peut toucher du doigt l'inutilité d'écrire, le néant des ambitions esthétiques. La boîte verte des quais ne donne, en aucun temps, cette impression de nécropole fermée. Le soleil joue sur les tomes dépareillés que l'éclectisme parisien confond en une seule macédoine, tant que le flâneur exhume, dans le même casier, la *Critique de la raison* près des *Cuisinières bour-*

geoises, le *Dictionnaire des hérésies* faisant bon ménage avec les contes pervers et charmants de Maizeroy. Du pont Michel à la Frégate, les écrits parus d'hier heurtent les in-folio plusieurs fois centenaires. Les auteurs de complexion amène y savourent la joie de retrouver leur griffe sur tel ou tel exemplaire quémandé par un ami.

Ici, rien de pareil. La vieillerie et non le bibelot, le démodé au lieu de l'antiquaille font tous les frais du contingent. C'est le roman d'avant-hier, le relief du banquet, la carcasse du feu de joie, tout ce qui reste d'un plaisir vidé par d'autres, la lie et non le bouquet du flacon.

Parmi les auteurs qui hantent, comme les mânes de Virgile, ces limbes provinciaux, il n'en est pas de plus tenace ni de plus répandu que Walter Scott. Au pied du cirque de Troumouse, sur le versant espagnol du Marboré, dans une auberge où Maritorne elle-même aurait eu peine à vivre, nous lûmes, oubliées sans doute par quelque bachelette maintenant sexagénaire, les aventures d'Ivanhoé. L'an dernier, à Barèges, quand les premiers froids de septembre donnèrent au coin du feu son charme d'arrière-saison, le Maître de Ravenswod, le sergent More M'Alpin, le conteur Jedediah Cleishbotham furent nos compagnons assidus. La bruyère de Lammermoor, la forêt de Robin Hood, la grotte des *outlaws,* remplacèrent les promenades interdites par une inclémente saison. Jeunes filles pâmées, braconniers ravisseurs, hommes-liges modèles, héroïques templiers, tout ce monde fallacieux de bric-à-brac et de ruines en trompe-l'œil amusa notre désœuvrée solitude. Le choix d'ailleurs était malaisé, la seule bibliothèque ouverte renfermant, sans plus, les contes de Walter Scott et les joyeusetés de Paul de Kock.

Or, nonobstant l'opinion de Charles Monselet : « O Paul de Kock qu'embellissent les roses ! » et la préférence césarienne du Chancelier de Fer, nous n'avons jamais su goûter comme il faudrait le comique en honneur chez le Gaulois susdit. Les résultats de la digestion, les troubles de l'intestin nous échappent de la façon la plus entière en tant que moyen d'exciter le rire. « Fi ! le malappris qui nous vient entretenir sans cesse de discours orduriers ! » hurle Mondor à Tabarin, l'aïeul de tous les conteurs brenneux : et, sans nul doute, Mondor a bien raison.

A part le cycle des romans de Dumas, cet improvisateur nègre qui contait sans trêve ni raison d'enfantines légendes, à part les œuvres d'Alexandre Dumas, aucun grimaud n'est plus fréquent, dans ces villes mortes de la librairie, que le macaronique Paul Féval.

Est-il un homme encore, parmi les trente-six millions de Français, qui se puisse vanter d'avoir lu les *Amours de Paris* ? C'est là qu'on trouve un émigré, devenu le chef d'un clan d'Indiens Chérokees, fuyant la savane et le chemin de guerre pour venger, sur son antique épouse, les cocuages d'antan. Cette donnée idiotement fantaisiste représenterait assez bien le genre un peu démodé — par bonheur! — du roman-feuilleton, récits portenteux où l'on voit communément s'échapper, sur le toit, l'assassin ou la victime naguère verrouillés dans les sous-sols.

J'oserai dire encore que peu de nos contemporains ont feuilleté *les Deux Cadavres* dont s'honora Frédéric Soulié,

Auteur néfaste à la grammaire.

Le genre truculent, féroce et romantique n'a rien fourni de plus pharamineux que cette effroyable rapsodie. Entre autres sornettes, un fils de Cromwell (autant qu'il m'en souvienne) assassine et viole, sur le cercueil paternel, une fille de Charles Ier. Toutes gentillesses écrites, au surplus, dans un auverpin matagrabolifique, prudhommesque et grandiloquent : le Sinaï chez l'épicier !

J'en passe et des meilleurs. Combien ont touché leur gloire en avancement d'hoirie qui méritaient de plus hautes destinées ! George Sand, inconnue de la plupart des lecteurs, autant que les gestes de Chilpéric; Balzac dont les fresques immenses vont s'effritant chaque jour et laissent tomber leurs couleurs défaillantes; Eugène Sue qui valait bien Zola; tant d'autres enfin dont les noms eux-mêmes s'estompent dans les vieux catalogues dédaignés par les souris.

Il faut respirer cette poudre, goûter la moisissure, le rance ténébreux des bibliothèques surannées, pour jauger le néant, la vanité d'écrire.

Voici les oubliés d'hier. Quels seront, demain, les survivants?

Quand les helmintes, et la cendre, et les nouveaux venus auront accompli leur tâche, quel matin flamboiera sur le charnier des écrivains défunts?

N'est-ce pas dérision, folie, que de poursuivre ainsi, parmi l'outrage, la haine, la bêtise et l'ignominie des concurrents, cet ironique prix, la renommée? Ne serait-il pas plus beau, plus fier, plus spirituel aussi, d'attendre — bras croisés — la fin reposante des choses, le baiser secourable de la mort?

Bagnères-de-Luchon, le 3 septembre 1896.

Le Dernier Refrain

CE fut peu de jours avant la mort du « bon poète », comme disait feu Salis, que, sur une grande scène de Paris, les auteurs de chansons et les artistes « aimés du public » intentèrent, dans la même pensée charitable, un concert au bénéfice du pauvre Jules Jouy.

Le malheureux, après avoir charmé de sa verve mordante la foule aussi bien que les délicats, vit soudain fléchir son intelligence et tomber, au vent de la folie, chaque pétale de son humour. Lamentable fin d'un esprit charmant, condamné à redire, parmi les solitudes mornes d'un hospice d'aliénés, tant de refrains dont s'égayèrent nos mémoires! Comme André Gill le caricaturiste, autre amuseur sombré dans la folie, l'ancien trouvère du Chat-

Noir, mordu par les angoisses quotidiennes, laissa choir, comme un vêtement trop lourd, cet esprit si neuf et si osé que nous aimâmes.

Terrible instant que celui de la quarantaine ! A ce moment irréparable où, suivant l'expression d'Alphonse Daudet, « l'homme atteint le palier et trouve la clef qui lui ouvrira jusqu'au fond toutes les portes de l'existence », plus d'un qui semblait jusqu'alors invulnérable connaît la désagrégation de l'âge et ce qu'apportent de trouble, dans les plus fiers esprits, les secrètes douleurs. Ce rire d'emprunt, masque nécessaire aux combats de chaque jour, fait place aux rides indélébiles, aux sillons que creusent sur la face humaine le ruissellement des larmes, la crispation des fureurs.

Age de désespoir ou de maturité. Peu de temps après la quarantaine, l'auteur des *Fables* entendit ces vers de Malherbe qui décidèrent sa vocation, La Bruyère entreprit de surpasser Théophraste et Rousseau publia les hautaines déclamations du *Contrat social*.

Mais combien, pour ces illustres exemples, combien de vaincus ont abandonné la lutte à cette heure fatidique où la jeunesse déclinante verse une lueur ténébreuse sur les espérances mortes, découvre à nos regards désenchantés l'ironie des entreprises magnanimes et des orgueilleux vouloirs !

« Est-ce parce que je descends la vallée des années qu'elle me trompe ainsi! » murmure Othello quadragénaire, en songeant que ses cheveux gris se mêlent aux blondes tresses de Desdémone. Et c'est la saison où le malgracieux Arnolphe pleure devant les seize ans d'Agnès.

Amour, talent, succès, la quarantaine sonne la minute décisive où l'homme peut aspirer pour la dernière fois, sans ridicule, à la fortune comme au bonheur. Ce moment dépassé, l'ombre ne tarde guère : malheur à ceux qui, ne prévoyant pas le prochain crépuscule, oublièrent d'installer, par avance, un abri pour le soir et des quartiers d'hiver! Nulle joie ne sera permise à leurs tristes automnes. La vie renaissante, chaque jour, sera pour eux comme un éternel reproche, comme une source inépuisable de regrets.

Parmi ces navrés, je nommais tout à l'heure André Gill.

Celui-là, muni de quelque savoir-faire, de la verve un peu grosse utile pour la caricature politique, avait eu son heure de vogue, — de gloire même, si la gloire consiste à être vanté par un nombre considérable de pignouffs. André Gill profita de sa notoriété pour couvrir de boue l'Empire malheureux. Son crayon se complut à montrer la belle Impératrice de la veille sous les traits infâmes d'une chienne ou d'une truie. L'exil avait pris les Bonaparte : la démence fit taire leur contempteur. Et ce n'est pas un maigre sujet de réflexion que cette justice des choses, immanente sur nous.

Aucun reproche de ce genre ne pèse sur l'infortuné Jouy. Encore que sa veine recélât l'amertume congruente aux peintres de la société moderne, son goût ne fut point d'insulter les vaincus, de piétiner, comme André Gill, sur les cadavres.

Bien longtemps avant que la contrefaçon eût installé, dans chaque estaminet, de fausses tavernes Louis XIII, aux jours héroïques où le « gentilhomme » Salis, d'une voix tonitruante et d'un geste cérémonieux, montrait aux philistins mystifiés « l'Artiste », — bête-noire, profitable à son commerce, — Jules Jouy fit entendre, au cabaret du boulevard Rochechouart, un répertoire, neuf alors. Vingt années, depuis ces jours, ont multiplié les caveaux artistiques et suscité au novateur des émules par bandes. Mais rien n'a pu effacer des mémoires ces refrains, dont quelques-uns — *la Terre*, par exemple — atteignent à la pure beauté.

Cette complainte de *la Terre* honora, plus que tout autre chant, l'été de la Saint-Martin où, pour d'éternels adieux, la grande Thérésa se fit entendre.

Malgré l'allusion au roman fécaloïde *la Terre*, de Zola, ce fut un enchantement que d'ouïr, pour la dernière fois, la grande cantatrice, dans un poème rustique et fraternel à la manière de Pierre Dupont.

Jules Jouy avait eu l'honneur de donner, avant l'éternel silence, un chant digne de sa gloire à la Muse des faubourgs.

*
* *

Le café-concert date à peine de trente ans, ainsi que l'a établi fort exactement Maurice Lefèvre, dans son amusante étude sur les « Gestes de la chanson ». Malgré cette origine d'hier, le temple du refrain canaille et de la scie ignominieuse ne compte plus les fidèles de jadis.

Les grivoiseries cyniques, allant du pétomane au lupanar, ne suffisent plus aux abrutis qui hantent ces endroits : la gymnastique fantomale des minstrels, l'appât de la petite pièce sont seuls capables de les retenir. Mais, si le beuglant périclite, la chanson ne s'en porte pas plus mal : au contraire. Je n'oserais ici proférer des noms, par crainte d'oublier quelqu'un des plus méritants. Jamais l'odelette satirique, jamais les couplets amoureux ne furent chantés avec une pareille abondance par d'aussi excellents auteurs. De Ferny à Montoya, de Privas à Jehan Rictus, toute l'ironie et toute la grâce ont revivifié l'antique

Muse gauloise, et l'on peut dire que la manifestation en faveur de Jules Jouy fut comme une apothéose de la romance, au crépuscule du siècle qui s'en va.

* * *

Au fond de l'âme, toute Française garde un je ne sais quoi de tendre pour la romance, un goût de modiste pour l'azur artificiel de sa petite fleur bleue. Maurice Lefèvre, déjà cité, juge que la même corolle s'épanouit dans l'âme des plus sinistres voyous et je ne serais pas surpris que son opinion fût de quelque vérité.

Oyez plutôt les chansons que radotent, au fond des cours noires et dans telles impasses des quartiers populeux, les citharistes de la rue. Il n'est question, là dedans, que de lilas en fleurs, de baisers sous les branches et de ce printemps éternel où les brunisseuses rêvent, au bras d'un « petit homme bien gentil », de regarder la feuille à l'envers, dans un paysage friturier.

J'ai connu, moi jouvencel, la plus parfaite incarnation de la romance pudibonde, amoureuse et printanière : Mme Loïsa Puget, qui passa les dernières années de son existence dans une perpétuelle villégiature, entre Bagnères et Pau.

A soixante-dix ans, l'aimable vieille portait un chapeau blanc à bavolet mauve, surchargé d'un faix de volubilis dont mes yeux ingénus demeuraient écarquillés. Et j'avais peine à croire que cette fée au langage choisi, au maintien chantourné, pût descendre vraiment de ce Puget dont Baudelaire m'avait parlé déjà :

> Colère de boxeur, impudence de faune,
> Toi qui sus ramasser la beauté des goujats,
> Grand cœur gonflé d'orgueil, homme débile et jaune,
> PUGET, mélancolique empereur des forçats.

*
* *

Depuis Loïsa Puget, Masini et Paul Henrion dont les innocentes fadaises bercèrent

> ... mes beaux sommeils d'enfant gâté,

la chanson eut le bon esprit de magnifier d'autres objets que les châtelaines en carton-pâte, les fils de la Vierge et l'hirondelle des prisonniers.

Sur les traces de Béranger et de ce noble Pierre Dupont, elle n'a pas cru que rien d'humain lui fût étranger. La raillerie d'Aristophane y côtoie la volupté de Tibulle. A mi-côte du Parnasse, elle bâtit une cité moins ambitieuse que l'inaccessible domaine des purs lyriques. Ni tour d'ivoire, ni palais de cristal, ni maison d'or : mais d'amènes pourpris et des bosquets bien duisants aux joyeux entretiens comme aux propos d'amour.

*
* *

C'est la chanson nouvelle, cette chanson d'hier et de demain que Jules Jouy fit entendre un des premiers. Muse aimable qu'il est juste d'évoquer à l'heure où son fidèle, touché par le mal le plus cruel dont soit passible l'infirmité humaine, perdait, avant la mort, cet esprit qui anima de si heureux poèmes.

Puisse-t-elle, cette chanson dernière, cette chanson aimée, refleurir d'un éternel rayon la mémoire de celui qui ne vit plus qu'en elle et, d'un laurier verdissant, ombrager son tombeau !

La Concupiscence du Néant

Mais Saül s'est tué! Razias, un juste, s'est tué! Sainte Pélagie d'Antioche s'est tuée! Domnine d'Alep et ses trois filles, trois autres saintes, se sont tuées! — Et rappelle-toi tous les confesseurs qui couraient au-devant des bourreaux par impatience de la mort. Afin d'en jouir plus vite, les vierges de Milet s'étranglaient avec leur cordon. Le philosophe Hégésias, à Syracuse, la prêchait si bien qu'on désertait les lupanars pour s'aller pendre dans les champs. Les patriciens de Rome se la procuraient comme une débauche... »

Ainsi palabre l'énigmatique Hilarion dans cette architecturale *Tentation* du grand Flaubert. Et la phrase me hantait par le clair et printanier après-midi où j'ai, pour la première fois, goûté un écrit véridique touchant les *paradis artificiels*. Cela s'appelle : *Fumeurs d'opium*. L'auteur, M. Jules Boissière, vice-résident au Tonkin, pourrait, ainsi que faisait je ne sais quel peintre, nommer son album de croquis sur la Drogue omnipotente un *livre de vérité*. Dans la forêt que hantent les génies couronnée de pavot, sur la natte des bivacs où le bruit amorti des fusillades berce le transparent sommeil des initiés, côte à côte avec le roi Dôg-Cô, sorte de paladin à face jaune, M. Boissière a communié de la pipe merveilleuse, — plus merveilleuse qu'aucune lampe d'Aladin, et connu, sous le ciel des tropiques, toutes les voluptés que donne à la race jaune l'opium cochinchinois.

Ce n'est point une bibliographie que j'écris à cette place.

Mais le volume *Fumeurs d'opium*, outre sa valeur esthétique, appartient à ces Mémoires de la vie quotidienne par ce qu'il recèle de documents primesautiers. Le goût du suicide lent en détail que les peuples mongoliques sont en posture d'inoculer aux Occidentaux ne se manifeste pas moins tenace dans Paris qu'à travers la brousse cambodgienne.

La lampe de cuivre, l'aiguille à extrait thébaïque, la pipe de bambou au fourneau d'argent pur se retrouvent, sous d'autres formes, aussi bien dans le manchon de la « belle dame » que dans le tablier à larges poches des laveuses de vaisselle.

Puissante magie du rêve! Appétit universel de la mort!

Comme un incurable voué à la désagrégation lente de son être, inapte à vivre sainement ou à mourir d'un coup, notre misérable, notre cancéreuse époque appelle frénétiquement les breuvages d'oubli.

Déjà Baudelaire, touché du mal de vivre et sentant, malgré tout son cabotinage, malgré la détresse d'une âme puérile dont la mesquinerie faisait un contraste lamentable avec la maîtrise de l'artiste, déjà Baudelaire donnait à son « voyage » autour des férocités et de la bêtise humaines la conclusion sinistre, mais combien douce, aux intellects meurtris :

> *Et les moins sots, hardis amants de la démence,*
> *Fuyant le grand troupeau parqué par le Destin*
> *Et se réfugiant dans l'opium immense...*

Auparavant, le cri d'amour éperdu, jeté par Quincey, au seuil des Confessions : « *O just, subtle and migdhy opium!* » avait sonné, telle une diane funéraire, annonçant aux adeptes de la « Noire Idole » un Léthé prochain, et bientôt, sans nul doute, le tombeau délicieux.

Mais les hommes de 1812, capables d'action, avaient encore dans leurs veines quelque reste du flot viril où s'abreuva la France de Quatre-vingt-treize. Leur triste lignée devait seule comprendre les délices de l'anéantissement, la gloire de répudier toute action comme indigne d'un esprit libre et franc.

Ce mépris de la cohue, cette répugnance à grossir la turme ruée vers les satisfactions obscènes, les ruts déshonorants, les cupidités malpropres d'honneurs et de pécune, s'affirme en maint endroit dans les nobles et hautains poèmes de Stéphane Mallarmé. L'orgueil de l'abdication volontaire, le dédain royal, sacerdotal, mystérieux à force d'envolée, y sépare le poète de la foule. C'est le renoncement « pour cause de noblesse » qui chante d'un bout à l'autre parmi ces radieuses et sombres magnificences.

L'inintelligence du lecteur se devant présumer en toute conjoncture, je choisis dans les *Fenêtres*, pour faire tangible un état d'âme, les vers les moins abstrus d'un génie dont le tort, — selon M. Azambuja, aigrefin et défroqué, — dont le tort est de ne pas mettre ses rimes de plain-pied avec le genre concierge ou l'espèce azambuja :

Je fuis et je m'accroche à toutes les croisées
D'où l'on tourne le dos à la vie et, béni,
Dans leur verre, lavés d'éternelles rosées
Que dore le matin chaste de l'Infini,
Je me mire et me vois ange! et je meurs, et j'aime
— Que la vie soit l'art ou la mysticité —
A renaître portant mon rêve en diadème

> *Au ciel antérieur où fleurit la Beauté.*
> *Mais, hélas! Ici-bas est maître : sa hantise*
> *Vient m'écœurer parfois jusqu'en cet abri sûr*
> *Et le vomissement impur de la Bêtise*
> *Me force à me boucher le nez devant l'azur.*
> *Est-il possible, ô Moi qui connais l'amertume,*
> *D'enfoncer le cristal par le monstre insulté*
> *Et de m'enfuir, avec mes deux ailes sans plume,*
> *— Au risque de tomber pendant l'éternité ?*

Ainsi Mallarmé pleure, avec des larmes d'or, la souffrance éternelle, aspire au nirvanâ, seul but des âmes un peu fières. Car le Paradis grotesque, l'Éden ridicule et cette Béatitude sans fin dont les Religions vendent si cher à leurs adhérents la promesse illusoire, serait la plus abominable des épreuves, épreuve au regard de quoi la troupe des soucis quotidiens revêt un air florianesque, joyeux même, pour ainsi parler. Vivre toujours, assister du haut d'un empyrée (papier bleu et fleurs d'argent) au conflit monotone et sans pitié des énergies cosmiques, ah! mille fois plutôt la douleur térébrante. Mais surtout, mais avant tout, le Néant miséricordieux, le Néant, seul prix enviable du penseur, du juste et du héros.

> *Car l'univers, brisé par la haine et les fièvres*
> *Et qui souffre, oublieux de l'Olympe vermeil,*
> *Depuis dix-huit cents ans vers toi seul tend ses lèvres,*
> *Comme vers un dictame adorable, ô Sommeil!*

⁂

Mais la vie des cités occidentales ne s'accommode guère avec les pratiques indispensables au fumeur d'opium.

L'infection du tabac, la fumée dégorgée par les narines et les lèvres pituiteuses des clients d'estaminet, le crachat dans la rue et l'attirail fétide propre aux amateurs de tabac suffit à contenter le besoin de goujatisme inhérent aux peuples de l'Europe.

Boire, fumer, vomir des calembours et des gaudrioles de corps de garde, ces plaisirs — cafés ou manezingues — sont également précieux aux vidangeurs et aux membres du Jockey. Aussi quelques âmes portent le besoin de ce que j'appelai naguère « un alibi intellectuel ». Tout le monde — scrupule ou scepticisme — ne saurait évoquer, sur les trépieds en fleurs où Jules Bois assied galamment ses belles pénitentes, le Démon qui fait aimer, la Strige léthéenne qui verse le pardon. Mais chacun peut avoir, dans sa poche, l'aiguille miraculeuse qui sert à ouvrir l'extra-monde, la pince-monseigneur du Rêve à laquelle Pravaz attribua son nom, l'outil sans pareil avec quoi le premier butor venu est en possession de cambrioler la forteresse du Bonheur.

*
* *

Une piqûre, légère, point « méchante », cuisante à peine pour les maladroits. Et soudain le charme opère. Une onde chaude vous enveloppe, « un océan de délices », comme d'un sang plus vif et rajeuni.

Soudain, le miséreux l'inventeur incompris, le brave souffleté, l'ami calomnié par son frère d'élection, le patient des ingratitudes et des ignominies humaines réintègrent, avec leur première fraîcheur, toutes les espérances, les illusions d'antan. La femme, depuis quinze ans chérie, celle pour qui, travailleur ou soldat, l'homme a conquis, jour par jour, tous les grades et renversé tous les obstacles, celle qui jamais ne daigna reconnaître le suprême labeur, voici que tout à coup ses beaux yeux s'humanisent. Elle pleure : elle a compris le sonnet d'Arvers.

Comme les tirailleurs de Jules Boissière dans la forêt de Kouang-Si, les tributaires de l'opium se savent condamnés à ne pas sortir vivants de leur ébriété mortelle. A la recherche des mines d'or et des fortunes enterrées, brûlés de miasmes assassins, férus par les bêtes de ténèbres, ils se plaisent à dormir sous les charmilles vénéneuses. A ceux que l'opium ne grise plus, la coca prête une véhémence passagère, l'éther, absinthe des gens bien nés, une euphorie ténébreuse. « On est bien, on ne souffre plus, » dit Alphonse Daudet, en son *Évangéliste*, ce livre de tant de force et de douleur vécue. Être bien! ne plus souffrir! Certes, cela vaut la peine de s'étendre sous le mancenillier.

Au surplus, je ne l'ignore pas : les lendemains sont effroyables. Un à un détendus, les ressorts du cerveau refusent de jouer leur rôle. Après la vie en bleu, le soleil masqué de noir. Et l'univers entier « drapant » ainsi que pour la Fin du Monde.

Mais ces remords de la prime aube, ces remords qui donnent au thériaki des habitudes d'alouette, sont vite combattus par la bienfaisante aiguille. A peine la dose augmente-t-elle chaque jour, précipitant — mais sans à-coups — la descente fatale. C'est, à vrai dire, le dilettantisme de la mort, la friandise de l'anéantissement! Et quelle gracieuse apparence! Comme l'orgueil est ménagé par ce trépas ensorceleur! Car, pour parler comme l'excellent écrivain qui m'induisit en ces rêveries, « il est doux de penser qu'au moment suprême, on reste brave et calme, malgré la redoutable anxiété de souffrir, — et cela grâce aux bienveillants fantômes, aux exorables fantômes de l'Opium. »

Une Audience aux Enfers

A Mme Marguerite Drey.

GALÉJADE HYPERCRITIQUE, A L'IMITATION DU BEL-ESPRIT AFRICAIN LUCIEN DE SAMOSATE ET DE DENIS DIDEROT, ENCYCLOPÉDISTE SOUS LE ROI LOUIS XV, NOTRE BIEN-AIMÉ.

PERSONNAGES
{
THERSITE (puis BOTTOM, *alias* FESSIER), économiste et philanthrope.
ASINARIUS, esthète.
LÉNO, membre de la « Ligue contre la Nudité des Femmes ».
CHŒUR DE GRENOUILLES.
PALLADISTES.
INITIÉS.
UN CATHOLIQUE BELGE.
OISONS ET REPORTERS.
}

C'est une livide campagne du monde sub-terrestre, non loin des marais Stygiens et des Fleuves de douleurs : Phlégéton consacrant le bûcher des funérailles, Cocyte dont la plainte se mêle aux suprêmes adieux.
En expectative de l'incommutable Arrêt, une troupe de Mânes ondoie avec mystère par les gazons bleuâtres et les pensives allées. Autour d'eux, çà et là, fleurissent de vierges asphodèles, et l'héliante d'or, et la corolle endormeuse des pavots.

LES GRENOUILLES. — **Bré ké ké ké kex !**

coax! coax! Mais que fait Caron, pour s'attarder ainsi dans l'appartement de notre roi?

Là-bas, sur la rive terraquée, des ombres, munies de leur péage et montrant l'obole que glissèrent en leur bouche des héritiers pieux, appellent vainement le passeur funéraire.

Quant à moi, sans plus de bonheur, je m'égosille à filer ma note de cristal : ké! ké! brékékékex! coax! Sous les presles verdoyantes et le souchet aux fraîches odeurs, sous les feuilles en parasol des calmes nymphéas, un poisson d'or, immémorial comme le vieil étang, ouvre, dans l'eau torpide, un sillage passager. Mais la nef immobile, mais le nocher des morts s'attardent sans fin dans la haute demeure où siège, près de la Vénérable Épouse, le Maître des choses souterraines.

Brékékékéké! Ma clochette sonore tinte sans répit dans le désert du noir marais.

UN CATHOLIQUE BELGE. — O grenouilles secourables! Encore que des Esseintes renaude sur Aristophane, votre père, et ne prise rien en fait de grec, sinon l'Apocalypse, grenouilles, chanteuses vertes, apprenez-moi, de grâce, en quel séjour le *moi* psychologique de l'abbé Boulant échappe aux sortilèges?

UNE GRENOUILLE. — Bré ké ké ké kex! Près d'Anticyre, ami, pendant les mois d'hiver, un ellébore noir ouvre son calice teinté de pourpre blême. Des thérapeutes renommés incorporent au miel cette plante incomparable. Goûte l'opiat d'Anticyre! cela te vaudra mieux que les panades à l'huile rance. Goûte, pour fuir les gardeurs de cochons à qui tu veux donner le meilleur de toi-même! Ké ké ké! coax! Qui vient encore?

Ah! les hommes impatients! Toujours ils devancent l'ordre de Zeus et les conseils de Pallas. Heureux quand ils ne se flattent pas d'émouvoir par des sottes prières l'aveugle, l'immuable Nécessité!

Parle, étranger! En attendant le batelier des Ombres, je répondrai à tes questions. Et, quand tu passeras l'onde inclémente, Brékékékékex! ma chanson enverra jusqu'à toi ses présages de bonheur.

Le palladiste. — O grenouilles! je n'en demande pas si long! Mon but est simple, mes ambitions honnêtes. Voici longues années que j'effraie l'ensorcelé Durtal, en fourrant sous son traversin des cheveux de maritornes et des corsets riches en sueur. Je fais voir des fantômes aux Archimages. Pourtant, le métier ne rapporte guère et je voudrais me convertir.

Je pourrais devenir un saligaud notable, pousser le *Diable au XIXe Siècle*. N'auriez-vous pas, ô grenouilles! dans les environs du Léthé, quelque lieu favorable à ces métamorphoses?

Les grenouilles. — Hors d'ici! Pied plat!

Cuistre fétide! Empoisonneur! Camelot de bénitier.

Hors d'ici! Vite! plus vite encore! Sinon, j'appelle à moi les guêpes vengeresses, les Guêpes familiales, guerrières à l'aile bourdonnante, à l'inéluctable poignard.

Par Cypris aux belles joues! Les myrtes élyséens deviennent, à chaque instant, plus mal hantés. Cela tient aux ignares, sans doute, aux pleutres et aux goujats admis à l'Initiation. Le premier venu, Déesse redoutable, prend part à vos mystères.

Bientôt la compagnie sera aussi mauvaise chez Pluton que chez un Président de République.

Le Styx et Jules Bois nous épargnent ces horreurs! Qu'ils défendent *la porte héroïque,* multipliant autour d'elle aussi bien les naufrages que les chantantes rimes d'or. Brékékékékékex! coax! coax!

Pendant le chœur et sur la partie du marécage que dérobait un épais brouillard, apparait soudain l'esquif que manœuvre, à force de rames, le pâle Nocher. A la poupe est assis le Roi des Ombres. Son front porte un diadème à plusieurs pointes, cependant qu'un manteau de pourpre noire se drape autour de lui.

PLUTON. — Silence, grenouilles! paix! monotones crieuses des beaux soirs! Je ne sais par quel malfaisant caprice mon jeune frère Apollon vous donna cette irritante mélopée. Sans doute, il vous chargea d'étouffer les plaintes de Daphné mise à mal, de Leucothoé surprise ou de Clythie refusant ses charmes.

Continuez donc vos refrains sur le monde qu'il éclaire, tandis qu'Artémis chasse par maint hallier les faons et les chevreuils. Mais suspendez ici votre musique importune. Cessez de troubler par une rumeur d'autrefois la paix nouvelle des Morts.

D'ailleurs, aujourd'hui, je donne audience à trois mortels choisis parmi les habitants de la terre.

Depuis le Thrace Orpheus qui pensa m'arracher son Eurydice; depuis le fameux jugement prononcé par Bacchus entre Eschyle et Euripide, aucun homme vivant n'a passé le redoutable Fleuve.

Mais, depuis ce procès des Tragiques, le goût des controverses esthétiques m'est venu. J'attends impatiemment la fin du grand Critique, bien que je lise, chaque dimanche au soir, le *Temps* que me fait tenir un médecin homéopathe. Cette lecture me plonge dans le ravissement et jamais Kronos, mon père, celui qui avait l'habitude, si peu conformiste, de grignoter ses nouveau-nés, jamais Kronos, mon père, n'évacua des raisonnements si judicieux. Cependant je n'ose appeler tout vif le seul, le ventripotent et familier Critique, le père « Çaneferapasdelargent », l'oncle « Jedislascènfaire »; aussi, pour amuser la galerie, j'ai mandé « trois chers maîtres » qui, sous le même bonnet, remplaceront quelque peu la Tête incomparable.

Or çà! Messieurs les gazetiers, approchez, suivis de vos reporters ordinaires : montez sans crainte dans la nef et me suivez au palais. Minos, Éaque et Rhadamanthe vous céderont leur fauteuil aussi longtemps que durera votre visite. Habitués à juger toute chose dans la bonne ville où règne Monsieur de Rothschild, vous n'aurez à faire, en ces lieux, que d'opiner sur les écrits nouveaux.

> *Pendant que la barque touche la rive, trois messieurs corrects, vêtus en maquignons, y grimpent et saluent avec platitude Sa Majesté Infernale. L'un semble un garçon boucher en rupture d'abattoir; c'est Léno qui présente ses camarades : Asinarius est grelottant et mal à l'aise. Thersite a troqué pour un habit moderne la chlamyde qui soulignait sa difformité. Le Roi les accable de prévenances, intimidé quelque peu, tout de même, par le désir d'avoir une bonne presse.*

PLUTON. — Avant que d'aborder, Messieurs, voulez-vous me permettre de vous demander quelques aperçus biographiques, agréable complément à votre présentation ?

THERSITE. — Volontiers, magnanime prince. Vous savez quelles mésaventures m'assaillirent autrefois. Par Bacchus! je fus l'homme le plus rossé de l'*Iliade*. Après les héros vint le tour des hommes. Je pris le nom de Bottom, chez un nommé Shakespeare, dramaturge médiocre et tripatouillable à l'Infini, dont les incartades sont grandement obnubilées par les magnanimes concepts d'Émile Augier, ainsi que par les nobles vers du hennissant Déroulède. Les nasardes pleuvaient sur ma face. Des gens mal élevés faisaient des calembours sur mon nom, assurant que Loti garde toujours un matelot à sa bottomière.

Réincarné pourtant au siècle des omnibus et du kinétographe Edison, je rêvai, comme un autre, la fortune, et je me rendis clerc chez un huissier. Là je fis quelques faux qui me valurent une chambre d'ami dans un couloir de Mazas. J'étais mûr pour le journalisme. Aussi, depuis mon élargissement, je noircis un nombre considérable de feuillets, incomparable sur les questions économiques où je n'entends goutte, merveilleux pour l'encouragement au bien, considéré de Jules Simon et plus que cher au bon vieux père Monsieur Uhrich. Ajoutez la modestie qui m'empêche de poursuivre et Votre Majesté aura de ma personne un crayon peut-être ressemblant.

Pluton — On ne saurait mieux parler: simplicité, vertus humbles et fortes. Protestant, cela va sans dire, n'est-ce pas, cher Monsieur du Fessier? Et vous, mon cher Léno?

Léno. — Pour moi, comme vous l'indique

le pseudonyme dont j'habille mon nom médiocrement coquet de Poitrasson, j'eus, au contraire de l'éminent du Fessier, un début folâtre. Aimé pour mes rognons par les biches opulentes, je leur amenais de riches clients : en échange de quoi je baffrais la desserte. Organisateur de fêtes charitables, j'ai su écrémer un petit bien-être sur l'argent des pauvres. Faut-il ajouter que les femmes du monde raffolent de mes avantages physiques, de mes chroniques, de mon esprit? Des duchesses à mes pieds se traînent pour figurer dans mes articles, et je ne suis nullement surpris du choix que Votre Majesté daigna faire en m'appelant à juger les choses de l'esprit. Élégance, jarret et discrétion furent les instruments de ma fortune, puisée dans les eaux de toilette les plus suaves et les aquariums les plus notables de Paris.

Asinarius. — Puisque mon aimable confrère Léno me passe la parole, je dirai le simple mot qui résume une carrière de vingt ans. Aussi bien la nacelle est tout près d'aborder. Trop ignorant pour acquérir un fonds d'apothicaire, ambition de ma famille; incapable d'expédier des lettres dans un bureau quelconque, j'entrai dans le journalisme où je m'infusionne sans trêve, où ma riche absence de culture me vaut un rôle prépondérant.

Pluton. — Je suis heureux, Messieurs, de

l'inspiration que j'ai suivie en vous appelant tous auprès de moi. Larrons, proxénètes et illettrés, vous représenterez à ma Cour, non sans beaucoup de ressemblance, la presse quotidienne, — juge si excellent des Belles-Lettres et des Arts.

Un Patricien de l'Anarchie

UN poétastre que la grâce toucha depuis et qui, parmi la solitude et les macérations, purge la coulpe d'avoir cru au génie d'Arthur Rimbaud, le père Junipérien, — si j'ose m'exprimer ainsi, — déclamait volontiers, aux soirs lointains de sa jeunesse, un *beau vers* dont il ne tirait point médiocre vanité. Cet alexandrin (car l'heure n'avait pas encore sonné des vers à mille pattes), cet alexandrin, que l'auteur modulait avec d'étranges complaisances, disait ou peu s'en faut :

Les bourgeois sont des porcs, leurs femelles des vaches!

apophtegme deux fois hérétique et subversif, en opposition avec l'histoire naturelle aussi bien qu'avec la galanterie nationale! Pourtant, le vers incongru du père Junipérien avait, à défaut d'autre mérite, celui d'attester en quelle puérile abomination force « jeunes » d'alors tenaient encore les philistins, si recherchés par la suite. Bousingots de la dernière heure, les compagnons du saint religieux fermaient, devant l'Épicerie triomphante, le cycle des « engueulades » mil huit cent trente, et pour la suprême fois, après quarante années, suscitaient en un mourant écho les hurlements du Lycanthrope ou de Charles Lassailly.

Ces jours de vaillantise ne sont plus. Le goût des gilets à la Robespierre et des hurlements contre Joseph Prudhomme est presque aussi démodé que les bals de la Grande-Chaumière, que la romance de Mimi Pinson.

L'insipide Mürger, dont quelques bélîtres exhumaient, naguère, la crasseuse mémoire, n'a pas créé de fantoches plus oubliés que ces ingénus pourfendeurs lâchés par l'emphase romantique sur les moulins à vent du Tiers-État. Braves garçons que Vallès appelait les « victimes du livre » et Cladel les « martyrs ridicules » !

A la colère inoffensive de ces révoltés en règle avec le percepteur et bien venus de leur concierge, d'autres haines ont succédé, profondes, silencieuses et durables, — immiséricordieuses et froides comme le siècle de fer et d'argent où nous vivons.

Le révolutionnaire d'antan — barbe de forgeron, cheveux d'apôtre et gestes effrénés — cède la place qu'il occupait avec tant de farouche candeur aux calmes théoriciens d'à présent. Ceux-ci n'espèrent pas guérir la vieille souffrance humaine avec de creuses rhétoriques : mais, sachant penser, ils osent aussi vouloir et montrer le but aux

Jeunes hommes des temps qui ne sont pas venus.

Les aubergistes de Bigorre, les troglodytes du Marais, les apédeutes de la Basse-Bretagne, les illettrés pisseurs d'encre du « Coq d'Or » n'imaginent guère la somme d'élégances, la haute aristocratie d'allures que comporte, en notre an de grâce mil huit cent quatre-vingt-quinze, l'état de révolutionnaire et la fonction tout à fait « swager » de martyr.

Cette forme actuelle du dandysme n'est, en aucun lieu, plus sensible que dans *l'Itinéraire de Mazas à Jérusalem*, par M. Zo d'Axa. Moins grandiloque, mais non moins dédaigneux que le Vicomte, l'ancien rédacteur de *l'En-Dehors* raconte ses démêlés avec la « flique » internationale, d'un air qui ferait monter la rougeur au front de toutes sortes d'espèces autres que l'espèce mouchard.

« La police, disait Champcenetz, est une chose si abominable que les Turcs préfèrent la peste et les Anglais les voleurs. »

Champcenetz cependant ne connaissait point

les œuvres « littéraires » des sieurs Puybaraud et Macé, ni les visites domiciliaires du vieux Clément, ni les bombes éclatant, par les rues désertes, sur la nuque des dîneurs attardés.

Héritier de ce tour dédaigneux et de ce don exquis d'impertinence tournée en madrigal qui blasonnait le pamphlétaire des *Actes des apôtres,* Zo d'Axa stigmatise les guichetiers contemporains comme Champcenetz en personne l'eût pu faire. Ce ne sont pas les *Mie Prigioni* de Silvio Pellico, ce pleureur et ce raseur, que détaille un si parfait gentleman. Encore qu'il ait grandement souffert de la pauvreté, de la fuite et de l'exil; encore qu'il ait été plus souvent garrotté et passé à tabac que n'importe quel récidiviste, aucune souffrance n'a pu altérer la dédaigneuse bonne humeur de Zo d'Axa. Aux stupides bourreaux le pourchassant de frontière en frontière, aux espions valaques, aux geôliers napolitains, aux gendarmes nègres, il offrait son ironie boulevardière, son imperceptible haussement d'épaules et son indifférence de mondain, contre quoi s'ébréchaient la méchanceté des sauvages, la stupidité des brutes, le cannibalisme des mouchards.

**
* **

« Plaisir aristocratique de déplaire! » Ce mot

effrayant du plus effrayant poète suffit à expliquer, sans doute, pourquoi les révolutions n'ont jamais d'autre chef qu'un patricien, pourquoi les vengeurs de peuples se recrutent — sans exception — parmi les aristocrates de naissance ou d'intellect. Sans attester le souvenir lointain des Gracques, de Faliero, de Fiesque ou de Mirabeau, ne voit-on pas chez la plupart des régicides, anarchistes, meurtriers politiques de tout ordre, ce mépris de la foule, ce dédain de l'opinion vulgaire et cette hauteur d'âme que nous apprîmes jadis à vénérer, sur les bancs du collège ?

Les délinquants d'aujourd'hui, héros possibles et martyrs de demain, guillotinés parfois sur un échafaud pour ressusciter en bronze sur un piédestal, ont, en tout cas, rompu avec les figurants de la comédie sociale. Quel que soit leur acte, — forfait ou bien exploit, — le rôle de comparse ne suffisait pas à leur désir de vivre. Ils ont agi. Les conjonctures seules ont déterminé leur gloire, en ont fait des Césars ou des monstres, — Napoléon ou Raskolnicoff, suivant l'heure, la race et le milieu.

*
* *

Mal instruite de ces arcanes, la foule s'y trompe souvent. Lorsque, soit par dégoût d'écrire, soit par l'horreur qu'éprouvent les marchands de papier à mettre en œuvre des forces jeunes, un « oseur » comme est Zo d'Axa garde longtemps le silence, il est bien vite oublié du populaire, — eût-il été « conspué » comme anarchiste et « flétri » devant le comptoir de la vieille Thémis.

Ah! bonnes gens, qui pourrait le croire? Ce mince et robuste garçon, aux yeux bleus sincères, à la barbe d'or; ce condottièro du Bronzino descendu de son cadre pour se vêtir à la moderne, ce gracieux jeune homme, chère madame, c'est un perturbateur des dogmes établis, un bandit sans foi ni clémence, un chauffeur, pourrais-je dire, un camorriste, un Fra Diavolo! Qui ne s'y tromperait pourtant? Et quel sport que celui d'ajuster ainsi des explosifs dans le silence du cabinet!

Si contrefaite est la noirceur de Zo d'Axa que les brigadiers eux-mêmes, les agents de la Sûreté, — ingénieux cependant et perspicaces comme Zadig ou comme Auguste Dupin, — s'y laissèrent prendre et firent écharper un doux idiot, cependant que s'évadait l'authentique malfaiteur.

Lui-même, avec cynisme et belle humeur, nous a conté cette évasion. Le récit donne bien le ton du livre, d'un esprit charmant qui semble avoir hérité les grâces, le badinage et ce talent de n'appuyer sur rien, en disant toute chose, où le siècle de Voltaire excella :

Si l'on ne pensait pas au défunt, on ne songeait guère à moi non plus.

Après boire, les agents sortirent prendre l'air devant le poste.

C'était le moment.

En face de moi, une fenêtre, égayée de capucines, s'ouvrait, donnant sur le Jardin des Plantes. Rapide, je franchis comme un cerceau de feuillage et pris ma course par les allées...

Un mince treillis de fil de fer rompu, le bruit de ma chute, donnèrent l'éveil.

« Arrêtez-le ! »

Et, plus vite, j'allais parmi l'étonnement des promeneurs de cette journée de dimanche.

« Arrêtez-le ! »

Derrière moi, déjà, une meute s'était formée, hurlante. Je percevais l'éclosion d'une cruauté timide, s'enhardissant crescendo.

La foule s'éveillait, se mettait en branle.

Et tous.

Et de partout.

De proche en proche, s'enflait la voix, murmure confus qu'aiguisaient maintenant des cris de femmes, et c'était jusqu'à des enfants me jetant leur corde dans les jambes.

Je tournai court et, par malechance, vers une sortie donnant précisément sur cette même rue où se trouvait le poste, quelques cent mètres plus bas :

« Arrêtez-le, arrêtez-le ! »

C'était l'hallali. Il me fallait courir en droite ligne tandis qu'en avant, prévenus par les cris, des hommes se massaient, barrant la route.

Un individu se campa devant moi, les bras tendus :

« On ne passe pas ! »

Je répondis le poing sur la face du policier-amateur, cependant que de plus belle on criait :

« Arrêtez-le, c'est un anarchiste ! »

Le peuple ne s'y trompa point :

L'amateur étant mal vêtu, ce fut lui qu'on prit pour l'anarchiste !

Avec un ensemble touchant, à bras raccourcis, l'on tomba sur le courageux citoyen :

« Mais ce n'est pas moi, » implorait-il.

Rien n'y fit. Et tout cela se passa si prestement et avec un tel entrain que le bonhomme était à demi assommé lorsque les sergents de ville arrivèrent.

« Ce n'est pas moi ! ce n'est pas moi ! » répétait-il en se cramponnant à mon veston...

« Tu vas te taire ! » firent les agents en lui bourrant la figure ; tu es plus coupable que lui.

Dans la confusion, ces brutes avinées croyaient que le pauvre sire trop zélé avait voulu favoriser ma fuite... Tout à la fois j'étais pris et assez rudement ramené vers le poste.

La foule, ignoble et lyncheuse, hurlait sur notre passage, faisait la haie, agitant les poings et les cannes en un hystérique désir de porter des coups anonymes.

Lâche peuple !

Et c'était le blessé qu'on visait !

Ma sauvegarde fut d'être intact et mieux vêtu, la tête haute et le regard sûr. Un seul faux pas et j'eusse été traité comme l'autre.

Certes il est parfois de bonnes heures pour les opprimés. Si les ingénieurs sont de grands dramaturges, Notre-Dame-de-la-Rousse me paraît exceller dans le vaudeville, par delà Bisson, ou Gandillot lui-même. Et ne trouvez-vous pas, comme je fais, que la bêtise des bourreaux constitue, pour les victimes, un amusement sans pareil ?

Stanislas de Guaita

L E grand jour annuel est achevé. Déjà, le froid crépuscule où s'attardent les soirs proclame l'immanent renouveau des choses, la jeunesse pérennelle du soleil. Au gui, l'an neuf! Sous les rameaux lustrés de sève, pointe déjà le vert frileux du jeune printemps. Joie ironique et sereine. La nature accomplit majestueusement sa tâche superflue, irritant de son implacable beauté notre douleur de vivre et de mourir. A juste titre, la renaissance de l'année est une fête d'enfants. Pour eux qui ne savent pas encore l'amertume et le dégoût, pour eux dont la puberté continuera l'humaine descendance, la fuite des ans n'a que des rires et des baisers. Nous qui, dans le retour de la lumière, pressentons déjà le cycle des automnes et l'appel du néant, nous estimons l'heure favorable à saluer nos morts. A chaque étape, quelques-uns ne se relèvent pas de ceux qui, au début de la route, partirent avec nous. A mesure que l'ombre gagne, les rangs des marcheurs s'éclaircissent. Les chansons expirent sur les lèvres comme dans les cœurs.

Hier, c'était Daudet, le maître véridique et charmant. Le laurier qui verdoie sur sa tombe ne masque point à nos yeux le deuil de cette fin prématurée. Après Verlaine, après Flaubert, est parti celui qui charmait et enseigna nos jeunesses. Notre douleur intime s'unit à la tristesse publique aussi bien pour l'apothéose que pour le regret.

Mais d'autres sont tombés qui n'avaient point encore franchi les limbes du succès. Leur mémoire flotte dans une pénombre indécise que nul rayon ne viendra dissiper. Adonnés aux spéculations bizarres, aux doctrines fantasques, aux recherches sans but, ils ne parviennent pas à sauver, par la gloire du verbe, l'inanité de leurs travaux. De ceux-là fut le marquis Stanislas de Guaita, que les sciences occultes et ses amis, dont nous fûmes, déplorent aujourd'hui.

*
* *

Né, il y a trente-huit ans, au château d'Alteville, dans la Lorraine allemande. Guaita descendait, ainsi que son nom l'indique, d'une famille transplantée d'Italie. Comme les Arrighetti qui, de Florence, vinrent instituer en Vaucluse la race des Mirabeau, les ancêtres de Guaita, chassés de leurs domaines par l'ambition ou les haines vivaces des républiques italiennes, firent souche, en Lorraine, d'une illustre et nombreuse postérité.

Cette double origine se manifestait clairement dans les traits de leur héritier. Le masque, dominateur et fin, au nez droit, au menton volontaire, aux lèvres éloquentes et charnues, rappelait par son élégance impérieuse les patriciens de Donatello ou de Ghiberti. Mais le teint nacré, la peau soyeuse et le diadème pesant des cheveux blonds attestaient le sang germain, la douceur des pays nuageux de brumes et de rêves. Dans son *Mordu,* Rachilde, sous le nom transparent d'Endymion de Verta, donne un joli crayon du Guaita de la vingtième année, mince, dans un complet bleu turquoise, avec le charme et l'aisance noble qui faisaient de lui un captivant, un admirable causeur.

En ces jours lointains, Guaita, Stani, comme nous l'appelions fraternellement, n'avait point revêtu le lin blanc de l'épopte. Il ne manifestait pas la moindre théurgie et ne pratiquait nul miracle, sinon d'écrire de beaux vers. *Rosa mystica, La Muse noire,* publiés chez Lemerre, il y a quinze ans environ, suffisent à témoigner quel poète il eût pu devenir si la Mer Ténébreuse de la Cabbale et du Martinisme n'avait englouti son labeur, sa volonté.

Au Luxembourg, accoudé sur les balustres, sinon marchant par ces terrasses d'où les colonnades Renaissance érigent en plein ciel le *Persée* de Benvenuto : sous les marronniers géométriques de l'Observatoire, j'entends encore, avec

L'inflexion des voix chères qui se sont tues,

les fiers poèmes dont s'enivrait notre jeune enthousiasme. Joseph Gayda, un humble et doux garçon, emporté l'hiver dernier, Edmond Haraucourt, dont *la Passion* devait, plus tard, faire au Galiléen si fructueuse réclame ; Jean Moréas, alors du même âge que nous, illustraient communément ces entretiens peripatétiques ; Fernand Icres, miné déjà par la tuberculose, y vociférait le soir. D'une voix rauque et formidable de poitrinaire gasconnant, il déclamait ses *Fauves* où quelques vers de hautaine facture semblaient présager un artiste robuste, une manière de Lucrèce paysan :

> *Deux ans d'amour mièvre et mignarde*
> *N'ont pu chasser la campagnarde*
> *Des souvenirs de mon passé,*
> *Et je vieillis sans que je puisse*
> *Oublier son flanc et sa cuisse,*
> *Dans le soleil, près du fossé.*
>   . . . .

> *Sang Dieu ! Je le respire encor*
> *Le goût de sa bave salée*
> *Et l'odeur de corne brûlée*
> *Qu'exhalaient ses rudes crins d'or !*

Guaita, sur le mode parnassien, fort décrié depuis, magnifiait les dieux antiques, l'orgueil de vivre, le devoir éternel d'être amoureux et d'être beau.

*
* *

Après un long séjour dans ma Bigorre natale, je le retrouvai promu à la dignité de mage, chef d'école et mystagogue consommé. Si le poète avait abdiqué en faveur de l'hiérophante, l'écrivain, dans cette métamorphose, ne perdait rien de sa maîtrise ni de son art.

Éliphas Lévi, Fabre d'Olivet, et, derrière eux, les épopres, les astrologues, les rêveurs de tous les temps et de tous les pays, depuis les cabbalistes juifs jusqu'aux marquis de Saint-Yves, en passant par Gorrhes, Kreutzer, Paracelse et Corneille Agrippa, offraient à l'esprit encyclopédique du jeune théosophe une pâture inépuisable de songes. L'érudition de Guaita était immense, incomparables ses facultés de travail. La curiosité violente, l'appétit de connaître, faisait de lui un prodige de labeur tenace et renseigné : Pic de la Mirandole et Pecuchet tout à la fois. Les initiés du moyen-âge, les souffleurs du xvie siècle, dont les pesants bouquins attestent, à défaut d'autre mérite, la persévérance et le généreux vouloir, furent, en vérité, ses frères spirituels. Comme eux, il aurait pu manier l'athanor de l'alchimiste, le microcosme du devin et le pentacle du sorcier.

*
* *

Le jeudi au soir, avenue Trudaine. Dans la bibliothèque sombre, aux divans bas, que tendaient jusqu'au plafond des livres mystérieux, des grimoires sans prix; devant la table surchargée de paperasses, d'encriers, de feuilles blanches et de traités d'occultisme, Guaita, un éternel cigare aux lèvres, charmait les arrivants de sa cordialité. Un froc de laine rouge l'enveloppait de la nuque aux talons, accusant en vigueur sa tête pâle et volontaire.

Paul Adam, Gabriel Encausse, que les Esprits nomment Papus; Albert Jounney, le Parcifal de Carcassonne, l'abbé Roca, M. Barlet, toutes les gloires du mysticisme contemporain, venaient s'asseoir et causer. Péladan Joséphin avait reçu là une hospitalité prodigue, utilisant, pour ses éthopées macaroniques, la science de Guaita, jusqu'au temps que sa malpropreté eut décidé le maître de la maison à l'aérer un peu.

D'aimables femmes, attirées par le mystère et la grâce du lieu, y communiaient parfois de l'extra-monde, rêvaient, près des théurges adolescents, immatérielles amours, fugues en astral et baisers d'étoiles. Cela différait néanmoins des réunions de feu Mme Blavasky, Muse surnaturelle, des symposium de lady Caithness qui, dans son hôtel de l'avenue d'Iéna, réincarnait, de neuf à onze, l'esprit de Marie Stuart.

Les médiums, chez Guaita, trouvaient peu de créance. On n'y faisait pas tourner de tables et les spirites étaient exclus. Le surnaturel, en effet, a des régions délimitées. Ce serait une grave erreur de croire que les thaumaturges des diverses écoles suivent tous les mêmes errements. Ceux qui fréquentent les Mânes ignorent la pierre philosophale. Ceux qui perturbent les étoiles ne consentiraient pour tout l'or du monde à se changer en loups-garous. L'on peut très bien vénérer l'idole Mama-Jumbo, sans être, pour cela, dévot au Sacré-Cœur.

Les « sciences maudites » se sont beaucoup galvaudées depuis quelques saisons. Outre la sottise de M. Huysmans, qui croit au Diable, pour la plus grande satisfaction d'une demi-douzaine de benêts et qui demande à l'imposture chrétienne d'apaiser sa mauvaise humeur, son humeur de bureaucrate grincheux et illettré, l'Occultisme est devenu un moyen si fréquent d'épouser de vieilles dames, pour les Mangins sans talent ni beauté, qu'un peu de discrédit flotte dans ses ténèbres.

Il n'en était pas ainsi quand Guaita — le premier — s'efforça d'en relever l'étude, quand il reprit, sans guide ni conseil, l'œuvre interrompue de Martinez Pascalis et de l'abbé Constant. Il ne s'agissait point alors de faire voir la lune à des pecques luxurieuses, ni d'exploiter les jocrisses métaphysiques. C'est vers l'azur impollué, vers la science même que tendait l'effort de l'artiste, du mystagogue et de l'érudit.

L'illusion du plan astral n'était pas le seul qui attirât chez Guaita quelques-uns de ses plus fidèles. Devant la Mort qui rompt tous les voiles et permet aux survivants une entière franchise, pourvu que le respect orne la vérité, j'oserai dire quelle faiblesse nous enleva un ami si précieux. D'ailleurs, les mémoires du temps rendent aisée cette indiscrétion posthume. Comme le serpent de la royale courtisane, la seringue de Pravaz darde sa flèche mortelle sur les plus nobles tombeaux. Dès sa prime jeunesse, Guaita pratiquait, sans la moindre retenue, une exécrable hygiène morphique dont il faisait part à maints disciples trop convaincus.

Le gentil poète Édouard Dubus qui, lui aussi, croyait aux apparitions, aux fantômes, à la culture du génie par les alcaloïdes, trouva la mort dans ces orgies pharmaceutiques. Il découvrait des revenants dans les placards. Il se faisait interviewer par Léo Taxil touchant le palladisme et les dernières nouvelles de l'Enfer, jusques au temps qu'il en mourut. Cela n'était pas, si je l'ose dire, plus idiot que les brefs de Léon XIII à miss Diana Vaughan.

Snobisme, ivrognerie, appétit d'oublier ou besoin de dormir, combien cédèrent, parmi ceux que nous aimons, à la suggestion illécebrante des « poisons de la volonté »! Musset, *poor* Lélian, Edgar Poe, Villiers de l'Isle-Adam se noyèrent dans l'alcool. Baudelaire et le maître conteur disparu d'hier ne surent pas défendre leur génie contre l'opium. Stanislas de Guaita grossit le nombre des victimes.

*
* *

Comme tous les besoins surajoutés à la vie passionnelle par l'industrie des hommes, la luxure des herbes vénéneuses croît en proportion de l'usage. C'est un amour qui est fort. Il ne connaît ni le repos ni le dégoût; il ignore aussi bien la satiété que la fatigue. Quincey l'a magnifié dans un dithyrambe impérissable : « O juste, subtil et puissant opium! » L'auteur des *Paradis artificiels* lui consacra ses plus beaux vers :

> *Un soir l'âme du vin chantait dans les bouteilles :*
> *« Homme, vers toi je pousse, ô cher déshérité,*
> *Sous ma prison de verre et mes cires vermeilles,*
> *Un chant plein de lumière et de fraternité!...*
> *En toi je tomberai, végétale ambroisie,*
> *Grain précieux, jeté par l'éternel Semeur,*
> *Pour que de notre amour naisse la poésie! »*

Tant de sublimes impostures ne sauraient cacher l'exécrable vérité. C'est la mort atroce et misérable qui donnera seule, au buveur comme au theriaki, le repos souhaité, l'oreiller bienvenu où la douleur s'endort.

*
* *

De toutes les infatuations humaines, de toutes les *Idoles de cavernes*, comme disait en son patois philosophique le chancelier Bacon, il n'en est pas de plus tenace que l'erreur qui nous porte à faire de nous même le centre de l'Univers. Cette sottise, généreusement cultivée par les religions de tout poil dont elle favorise le commerce, prête aussi une base aux « sciences occultes », congrégations laïques de la vieille spiritualité.

Les gens tiennent à conserver leur *moi*, en raison directe de son insignifiance. Un fait bien digne de remarque, c'est l'acharnement à maintenir sans fin leur vie intellectuelle de ceux qui n'ont jamais vécu par le cerveau. Joignez à cela mille craintes superstitieuses, l'incapacité des femmes à saisir une idée abstraite, le souvenir des morts et l'appréhension vile du trépas. Voilà quelles portes sont ouvertes aux doctrines religieuses, honte et malheur éternel de l'humanité.

Comme l'a fort judicieusement indiqué André Lefèvre, les dogmes des races cultivées : christianisme, judaïsme, bouddhisme, et l'inepte déisme de l'inepte Voltaire, ne sont ni plus logiques, ni plus propres que le fétichisme des nègres les plus abjects. C'est toujours la même exploitation du faible cœur humain par le prêtre avide, implacable et rusé, la même jonglerie scélérate pour larronner le travail d'autrui.

Pourtant, l'honneur des occultistes — ceux du moins qui ne vivent point de leur métier — sera d'avoir tenté une renaissance divine. La Foi, sans le pontife, c'est déjà trop : car la Foi porte le germe de tous les crimes, de toute la bêtise, de toutes les horreurs. Guaita rêva de la concilier avec la

Science. Un tel effort vaut mieux que le but proposé. Il juge et consacre pour la Gloire. Car c'est le fait d'une âme peu commune que d'avoir chevauché cette noble Chimère et, par elle porté, voulu conquérir à notre siècle immonde la toison de l'idéal Bonheur.

27 décembre 1897.

Poor Yorick

Le 10 juin 1895, vers quatre heures après midi, fut trouvé, aux latrines de la place Maubert, le corps gisant d'un inconnu. Mort foudroyante ou syncope ?

Les garçons de police, mandés pour le constat, fouillèrent tout d'abord, avec minutie, chaque vêtement de l'étranger ; ensuite de quoi, s'apercevant qu'il respirait encore, le firent, d'urgence, conduire à la Pitié.

Une seringue de Pravaz, recueillie dans ses poches, ainsi que deux fioles contenant quelques gouttes d'une liqueur amère, donnaient la plus grande vraisemblance à l'hypothèse d'un suicide manqué.

Admis à l'hôpital sans que rien dévoilât son

identité, l'agonisant de la place Maubert expirait deux jours après. Il n'était point sorti de sa torpeur comateuse et n'avait pu fournir, avant l'heure suprême, aucun indice propre à deviner les siens.

Dans l'amphithéâtre, la hideuse table de dissection attendait sa dépouille, parmi cette foule anonyme de cadavres qui, chaque jour, paie à la science future l'effroyable rançon de la Gueuserie.

Par bonheur, M. Jean Court, rédacteur au *Mercure de France*, en même temps que secrétaire de police pour le quartier Saint-Jacques, apprenait la mort du prétendu suicidé.

Le signalement rendu par les subalternes qui, dès la vespasienne de la place Maubert, avaient donné les premiers soins au malheureux, quelques indices dont le plus caractéristique, sans doute, fut l'outillage de morphinomane trouvé sur le défunt, éveillèrent les soupçons de M. Jean Court.

Ce personnage mystérieux dont les jours s'achevaient d'une manière à la fois si triviale et si pathétique, n'était-ce point un confrère, un artiste réputé pour se tuer de morphine et d'autres bizarres excitants ?

M. Jean Court ne s'était pas trompé. Couché déjà sur le marbre sinistre, il eut vite fait de reconnaître son collaborateur au *Mercure,* son ancien ami, l'excellent poète Édouard Dubus, mort en la trente-deuxième année de son âge, emporté par une phtisie que compliquait de sorte grave l'intempérance de l'opium.

Les plus intimes du défunt: M. Alfred Vallette, l'éminent directeur du *Mercure de France,* avec M⁰ Georges Desplas, le jeune et brillant avocat d'assises, communiquèrent, en grand'hâte, à la mère d'Édouard Dubus, la fin misérable de son fils. Pour dérober son corps aux hommages posthumes, Mme Dubus, dont l'animosité n'a pas peu contribué à la triste aventure qui termina l'existence du poète, fit enlever nuitamment ses restes de l'amphithéâtre, si bien que M. Dubus le père, ainsi que ses deux filles, ne purent arriver à temps pour assister aux funérailles.

Nul que le souvenir des cœurs amis n'accompagna vers le cimetière le pauvre cher abandonné qui, par une ironie dernière de son méchant destin, venait d'hériter d'assez de bien pour ne connaître plus la misère dont il avait tant souffert, jadis.

*
* *

Telle est, dans sa plate horreur de fait divers, la lugubre nouvelle qui, depuis trois jours, emplit de deuil ceux d'entre nous qui eurent le bon encontre de frayer avec ce déplorable et charmant Dubus.

Poète, certes, et peut-être des meilleurs, si le temps eût mûri les floraisons de son avril, si la mort stupide n'eût à jamais flétri les germes précieux qu'il portait en soi. Aux préludes qu'il fit entendre, nous savons quel joueur de flûte il sied de regretter. Et je n'étonnerai aucun des lecteurs de ses poèmes de jeunesse en affirmant que Dubus, moins bohème et de santé meilleure, eût pris un rang des plus élevés parmi cette jeune pléiade à qui le vers français doit l'infusion d'un sang nouveau. Mais tandis que le succès couronne les imbéciles, fortifie les méchants, décore les balourds et transfigure les pieds-plats, le Destin sans vergogne brise les plus nobles fleurs de la plante humaine.

Le doux Yorick est maintenant enseveli. Pour toujours sont closes les lèvres charmantes de Mercutio. Chérubin ne dira plus la *Romance à Madame*. Elles sont closes, les lèvres charmantes, les lèvres ironiques ou plaintives, les lèvres aux propos consolateurs!

Aussi nos vains regrets chassent, à présent, toute autre pensée. Quels que soient, aujourd'hui, les bruits de la ville ou du monde, nous ne saurions entendre qu'aux musiques d'outre-tombe, au souvenir du gentil rimeur à tout jamais silencieux.

*
* *

Un volume de vers, cette première gerbe de la vingtième année, que Francis Vielé-Griffin baptisa si gracieusement: « Cueille d'Avril », volume où, malgré l'influence évidente de Baudelaire, de Gérard, de Verlaine et de Mallarmé, se dégage parfois une personnalité bienvenue, forme, avec telle brochure publiée chez Savine : *Les Vrais Sous-Offs,* tout le bagage imprimé qu'Édouard Dubus laisse après soi. Pourtant, je crois que l'on pourrait, sans grand effort, retrouver dans la collection de l'ancienne *Cocarde,* la *Cocarde* boulangiste, une série de fantaisies dialoguées qui ne le cèdent en humour à aucun des auteurs gais présentement en vogue.

Les Vrais Sous-Offs, écrits en collaboration avec Georges Darien, répondaient par une mystification du meilleur goût aux écœurantes lamentations dont la presse bien pensante accueillit l'admirable étude de Descaves. Sous couleur d'indignation militaire, les auteurs raillaient à froid les défenseurs à outrance du Sabre et du Drapeau, la syntaxe auvergnate des Cassagnac et autres

Écrivains bons Français quand ils ne parlent pas.

La supercherie fut si bien menée, les récriminations d'un tour si juste que plus d'un « prince de la critique » tomba dans le panneau.

En tête, Francisque Sarcey, le pachyderme invulnérable à toute espèce de compréhension, l'oncle Francisque ne comprit rien à la chose, ainsi qu'il convenait. Même il poussa, dans un de ses dimanches, quelques borborygmes pourfendeurs, au grand contentement de la galerie que, même encore, cette imbécillité septuagénaire divertit.

*
* *

Si Dubus se fût contenté de mystifier l'« oncle » des jeunes trousse-pète inféodés à Claretie, rien n'eût été mieux pour nos plaisirs et pour les siens.

Mais, jeune comme il était, et se persuadant volontiers que toute fumisterie de rapin est nécessairement spirituelle, le pauvre gentil mystificateur *s'engeigna* lui-même, pour parler comme La Fontaine. Avec son visage lunaire de Pierrot neurasthénique, sa bouche au rire ingénu, avec ses grands yeux de myope auquel la réalité doit rester inconnue à jamais, Édouard Dubus était, malgré son esprit si fin, l'homme du monde le mieux fait pour donner dans toutes les bourdes et prendre éternellement, non pour lanternes, mais pour soleils, les plus tripières vessies.

Boulangisme, sciences occultes, symbolisme,

perversité, il fit sans se lasser et — chose plus étrange — sans y rien laisser de sa finesse originelle, le tour de la badauderie contemporaine.

*
* *

Lorsqu'il eut suffisamment inventorié les catalogues de parfumerie et constaté avec une stupeur admirative qu'il y a des gens dont les chaussettes valent un louis pour chaque pied, M. Huysmans découvrit enfin le Sabbat, la Messe noire et quelques autres abîmes de dépravation. Au son des cloches qu'il aime comme un sourd, l'admirable conteur de *Là-bas* révéla aux petits jeunes hommes les malpropretés de la Goëtie, en attendant qu'il leur fît connaître le margouillis de la mysticité : car sorciers et bienheureux ont un même penchant irrésistible à se nourrir de leurs excréments, par préférence à tout autre ragoût.

Jusqu'au livre de M. Huysmans, on avait connu force Mages. Les uns, doux savants de province, emplissaient de compilations dormitives toutes sortes de revues ignorées et remplaçaient l'inoffensif bézigue par de bourgeoises théophanies. À part cette coutume ridicule d'emprunter son athanor à Paracelse pour confire des cornichons, on les savait gens de bonnes mœurs, en règle avec le percepteur et fort prisés de leur concierge.

D'autres, moins inoffensifs, allégeaient d'un souci de neuf mois les pucelettes soucieuses de leur taille et travaillaient à la spiritualisation des vieilles dames. Le Sâr, qui fut, en sottise, un très grand personnage, portait, dans le monde, quelques-uns des costumes vêtus communément par les colons de Bicêtre lorsqu'ils se croient le Père Éternel ou bien feu M. Carnot. D'autres, enfin, mêlant aux rites pieux les profits interlopes, causaient, moyennant finances, avec les pécheresses des bouis-bouis et, le soir venu, chez d'antiques belles madames, consacraient l'huile du Saint Graal.

Mais, avec l'auteur de *Là-bas*, des voies nouvelles étaient promises à la magie. En attendant qu'il signalât Orland de Lassus, le madrigalier, comme un compositeur ascétique, et qu'il prît le plain-chant de 1845 pour la pure musique du quatrième siècle, M. Huysmans implanta le satanisme (tel Laurent de Jussieu portant dans son chapeau le fameux cèdre), et notre pauvre Dubus ne se tint pas de sataniser après lui. Le cher garçon! Il satanisait en omnibus, sans oublier toutefois la correspondance, car, on ne saurait trop le dire, il était plein d'esprit.

Du symbolisme qu'on me reproche de ne pas prendre au sérieux, du *swager* sur quoi mes bons amis les esthètes me défendent de dauber; du *Kamtschatka,* pour tout dire, qu'un exquis bas-bleu m'enjoint d'admirer quand même, je n'ose proférer autre que du bien. Oui, ma chère belle amie, Tacite et Virgile sont venus au monde pour annoncer Fortunat! Oui, le livre de Sorpion sur l'avènement des juifs au vingtième siècle dépasse, pour l'agrément et la clarté, ce que l'esprit humain produisit, jusqu'ici, de plus vermeil. Et Dubus eut d'autant plus raison de vaticiner en leur compagnie qu'un peu de galimatias n'est pas pour déchoir de vos faveurs.

Une autre mode « satanique » fut, hélas! plus cruelle à Dubus que l'Esseintisme et l'appétit des mots biscornus.

Cette seringue trouvée sur lui, à l'heure de sa mort, ne le quittait pas depuis longtemps. La Noire Idole, comme la baptisa Quincey, l'avait réduit en esclavage. Cette morne luxure des poisons où se roule notre siècle de douleurs avait conquis ce frêle enfant de sang trop pauvre pour conquérir l'immunité du venin, même pendant les riches années de son printemps. Le pacte diabolique une fois conclu, le possédé ne peut plus se dédire. Quiconque, au mépris de son intelligence, voulut goûter, un soir, aux plantes léthifères, engage sa vie sans pouvoir espérer que, jamais, sa peine soit remise ou atténuée.

Pourtant elles ont consolé, ces maudites herbes du rêve, elles ont consolé tant de souffrances accumulées sur le poète malade, que sa mère abandonna! « La vie, disait un philosophe, est un mal dont le sommeil repose toutes les seize heures. La mort est le remède ! » Vous le possédez aujourd'hui, ce remède efficace, ami que nous pleurons. Ce n'est plus l'ivresse d'un instant, mais le sommeil éternel qui vous délasse du mal d'avoir été, cependant que le souvenir de votre âme exquise et les vers de vos primes saisons rajeuniront sans fin votre mémoire pour tous ceux qui vous ont aimé.

Fin de Bohème

La reprise de *la Vie de Bohème,* solennisée par les notaires de la Comédie-Française, reçut, naguère, dans la vie réelle, un dénoûment qui, pour n'être pas nouveau, n'en demeure pas moins instructif et déplorable.

Je veux parler du suicide imbécile de ce pauvre La Villoyo. Les derniers « bousingots » de province, héros des tavernes chantantes à l'instar de Montmartre ; les courtauds de boutique épris d'indépendance ou de littérature pourront tirer de cette horrible affaire une précise et vivante leçon.

René Le Clerc, triste héros de la mésaventure, avait, conformément aux façons d'aujourd'hui, revêtu un sobriquet emphatique, s'était baptisé lui-même René de La Villoyo, comme Séverin Faust se fait appeler Camille Mauclair, ou comme jadis Cathos changeait son matricule en celui d'Aminthe. Or, il ne suffit pas d'un pseudonyme pour se faire un nom. Le pauvre Le Clerc s'en aperçut bien vite.

Sa fin eut toute la plate horreur d'un fait-divers. Proscrit par un père philistin, harcelé de dettes criardes, le cerveau noyé d'alcool, premier qu'échut octobre, mois du terme, si dur aux nécessiteux, Le Clerc qui, depuis longtemps, n'avait plus de quoi payer son humble logis, désespérant de fléchir ses créanciers, lui qui ne pouvait attendrir sa famille, d'une dose de cyanure s'expédia dans le néant.

Fin banale mais instructive où ne manquent ni l'effroi, ni les aperçus pitoyables sur la vie littéraire, au temps où nous vivons. Le déluge d'encre que déchaîna la fin du pauvre garçon, l'apitoyement à prix fixe des reporters charmés par l'aubaine et tout heureux de se mettre sous la dent un cadavre frais, les myriologues d'un tas de pleutres qui n'auraient pas donné cent sous au confrère vivant et se réjouissent, avec hypocrisie, du trépas qui leur ôte un rival, tout cela compose un tableau fort suggestif. C'est l'édifiant spectacle, la mise en œuvre du décès, l'art d'accommoder les restes mortels, cette cuisine macabre des vampires de l'information qui s'évertuent à mettre dans leur marmite les abatis du *de cujus*.

*
* *

Néanmoins, les exercices funèbres de ces nécrophores, pour être devenus par trop réguliers, perdent quelque peu de leurs vertus. Cela ne vaudrait pas une minute l'attention des gens qui savent lire autre chose que les papiers publics. La fin de René Le Clerc fait voir d'autres amertumes et quelles fatalités pèsent sur ceux que Vallès nommait si justement les « victimes du livre », car La Villoyo fut la dupe des lectures ineptes.

Il croyait encore, ce retardataire, aux amours sans argent, à Musette, à Mimi, aux oiseaux passagers de la Bohème empaillés depuis trente ans. En Provincial qu'il était, devant l'atroce, devant l'inexorable vie, il espérait encore les belles vagabondes enlaçant de leurs bras frivoles et de leur capricieux amour la misère adolescente. *Les baisers savoureux, goulus et gluants de la jeunesse,* baisers dont le parfum grisait, à son déclin, l'égoïste Montaigne, il les rêvait encore exempts de lucre et de vénalité. En vers, d'ailleurs médiocres, il avait chanté devant le buste de Mürger les sentiers d'avril où s'embarquent pour Cythère grisettes et carabins, les tonnelles friturières de

Clamart et de Ville-d'Avray, les festins rustiques où l'amie, en robe blanche, se grise de soleil, de piquette et de liberté :

> *Nous boirons encor ce vin clai,*
> *Où ta chanson mouillait son aile,*
> *Avant de s'envoler dans l'air !*

Il voulait croire à l'insouciance, au décousu, aux bons encontres du hasard et de la paresse, plus ignorant des choses réelles qu'un pâtre du Cantal ou qu'un pêcheur breton. L'américanisme, l'implacable lutte pour la vie, il les oubliait, comme tant d'autres, sous les lilas artificiels d'un printemps illusoire. Dans les tavernes empouacrées d'alcool et de pétun, dans les caveaux où s'exaspère le néant des ratés, l'infatuation déjà sénile de Frémine ou de Moréas, il évoquait le mirage des banlieues amoureuses, l'éternelle primevère d'une éphébie sans déclin.

Réfractaire certes : réfractaire au travail, à la dure et forte loi dont nul ne s'exempte sans déchoir, Le Clerc immola sa vie aux moins nobles des mobiles.

Gardons pour les martyrs dompteurs de foules ou sacrificateurs de tyrans, gardons les larmes d'enthousiasme, de religieuse pitié. Mais ne refusons pas l'offrande commisératoire d'un souvenir attendri au jeune homme infortuné qui préféra le sommeil obituaire aux durs labeurs du devenir.

*
* *

Nul, d'ailleurs, n'était moins que Le Clerc taillé pour les combats. Un gros garçon à ronde tête de Ligure, avec de grands yeux noirs tout pleins d'indécise bonté : on l'eût pris volontiers pour un méridional du Sud-Ouest, pour un de ces félibres, par exemple, dont les cohortes braillardes montent à l'assaut des coutumes et du langage français. Il avait rimaillé d'abord, comme la plupart des bacheliers sans tempérament. Mais, ne pouvant guérir cette rougeole enfantine à l'heure nécessaire, il continuait à pincer la guitare chauve des vers d'amour, aux environs de la trentième année.

L'intronisation au Luxembourg du buste de Mürger fixa pour jamais son destin. Le Clerc ayant célébré devant ses contemporains l'inventeur de la Bohème, Rodolphe et Schaunard et Marcel ne le lâchèrent plus.

*
* *

Singulière influence d'un médiocre sur le « goût national ». Méchant écrivain, observateur sans génie, artiste nul, fait de conventions et de maladresses, Mürger a cependant cristallisé l'idéal d'un peuple de benêts. Là où des poètes comme Baudelaire, comme Verlaine, comme Vigny n'eurent aucune prise, ses contes à dormir debout eurent force de loi. Pour tous ceux qui, fuyant la tâche régulière et l'hygiène laborieuse du travail quotidien, demandent au farniente son misérable opium, pour tous ceux qui, de trop faible volonté, reculent devant le corps-à-corps de la misère et désertent l'existence, il créa un Eldorado factice de marionnettes spirituelles, de pantins à bons mots. Cela ne dépasse ni l'intelligence, ni le caractère des bourgeois. Les aspirants à la vie que la province, chaque année, verse par myriades sur le pavé de Paris trouvent là dedans une excuse à leur débraillé, à leur appétit de godailles économiques et malpropres.

L'étudiant qui n'étudie pas, le peintre sans dessin, le musicien sans oreille, le philosophe sans idées, le dandy sans tailleur se réclament tous, aujourd'hui, de l'insipide Mürger.

Ce pied-plat sans âme et sans talent, dont la copie méprisable eut, dès le début, accès à la *Revue des Deux-Mondes,* et fut toujours payée avec munificence, cause, depuis quarante ans, plus de naufrages que l'Iapix et le Notus. Déplorable effet du mauvais goût sur la sottise!

Jadis, les « Bohèmes » pouvaient se ranger

quand sonnait l'heure du repos et que le ventre commençait à déformer les lignes de la jeunesse. Leurs cheveux d'apôtres et leur gaieté de commis voyageurs séduisaient, après les « Mimis de la Butte » et les « Francines du Quartier », la cousine miséricordieuse qui donnait à leur précoce automne l'aisance d'un patrimoine respectable et les consolations du pot-au-feu. Mais à présent que le *struggle for life* se précise entre lutteurs de force égale et de pareille cruauté, cette fin heureuse et somnolente apparaît plus hallucinatoire que l'« Utopie » de Campanella ou bien que l'« Icarie » de ce pauvre Cabet. Les esthètes aux yeux d'ange mordent avec des dents de requin tous ceux qu'ils imaginent susceptibles de prétendre aux mangeailles convoitées. L'absence de cœur, l'implacable concurrence, le mépris de tout sentiment humain, cela s'appelle la culture du Moi, l'éducation de la volonté. Le snobisme acharné aux contentements les plus abjects, la vénération de l'argent, le goût des *honneurs qui déshonorent*, la poussée inclémente des lâches ambitions font aux jeunes hommes d'à présent une âme de bourreau.

Mon cher et illustre maître Eugène Ledrain exposait, naguère, dans un article substantiel et brillant, l'état psychique de cette jeunesse, pour qui les Barrès et autres ambitieux à la suite, érigent en dogme l'ironie socratique d'un Stendhal ou d'un Renan. Que peuvent faire, parmi ces loups aux mâchoires dévorantes, les chercheurs de blé lunaire, les joueurs émus de violon ? Dans un sonnet amer et lâche, comme la plupart de ses écrits, Veuillot, toujours prêt, en bon catholique, à piétiner les vaincus, stigmatisa de son ironie mordante les Bohèmes incapables d'arriver au grand public :

COMÈTES CHAUVES

Hérauts de l'inconnu, prophètes du nouveau,
Poëtereaux, « penseurs », rapins, philosophastres,
Hélas ! que j'en ai vu rater de futurs astres
Et faillir par la main, la langue ou le cerveau !
Que d'aigles déplumés ! Que de comètes chauves !
Que de beaux fulgurants du vent contraire atteints
Fument dans un suif roux, lampions mal éteints !
Et combien ont sauté de l'absinthe aux guimauves !
Chez un huissier normand, Platon a mis d'accord
Son génie et son ventre après bien des commerces.
Dante fait, chez Havas, les « nouvelles diverses ».
Brutus est rond-de-cuir à la gare du Nord.
Ayant trouvé partout les duchesses adverses,
Byron se meurt d'amour dans les bras de Ricord.

Ironie injuste et cruelle ! C'est avoir tort que d'avoir trop raison, et le manque de pitié confine ici à la bêtise. Pour nous, qui connaissons les dures angoisses du travail littéraire, les affres qu'entraîne, chaque jour, le pourchas de l'idée, nous n'imiterons point l'exécrable pamphlétaire. A l'artiste impuissant, à l'écrivain découragé, à

Robert de La Villoyo, tombé sans force aux pieds de la Gloire décevante, de l'insaisissable Beauté, nous porterons un tribut d'émotion fraternelle.

Qu'il repose en paix, dans la mémoire de ses compagnons, parmi les lutteurs inconnus et les apôtres sans auréole qu'une volonté d'art fit étrangers à ce monde sans âme, à ce monde sans entrailles, d'arrivistes et de boutiquiers.

Montfort-l'Amaury, 10 octobre 1897.

Les Chanteurs de St-Gervais

Les « Chanteurs de Saint-Gervais » ont fait entendre récemment, en leur église paroissiale, la messe du Pape Marcel, ainsi que divers morceaux polyphoniques de style figuré se rattachant par leur date et par leur caractère au cycle de Palestrina. Cette fête surérogatoire à la commune liturgie fut mise sous l'invocation du Paraclet (la plus négligée des Trois Personnes), ayant pour objet d'appeler ses faveurs et sa lumière sur la rénovation, en France, de la musique religieuse. C'est du moins ce qu'attesta dans un programme vert M. l'abbé Noyer, directeur spirituel de l'Œuvre, et l'un de ses adeptes les plus compétents, s'il en faut juger par les instructions savoureuses dont il accompagne trop rarement la musique sans pareille que l'on fait chez lui.

Le fondateur de l'Association des Chanteurs de Saint-Gervais, M. Charles Bordes, secondé par un clergé soucieux de restaurer en son antique dignité le chant liturgique, assuma, depuis quelques années, la lourde et glorieuse entreprise de remettre en leur lustre primitif les grands artistes des quinzième, seizième et dix-septième siècles, depuis Jean Ockeghem, le flamand argentier de Louis XI, qui consacrait son loisir à écrire des motets, jusqu'à Thomas Luis da Vittoria, le Zurbaran de la musique.

Avec la fermeté que donnent les nobles passions de l'intelligence, M. Bordes marcha vers son but, insoucieux des obstacles et noblement certain de ramener au Beau le goût du public, malgré l'abjecte sottise où, si longtemps, l'incurie sacrilège des maîtres de chapelle emprisonna l'Art divin commis à leur fidélité. Enlever les croyants et les esthètes aux indécences coutumières dans la plupart des églises de Paris; supprimer les cafardes romances de Gounod, les borborygmes pieux de Massenet aussi bien que les jovialités répugnantes de Rossini, cet oublié fantoche dont le *Stabat* contamine encore, chaque Vendredi Saint, les orgues de Saint-Eustache; faire comprendre aux pasteurs comme à leurs ouailles que c'est manquer à la fois de respect au génie et au culte que d'insérer tel passage de Wagner ou de Schumann dans les offertoires ou les sorties, en guise de musique rituelle ; former des choristes capables de rendre avec intelligence et précision les ouvrages des anciens maîtres catholiques, tel fut d'abord le soin des artistes de Saint-Gervais.

Cette palingénésie des arts plastiques du moyen âge, dont se magnifia, vers 1830, l'École romantique, nous semble l'exacte figuration des travaux auxquels s'adonnent présentement M. Bordes et ses chanteurs. La belle statue musicale, au visage patricien comme les vierges de Lucca della Robbia, la statue aux chastes draperies se dégage, sous leurs efforts, des empâtements ignobles et du grotesque badigeon sous quoi disparaissait naguère le surhumain de sa beauté. Réintégrée près de l'autel, voici qu'elle rayonne sans partage, tandis que s'effondrent en oubli les idoles adventices qui la crurent supplanter.

Après une « semaine sainte » organisée vers 1889, avec M. Vincent d'Indy, Charles Bordes vit venir à lui tout ce qui montre, dans Paris, quelque curiosité pour les tentatives d'art, non encore déflorées par le snobisme et l'admiration automatique des mondains. Dans l'humble nef de Saint-Gervais, les chaises d'abonnés portaient plus d'un nom illustre de poète ou d'écrivain.

Stéphane Mallarmé, qui chanta le *plumage instrumental* des Séraphins et les *musiques du silence*, y rencontre Catulle Mendès, dont l'agile et délicat esprit ne demeure étranger à aucune manifestation d'art. Même, on y put voir le Sâr Joséphin, queue-rouge professionnel du Mont-Salvat, lequel atténuait de bamboulas préraphaélites la mélancolie des Jours Saints.

Après avoir fait connaître à son auditoire les œuvres de Palestrina et révélé cette pléiade qui gravite autour du grand compositeur romain comme, autour d'Homère, *poète souverain*, les aèdes antiques, M. Bordes n'estime pas avoir achevé sa tâche. Les messes d'Orland de Lassus, de Goudimel et de Josquin des Prés, les motets de Nanini, de Felice Anerio, de Clemens-non-Papa, forment, certes, une gerbe musicale dont plus d'un s'enorgueillirait, dans le repos.

Mais, bien avant ces richesses et légué par les âges héroïques du christianisme, sinon par la civilisation hellénique, mère de tout art et de toute religion, un incomparable trésor s'amassait que mutilent, depuis des siècles, ses indignes héritiers.

C'est le plain-chant ou chant grégorien, contemporain de cette autre création populaire : la Vie des Saints, que Michelet compare à une jeune végétation couvrant de feuilles et de fleurs la vieille masure romaine convertie en monastère. A ceux qui ont entendu ces touchantes et pures mélodies vociférées par les maîtrises diocésaines, l'enthousiasme paraîtra tout au moins superflu.

Les mugissements des chantres, les clameurs du serpent que l'orgue, dans les paroisses riches, supplée avec une exécrable fidélité, ne peuvent, en effet, donner une idée, même confuse, des souples et libres harmonies que renferme le chant grégorien dûment exécuté. C'est la foi d'une race jeune et son âme héroïque chantant, comme elle bâtissait des cathédrales, pour gagner le Paradis.

Dépositaires de la tradition grégorienne, les Bénédictins de Solesmes et nommément les PP. Maugreux et Pottier ont pu reconstituer les chants de leurs offices, avant que d'indignes mutilations aient à jamais oblitéré les neumes, tantôt élégiaques, tantôt gracieux, supprimés par l'impéritie des chantres, et le texte lui-même dont l'esprit semblait irréparablement perdu. Mais leur bréviaire, gravé pour un seul usage, est écrit à la manière antique, en vieux caractères de plain-chant. Cette notation barbare, dont Lucien Descaves compare si justement les signes à des prunelles d'aveugle, est, pour le plus grand nombre des choristes, d'une lecture indéchiffrable. En attendant que M. Bordes réalise son idéal d'une école où se formeront des choristes modèles, il lui faut recruter au hasard sa chapelle, emprunter des exécutants aux professions les plus diverses. Employés de bureaux, choristes de théâtre, ouvriers même, tels sont les collaborateurs qu'il s'est donnés. Il est évident que ces gens, longuement occupés à d'autres labeurs, ne peuvent s'informer d'un si étrange alphabet de sons et joindre cet apprentissage stérile à l'étude qui prend leurs heures de repos. C'est pourquoi M. Bordes et ses associés se proposent de graver en notes ordinaires et sur des portées de cinq lignes, avec les indications habituelles de mesure et d'expression, tous les textes du plain-chant.

De si hautes ambitions (et j'omets encore ici quelques-uns de leurs plus beaux projets : assises annuelles de chant religieux, création d'une école de musique religieuse moderne, amélioration du répertoire des organistes, etc., etc.) méritent la sympathie efficace et cordiale de quiconque garde l'amour de cette pauvre musique si maltraitée à Paris et que ses défenseurs professionnels exaltent parfois de si étrange sorte.

Il ne saurait être question ici d'indiquer, même en effleurant, tout ce que porte d'intérêts multiples l'Œuvre de Saint-Gervais. L'humble rôle de greffier suffit en la matière, que de plus compétents sauront développer en des pages moins hâtives. Heureux, quant à nous, si nous pûmes accroître le bon vouloir de quelques-uns envers une si noble tentative. La remise en honneur de la musique sacrée vaut bien qu'on se détourne quelque peu des histrions accoutumés et de l'abjection permanente des spectacles.

Cet effort pour retrouver les antiques accents de la prière et les rythmes défaillants d'un art qui fut si beau, n'est-il pas ce qui se peut imaginer de plus grandiose et de plus touchant à la fois ?

Puisse une fortune prospère suivre les nobles artistes de Saint-Gervais et la musique religieuse renaître parmi nous. Car elle sait, la Muse virginale, et mieux qu'aucune de ses sœurs, endormir les chagrins : elle est Notre-Dame-la-Consolatrice, aux pieds de qui s'endorment les rancunes et les douleurs humaines, celle qui porte aux grandes âmes la jeunesse perpétuelle avec l'oubli réparateur.

Salut

au poète Armand Silvestre*

C E n'est point sans quelque hésitation que je prends ici la parole, pour saluer la bienvenue d'un Maître illustre et cher, en un pareil concours d'amis plus autorisés que moi pour ce glorieux office. Les félibres toulousains, dont M. Vergne vient d'exprimer les sentiments avec éloquence, et, près d'eux, mes jeunes amis de *l'Effort* : Emmanuel Delbousquet, Maurice Magre, tous ceux de la langue d'Oc et du bien dire français, peuvent mieux que moi, sinon d'un cœur plus sincère, acclamer le poète

---

* Allocution prononcée dans Toulouse, le jeudi 27 janvier 1897, au banquet offert par ses amis à M. Armand Silvestre.

impeccable, le prosateur classique, le styliste magnifique et traditionnel : Armand Silvestre. Mais quelque défaveur qui me puisse investir pour cette audace, je ne saurais fuir l'occasion sans pareille d'exprimer publiquement mon affectueuse gratitude à celui qui fut l'éducateur de ma pensée adolescente, à l'aîné dont les nobles soins m'ont conféré, jadis, l'investiture poétique.

Peut-être vous souvient-il, Armand Silvestre, d'un soir déjà lointain de *Dimitri,* au Capitole. Pour la première fois l'honneur me fut imparti d'approcher le grand poète auquel mes rêves juvéniles tressaient des guirlandes et paraient des autels. Si quelque vanité prend ici pour excuse la fuite des années, je me plairai à dire que même en ce temps-là, je n'étais tout à fait un inconnu pour vous. Déférant aux vœux paternels, j'avais cueilli dans le parterre métallurgique d'Isaure quelques-unes de ces corolles rétrospectives auxquelles un académicien élégiaque a bien voulu prêter, naguère, l'éclat de ses palmes vertes et de sa modernité. Vos louanges daignèrent exalter les vers du petit provincial stigmatisé par les Jeux floraux. Je reçus de vous la première confirmation de cette gloire que, selon Villiers de l'Isle-Adam, tout écrivain doit porter empreinte dans son cœur, sous peine d'ignorer à jamais la signification de ce royal vocable. Depuis cette rencontre fortunée, jamais votre bienveillance ne cessa de vanter mes humbles efforts. A l'ombre de votre splendeur j'ai goûté quelquefois la chère illusion de me croire poète, car le génie peut, comme le soleil, dorer de magnificence les planètes erratiques et les astres inférieurs.

Si j'ose manifester ainsi le moi haïssable, ce n'est point la curiosité de satisfaire quelque puéril orgueil, mais bien le ressentiment d'une obligation qui ne saurait finir qu'avec mes jours. En aucun lieu du monde, la sincérité de mon hommage ne pourrait éclater comme dans ce Toulouse, votre patrie d'origine et d'adoption, dans ce Toulouse où, comme dit le poète :

Je vous ai tout de suite et librement aimé
Dans la force et la fleur de ma belle jeunesse.

Agréable cité ! Vous en fîtes, ô maître, la capitale de vos pensées, conduisant votre Apollon au travers de la cité Palladienne, pour y chanter, en un verbe inspiré, les Divinités immortelle du monde païen : la force, l'harmonie, la sagesse et la beauté. Ces dieux latins que vous évoquez avec tant de magnificence, et dont chacun de vos poèmes éternise le renom, ces dieux vivent toujours pour les races privilégiées auxquelles deux mille ans de bâtardise, de ténèbres, de supplices et d'ignorance n'ont pu ravir le sens des traditions antiques : pour ces races que les barbares du Nord ou les obscurantins de la Rome papale n'ont pu réduire à ce néant d'hébétude qui, selon Diderot, constitue l'état de grâce et la maîtresse vertu des Christicoles.

Oui, c'est à juste titre, Armand Silvestre, que vous chérissez Toulouse, d'une particulière dilection, vous dont les strophes radieuses s'érigent en plein azur, comme les blanches déités de Phidias ou de Cléomène, vous qui, parmi les déformations et le mauvais goût d'une littérature à son couchant, gardez, sans peur et sans reproches, les belles formes traditionnelles, le canon harmonieux de la métrique française.

N'êtes-vous pas un roi intellectuel de cette métropole d'Occitanie? Toulouse, avec son fleuve d'or et ses monuments de pourpre, fut, depuis les jours lointains de la conquête romaine, un site élu pour les batailles intellectuelles, pour les revendications de la pensée. Ni les hordes abjectes des croisés, ni la troupe scélérate des prêtres ultramontains ne purent arracher du sol natal ce laurier toujours superbe dont les rameaux n'ont cessé de verdoyer. En vain les bourreaux sacrés : Innocent III, et ce monstrueux Grégoire IX, et Dominique, son monstrueux ami, firent couler le sang comme l'eau des fontaines. La conscience latine proclama toujours en ce lieu ses droits imprescriptibles. Ici, la race indo-européenne, malgré la nuit médiévale et ce noir crépuscule de la monarchie absolue, rejeta l'imposture galiléenne, sous l'œil des pontife et des tyrans. Elle vomit sans cesse avec dégoût l'idole juive que des bateleurs sanglants prétendaient imposer à ses adorations.

Cathares, albigeois, huguenots, camisards, devant Montfort le boucher et Villars le pied-plat, protestèrent, au nom du vrai, contre le dogme inepte et meurtrier. Dans sa belle histoire du moyen âge toulousain, Louis Braud retrace d'un vif et sobre contour les premiers siècles de la lutte, le départ de nos ancêtres vers la justice, vers la raison.

Lutte sacrée où le trésor des veines généreuses paya la rançon de l'esprit captif. Sur le territoire du conflit grandiose entre l'Intelligence et les démons de la Nuit, il semble que la pensée ouvre plus largement son aile délivrée.

Oui, vous l'avez compris, vous plus que tout autre, vous, maître bien-aimé du Gai Sçavoir. La terre fécondée par un sang magnanime, la terre des morts pour la Liberté sera sans fin la patrie des poètes.

Comme Athènes, Toulouse a sa déesse éponyme : la Sagesse elle-même. Comme la cité de Pallas, elle porte au front une couronne de violettes, tandis que la cigale, sœur éclatante des muses, sert de parure à ses cheveux. Toujours prête aux actions véhémentes comme aux rêves d'amour, elle chevauche, elle aussi, l'hippogriffe aux ailes de bronze que, dompteur ès pierres vives, notre Antonin Mercié donne pour monture au Génie des Arts; l'hippogriffe qui, d'un vol audacieux et calme, triomphe sur le Louvre et sur Paris.

*
* *

A vanter, comme je fais, Toulouse en votre présence, je sais, Armand Silvestre, que je loue à votre gré ces rythmes somptueux où, dans un langage sans pareil, vous affirmez la gloire et la pérennité du sang latin.

A remémorer les luttes ancestrales pour le juste et le vrai, je célèbre en vous l'un des plus noble héritiers de cette noble terre d'Oc. Vous avez chanté — en quel verbe magique! — l'Amour qui décore nos tristesses, l'Orgueil, cette vertu primordiale qui fait l'homme vaillant, les peuples libres et les cités robustes. Votre inspiration jaillit du sol natal, ensemencé par les héros, par les martyrs.

*
* *

Lorsque le fondateur de Rome eut limité l'enceinte de la ville future, quand il eut enfoui dans le *pomarium* la motte de terre paternelle ravie aux champs albains, son coutre fit jaillir du sol une tête fraîchement décollée et saignant encore. Sur ce chef vivant, le Temple s'éleva, quelque chose de la vie humaine réchauffant les pierres entassées.

De même, vos nobles vers joignent aux savantes harmonies de l'art tous les pleurs, toutes les allégresses de l'humanité que nous sommes. C'est pourquoi, jeunes et vieux, nous saluons tous le poète véridique dont les hymnes consolent et fortifient, le conteur cher à Virgile comme à Rabelais, le porte-lyre qui montre la route à ses frères en marche vers l'Icarie future, vers le Capitole idéal de la justice, de l'amour, de la raison et de la liberté.

Convalescence

UN rayon compatissant d'automne magnifie de sa lueur élégiaque les arbres jaunes du parc, les corbeilles d'héliotrope et de sauge écarlate. Aux plus hautes ramures, de longs brouillards en écharpe traînent et se déroulent comme un lambeau de gaze bleue. La pénétrante odeur de feuilles mortes, l'âcre senteur du buis se mêlent aux véhéments parfums des anthémis. Les tilleuls d'or pâle font pleuvoir sur l'eau mate leurs dépouilles volages, tandis que, sous le couvert des allées, merles et rouges-gorges entonnent la chanson d'hiver. Aimable saison de lumière atténuée, où les heures brèves de soleil offrent au convalescent la coupe bienfaisante de leur molle tiédeur.

A peine reconquis par la douceur de vivre, il fait bon s'asseoir au pied des mortes charmilles en rêvant aux matins joyeux des futurs printemps.

Nul site plus à souhait pour oublier et pour renaître. Toulouse, qui se peut, comme Athènes, glorifier d'être la cité de Pallas, Toulouse qu'Aristophane eût aussi nommée la « ville ceinte de violettes » avec la grâce indécise de son changeant climat, tempère les souffles cruels des Pyrénées par je ne sais qu'elle fondante haleine de Provence et de Bas-Languedoc.

A l'endroit même où, depuis tant de jours, en un espoir de renouveau, j'endurai les affres d'une volontaire agonie, l'antique apanage du comte Raymond découvre sa beauté.

Le Pont-Neuf, un pont de pierre dont l'assise, réfractaire aux crues de la Garonne capricieuse, porte superbement sa jeunesse de trois cents années, le Pont-Neuf domine tout le fleuve avec ses quais, ses berges, ses maisons de briques rutilantes, ses îlots pleins d'arbres et de fraîcheurs. En aval du faubourg Saint-Cyprien, le Ramier (comme on appelle ici, depuis Goudouli, chaque site planté d'arbres), le Ramier du Château égaye l'onde torrentueuse de guinguettes bocagères et de réduits pour le plaisir des cœurs. Au bord, la Prairie des Filtres où, par les soirs de juin, des chœurs d'hommes et de femmes aux timbres généreux déchaînent, en plein air, quelque odelette moundine », quelques sirventes d'autrefois. Puis, ce sont, étagés sur la rive droite, les campaniles et les tours des antiques églises dardant au vif azur leurs aiguilles couleur de porphyre et de sang.

Des Jacobins à Saint-Michel, espacées de quelques mètres à peine, s'érigent les cathédrales aux noms harmonieux. La pompe baroque de leurs nefs dit le voisinage de l'Espagne, et sur leurs autels des Vierges noires couvertes de falbalas sous une chape byzantine évoquent les rimes de Tristan Corbière à « la figure de cire » qu'il aima :

> *Portes-tu ton cœur d'or sur ta robe lamée ?*
> *Ton esprit veille-t-il dans la lampe allumée ?*
> *Du prêtre soucieux n'entends-tu point les pas*
> *Et les mots qu'à l'Hostie il murmure tout bas ?*

Comme l'oasis de Camargue, ce beau lieu pourrait être baptisé : *les Saintes Maries, Sancta Maria Deaurata, Sancta Maria Dealbata* : la Daurade, la Dalbade, toute une litanie de pierres fauves dont chaque répons est un clocher. La rousseur du matin fait palpiter comme une lyre tous ces carillons d'allégresse, emportant dans le ciel clair des essaims de colombes et des alléluias. C'est là que chantèrent, aux primes volées des campanes, les jours de Pâques de ma vie; c'est là que, blessé d'incurables dégoûts, traînant le mal d'être encore et l'impuissance d'espérer, je suis venu m'asseoir près de la route où jadis résonnèrent pour moi les chansons du printemps.

Et dans ce double mirage du souvenir et de l'automne où passent en tuniques blanches les ivresses d'autrefois, je me prends à rêver de quelque Saint-Martin réparatrice, dans un paysage accalmi de novembre, près du fleuve royal qui traîne sous mes pieds un flot d'écarlate et d'or.

*
* *

C'est le charme particulier de Toulouse, dont maint poète s'enivra, que de fournir un décor à toutes les paresses, à toutes les déréliclions comme à toutes les joies. Ville aimée plus qu'une femme, sous son chapeau de briques et son voile de soleil, c'est un de ces lieux, sans doute, que disait Flaubert, « si beaux qu'on les voudrait presser contre son cœur ».

*
* *

Et c'est un peuple folâtre qui l'habite, un peuple narquois et joyeux, sous l'exagération du type latin, sous la noblesse des attitudes! Nulle langue d'ailleurs plus idoine au sarcasme aussi bien qu'au dithyrambe. Comme par les ouvriers champenois chez qui, selon Taine, un peu de la gouaillerie du Fabuliste éclate au moindre incident, le passant, le voyageur se sent toisé ici par des regards fâcheux aux ridicules.

Malgré le type junonien des plébéiennes et l'air truculent de leurs compagnons, une verve de Gascogne éclate dans leurs moindres propos.

Ainsi que l'a exactement noté Alphonse Daudet pour ses Tarasconnais, les têtes gardent, en ce plaisant pays, une expression horrifique, même chez les gens de métier quelconque et de paisible humeur. Ce barbier semble un forban ravisseur de sultanes; cet aubergiste paraît aux yeux quelque pirate, écumeur redoutable de méditerranées. Au demeurant, les meilleurs fils du monde, enclins à l'amour facile, aux bavardages désœuvrés que pimente un soupçon de « galéjade » à l'encontre du prochain.

Un jet de verve rieuse qui déborde en chansons et qui, chaque soir, peuple les rues de virtuoses barytonnant toute espèce de musique, d'estudiantinas raclant le jambon comme les bacheliers de Tolède ou de Séville, ferme à cette race artiste le sens de la Douleur, raison suprême de l'art.

Jamais les directeurs successifs qui l'ont tenté, ne purent faire admettre ici le répertoire wagnérien. Les « fleoüs » sonores et turbulents qui hantent l'opéra du Capitole ne comprendraient pas plus l'envoûtement d'Isolde que l'amour où Diotime de Mantinée instruisit Socrate. Rien ne manque plus à la flore languedocienne que le Lotos du Nirvâna.

Toulouse-Saint-Cyprien, le 14 novembre 1896.

Toulousaines

CE sont vraiment les fleurs de la lumière, ces belles gouges des faubourgs, aux yeux calmes et hardis, qui, sur l'aire des marchés ou dans le préau des fabriques, portent avec orgueil leur geste d'impératrices, la ligne majestueuse de leur profil romain. Fleuristes, cigarières ou vendeuses de fruits, la flamme du Midi s'épand de leurs cheveux nocturnes, de leurs profonds regards. Telles, aux temps des gloires ancestrales, quand la vieille métropole de la Gaule Narbonnaise brillait d'un éclat sans pareil à travers les cités du Midi; telles, parmi les troubadours et les sonneurs de sirventes, apparurent leurs sœurs exquises d'autrefois. Aussi, malgré l'effacement des types, malgré la hideuse centralisation moderne, ramenant à un type unique l'infinie variété des races humaines; malgré la déchéance locale du costume, des usages, du folklore traditionnels, leur beauté fauve se perpétue, à travers les générations, comme un héritage inaliénable. Le même rayon qui, si largement, épanouit héliantes, dahlias ou bien roses trémières, leur donne un sang plus riche, une allure plus haute qu'aux languissantes filles des brouillards. Comme la Crétoise Ariane, les belles Toulousaines descendent du soleil.

*
* *

La « pichoune » a grandi — telle une herbe vivace — dans la ruelle pleine d'ombre qu'épargne même la canicule d'août. Coin plein de fraîcheur, de rires et de cris, coin tout embaumé d'héliotropes et de romarins. C'est vers la Daurade ou bien dans quelque lointaine cité que l'industrialisme, que la Bande noire ont encore épargnée.

A l'échoppe familiale, dans sa cage de laiton, couleur vert d'espérance, un grillon stridule sans répit la chanson de l'été. C'est le lutin familier, génie rustique des plébéiennes demeures, dont la petite face noire, surgissant parmi le trèfle ou le sainfoin, annonce à qui le découvre une suite de prospérité.

La « pichoune » a grandi bercée par la complainte de nourrice, le *nono* que la vieille grand'mère apprit de son aïeule et que sa voix chevrotante livre aux petits d'à présent :

> *Somme! somme! Viens! viens! viens!*
> *Somme! somme! Viens ici!*
> *Le somme s'en est allé,*
> *A cheval sur un cabri.*
> *Reviendra demain matin,*
> *A cheval sur un poulain.*
> *Et quand le somme viendra,*
> *La mignotte dormira*
> *Mais le somme ne vient pas.*

Mignotte ne peut dormir! Plus tard, les lisières tombées et son pas affermi, elle court, la fillette, ivre de soleil et de liberté. C'est le temps des rondes folles, des jeux gaminants, sous les saules de Garonne. L'on chasse aux bestioles et les chansons ne manquent pas qui attirent vers la jeune belle ces innocentes proies :

> *Lézard vert, lézard vert,*
> *Préserve-moi du serpent!*
> *De retour à la maison,*
> *Te promets un grain de sel!*

Voici les mots magiques pour engager la coccinelle à la captivité :

> *Coccinelle, belle Paule,*
> *Je mettrai sur ton épaule*
> *Une robe de velours,*
> *Belle Paule, mon amour!*

Car c'est un fait constant que la belle Paule, reine de candeur, gloire de l'Occitanie, a transfusé son âme dans le corps rouge et noir des bêtes à bon Dieu.

De même l'escarbot, incarnation pour l'Egyptien d'Osiris, soleil des morts, est devenu, pour la « maïnado » chrétienne, un témoin irréfutable de la Passion du Christ. Plus connu sous le nom de *barbarot* dans le Haut-Languedoc, le mystérieux coléoptère passe pour avoir reçu de Jésus en croix une goutte de sang. Cette goutte apparaît si l'on peut cracher sur le dos de l'insecte en même temps que l'on récite la formulette suivante :

> *Escarbot de la Saint-Jean,*
> *Du Christ en croix rends le sang,*
> *Ou tu meurs, vieux mécréant !*

Rien n'est plus aisé, comme on le voit, sinon peut-être d'inviter le colimaçon à montrer ses cornes :

> *Pleure, pleure, l'escargot,*
> *Car ta pauvre mère est morte*
> *Sur la marche d'une porte ;*
> *Car ton pauvre père est vieux,*
> *Sur la branche d'olivier !*

Lorsque, après tant de plaisirs et de battues giboyeuses, arrive le moment du partage et des discussions inévitables, après les amusements cynégétiques, la fillette se détache violemment —

et pour toujours — de ses petits compagnons, après avoir *fait les croix* ou *brisé les pailles* :

> *Croix de paille, croix de foin,*
> *Jamais plus ne dirai rien.*

Tout ce charme et tant d'ingénuité ne se peuvent-ils, comme dit Montaigne, comparer à ce que tient de plus parfait la poésie des siècles littéraires, aux épigrammes de l'anthologie, par exemple, aux vers de Fortunat pour les Innocents, à la strophe de Méléagre si ingénieusement imitée par Chénier, en sa *Pannychis* :

> *Verte cigale, ô toi rossignol des fougères !...*

L'antiquité des *poetæ minores* est bien souvent moins pure. Je ne connais, dans la langue française des lettrés, qu'une ronde puérile d'un si charmant éclat, la variation de Banville sur le thème enfantin :

> *Nous n'irons plus au bois; les lauriers sont coupés !*

*
* *

Le concile de Lyon ni les foudres d'Innocent IV n'ont rien effacé du paganisme héréditaire. La langue romane proscrite, Simon de Montfort et ses « sacamands » ont en vain prodigué meurtres et supplices. L'Inquisition, buveuse de sang humain, n'a pu ternir sous la fumeuse haleine de ses bûchers l'image, toujours vivante, dans la cité latine, des déesses et des dieux.

Le culte est resté le même, si les vocables ont changé.

C'est toujours la veillée de Vénus et le culte solaire du *déva* bienfaisant que magnifient, sous couleur de réjouissances orthodoxes, les petits-fils des cathares et des albigeois.

L'Amour n'élève pas autel contre autel ; mais, s'emparant du dogme et des rites chrétiens, il mêle une âpre odeur de vie à la religion du trépas. Et le jeune Immortel s'affirme, radieux, à travers les pompes de la religion nouvelle.

Il y a vingt ans encore, un spectacle — partout ailleurs sacrilège ou ridicule, d'après l'humeur des assistants — égayait les rues chaudes, sans que nul y trouvât à redire. C'était un reposoir fait avec quelles tentures et paré de quelles fleurs ! où s'arrêtaient les processions de la Fête-Dieu et que solennisaient de leur dévotion les matrones et les recluses des logis environnants. A vrai dire, les toilettes étaient bien un peu criardes et les faces extatiques mal débarbouillées des nocturnes labeurs : personne cependant ne cherchait du scandale, tant se montrait naïve, en ce jour, l'âme antique, le paganisme ingénu de ces prêtresses dont la ferveur mariait Jésus à Cotytto.

*
* *

Le veilleur clame à pleine voix l'heure défaillante. Voici les mœurs espagnoles : même le *sereno* pour accuser la fuite du temps et des minutes amoureuses. « Les belles de nuit », en robes claires, égratignent des sorbets à la porte des lieux suspects. L'œil avivé de fard et les cils charbonnés, elles sourient, de leurs lèvres peintes, à l'amant inconnu.

Leurs prunelles de braise flambent, et flambe aussi leur rire clair. De grands arbres odorants laissent choir une onde parfumée; au loin des musiques s'éteignent : un chant de violon qui pleure dans l'obscur. Les couples se joignent, puis, lentement, disparaissent, tandis que le veilleur reprend avec tranquillité la litanie des heures :

Il est minuit, minuit passé;
Gens qui veillez, priez pour les trépassés!

Toulouse, le 12 juillet 1896.

Larmes des Choses

Lorsque quatre années, — les dernières, — ces fugaces années du poète latin, qui, nonobstant la piété des hommes et la fureur de leurs désirs, tombent si vite dans le néant; lorsque quatre prochaines années auront précipité le dix-neuvième siècle à travers la nuit des âges révolus, une heure sonnera au cadran de la vie où nos fils, connaissant qu'on ne doit plus aux morts que vérité, jugeront avec dégoût, enthousiasme ou colère ce temps indécis et poltron qui fut le nôtre.

Quel que soit l'arrêt porté sur nous par les « jeunes hommes des temps qui ne sont pas encore », ces « bataillons sacrés », que le petit père Banville jadis apostropha, signaleront premièrement, comme la plus irréductible vilenie de la France démocratique, l'impuissance architecturale où nous vivons.

Non seulement l'homme moderne — badaud incorrigible — n'a su bâtir d'original rien autre chose que halles, casernes, grands hôtels et prisons à locataires, — médiocrement appropriés à leurs hideux usages; mais, sottise, paresse ou vandalisme, il n'a pas eu l'adresse de perpétuer les nobles édifices légués par ses aïeux.

Les maçons d'aujourd'hui, incomparables dans la pose des ascenseurs et l'aménagement du privé, semblent mus d'une rage mystérieuse contre les habitacles où s'affirment quelques vestiges de beauté.

Ce distique fouriériste:

> *Et le monde rasé, sans barbe ni cheveux,*
> *Comme un grand potiron tournera dans les cieux,*

semble un *Credo* inviolé pour ces gâcheurs de plâtre.

De là, sans nul souci du climat, tant de boulevards Haussmann à travers la France, tant de Halles centrales et de maisons à sept étages. Un certain idéal, affreux jusqu'au miracle, d'industrialisme et de poncifs classiques, inscrivant le fronton de la Maison carrée sous le toit d'un marché aux grains, sinon la colonade païenne d'un édicule romain devant une chapelle de rococo jésuite:

voilà, semble-t-il, la présente formule d'un art qui, si longtemps, brilla parmi nous d'un éclat sans pareil.

En un tableau pris sur le vif, l'auteur de *l'Atelier Chantorel* nous montre le pourquoi de ces abominations.

Un jeune architecte, débordant de passion artistique et de neuves idées, tente d'élever une bâtisse appropriée au sol comme aux besoins de la race; mais bientôt, rebuté par son maître, un « pion du beau », bafoué par ses confrères, ineptes bacheliers ès plâtras, le malheureux se crève de tristesse et de dégoût.

Hélas! ces horreurs n'appartiennent pas au seul roman et Frantz Jourdain, en ce cruel et délicat récit, conte une histoire que la réalité, chaque jour, tire à des milliers d'exemplaires.

Un exemple, et non des moindres, confirmera ceci: en 1889, c'est-à-dire il y a sept ans à peine, car

> ... *la forme d'une ville*
> *Change plus vite, hélas! que le cœur d'un mortel,*

l'hôtel Lavalette se pavanait entre le quai des Célestins et cette rue de la « Pute-y-Musse », aujourd'hui « Petit-Musc », qui, selon un mot célèbre, fait de son mieux pour changer en bonne odeur son antique et fâcheux renom.

Le logis seigneurial où triomphait le plaisant mauvais goût de la Renaissance italienne à son déclin, faisant déjà pressentir les nuages, les potsà-feu et les amours culs-nus du « style » Pompadour, le logis demeurait tel qu'il fut édifié par les soins de Bernard Nogaret, duc d'Épernon, après que le maréchal d'Ancre eut récompensé comme il fallait son adresse à ne point retenir le couteau de Ravaillac.

Eh bien! cet édifice où pas une pierre ne manquait, cet hôtel merveilleusement conservé, avec ses lambrequins de marbre jetés sur les balcons, ses rosaces de pierre, ses fleurs de jaspe et d'onyx, son belvédère ajouré comme un ivoire de Dieppe, ses trumeaux dans la manière flamande et ses incrustations de royale marqueterie, était mis en vente pour la somme dérisoire de vingt mille louis. Et c'est au moment même de la dernière Exposition, congrès des lupanars internationaux, que la Commission des monuments historiques a passé la main, abandonnant l'hôtel d'Épernon à je ne sais quels benoîts ignorantins, lesquels se sont hâtés d'installer un pensionnat dans le seigneurial habitacle.

Les balustres grattés, un badigeon ignoble sur la peinture des maîtres, le belvédère avili aux proportions d'un colombier utilitaire, les salles autrefois peuplées de gens d'armes, de galants cavaliers, de nobles amoureuses, les couloirs où sonnaient mousquets et pertuisanes voient défiler, avec tristesse, les potaches abrutis sur les équations algébriques ou l'ablatif absolu.

*
* *

Ce n'est pas seulement aux bords de la Seine que l'exécration des murailles historiques tourmente les gens en place. Si grand que soit, chez nos contemporains, l'amour du laid, du mesquin, du ridicule; pour tant qu'ils adorent la photographie, les chromos, l'opérette, les chalets suisses ou les maisons mauresques, de Chaville à Montfermeil, un autre sentiment accentue et prolonge cette animosité.

La basse envie démocratique, la haine du philistin contre le luxe magnanime et les existences démesurées, contre tout ce qui dépasse « les pouvoirs de sa bourse et les facultés de son intellect », trouvent un exutoire merveilleux en ces déprédations. L'adjoint de Versailles qui, naguère, supprimait de sa propre autorité le règne de Louis-Philippe dans l'histoire, est à coup sûr le compère des démolisseurs acharnés aux vieilles tours!

Remparts détruits, logis expropriés, et cette horloge d'Henri IV dont un conseil municipal bien pensant gratta les fleurs de lys, la bêtise égalitaire souffle à travers les murs antiques — plus funeste à leur durée que la pluie d'automne ou le choc des catapultes

*
* *

Cette rage de vandalisme est ici plus sensible que dans tout autre lieu. Toulouse, métropole du Midi, cité patricienne entre toutes et qui se vante d'avoir précédé Rome, lorsque ses habitants portaient encore la saie dont ils prirent le nom, Toulouse n'a pas un moellon, pas un débris d'architecture que les âges n'aient estampé de souvenirs glorieux ou sanguinaires.

De la Dalbade, ce temple virginal consacré à Diane, puis à Marie, et qui tira son nom des blanches déesses, aussi bien que des pâles arbrisseaux, trembles, saules, aubiers, sous lesquels saint Martial baptisa Ranahilde; de la Dalbade au Capitole où triomphèrent alternativement Raymond VI et Montfort, tout ici parle d'actions héroïques et violentes.

Les verdets qui, pendant la Terreur blanche, traînèrent par les « compites » le général Ramel, ne différaient guère des féroces Tectosages faisant écarteler Saturnin par un taureau camarguais, non plus que des furieux ligueurs par qui fut dépecé le président Duranti. Race véhémente, prête à l'enthousiasme, à l'héroïsme, à la fureur, et qui sort, comme le lion, de son nonchaloir héréditaire pour frapper l'ennemi d'une griffe souveraine.

Aussi « la mort des pierres vives » semble-t-elle ici plus lamentable, plus sacrilège qu'en tout autre pays.

Un article fort remarquable de *l'Art méridional* prédisait, naguère, aux archéologues toulousains une abomination nouvelle, que complotent, *sub rosâ,* édiles et maçons. La cathédrale Saint-Etienne, monument sans pareil qui, du cinquième au seizième siècle, a vu quatorze conciles, soutenu des sièges, entendu proclamer des Saints ; la cathédrale Saint-Étienne, grandiose en même temps qu'inachevée, avec ses deux nefs, hors l'axe du péristyle, est menacée de reconstructions partielles, de redressages et d'enjolivements. Cocasserie d'une époque béotienne ! Voici que les « bons élèves » de l'architecture songent à ceinturer la basilique vénérable d'un corset orthopédique ! N'est-ce pas à mourir de rire, par crainte d'en pleurer, comme dit Figaro ?

Par bonheur, ces Topinambous ne peuvent rien sur le soleil. Il flamboie éperdument, ce jourd'hui, le soleil de juillet, épanouissant roses et tubéreuses, dorant d'un reflet d'ambre et de topaze la peau des belles filles qui, sous les magnolias fleuris, vont danser aux *baloches* des Amidonniers, aux *fénetras* de Lacourtensour.

Toulouse, le 5 juillet 1896.

Un Bohème de Province

CETTE Toulouse de jadis, où les Trouvères cueillaient, aux belles mains des brunes patriciennes, le rameau fleuri, souvenir de Pétrarque et du divin Sannazar; Toulouse que les architectes badigeonnent de *fraise écrasée* depuis qu'un académicien la qualifia de « ville rose », nonobstant la rougeur profonde et la pourpre recuite de ses briques; Toulouse garde encore, devant l'américanisme contemporain, un nonchaloir plein de sarrasine morbidesse, — telle une *sarimpi* aux confins de l'Occident. Ici, la paresse, le farniente semblent le « propre de l'homme », comme à Naples ou à Séville. Un air si doux flotte par les rues! En aucun lieu du monde le plaisir de vivre sans cure ou sans effort, la douceur de humer des boissons fraîches à la porte des cafés, ne sont plus enivrants. Les tilleuls épanouis,

> ... *Chargés jusqu'à leur faîte obscur,*
> *Font monter, dans l'essor des branches étalées,*
> *Des aromes de fleurs à des hauteurs d'azur !*

Les violettes sentent bon; les roses pourpres s'ouvrent comme, vers le baiser, la lèvre juvénile des fauves Toulousaines. Les orangers, seuls, manquent à ce pays de Mignon que peuplent aussi des marbres antiques et de glorieux souvenirs.

Les cailloux cassés par l'anthropopithèque Cartailhac, cette vieille baderne qui insulte les poètes dans les journaux peu lus et se parjure ensuite, comme un laquais, afin de n'aller point sur le pré; les anachronismes du père Lahondès, les solécismes lamartiniens que fleurit Isaure cacochyme sont loin de représenter la vie intellectuelle d'une si riche cité. Pour ses fils, amoureux de belles formes et de nobles pensers, le labeur d'art est une volupté plus haute qu'ils goûtent sans efforts et dont ils se pénètrent dès le berceau, dans la bénédiction d'un généreux soleil, d'une lumière sans seconde.

Aussi, quel peuple d'artistes, peintres, statuaires, musiciens, trouvères, dans cette Athènes du Languedoc! Nulle race plus inflammable, nulle plus sensible à l'idéal. Que ce soit la musique des poètes, les accents de la voix humaine ou bien la pompe du coloris, leurs sens affinés et rapides communient sans efforts de toutes les beautés.

L'autre soir, les rythmes crépusculaires de Verlaine, cette harmonie si confuse, si douce, que, par moments, elle semble imperceptible, cette brumeuse harmonie les atteignait en plein cœur. Les combinaisons musicales du doux maître flamand les enchantaient comme eussent pu faire le chant italien de Hugo, les « grandes gueulades » du Parnasse. Peuple créé pour jouir, public de dilettanti. Ces derniers survivants des maîtres de l'Occitanie gardent avec une jalouse impassibilité les prérogatives de l'indépendance et du repos.

Depuis le hobereau confiné dans ses terres, buvant en famille le muscat de l'année et fraternel, sans morgue ni déchéance, aux hommes de labour ; depuis le hobereau qui vient monter, au concours hippique, la « jument » familiale, jusqu'aux rapsodes erratiques dont le vieux Célestin Blandinière fut un des derniers représentants, chacun exerce avec amour le droit de ne rien faire et l'art de rêvasser.

La plus noble incarnation de cette bohème soleillante, celui qui, résolument, arbora, comme dit Jean Carrère,

La vertu d'être libre et l'orgueil d'être beau,

fut, sans contredit, le peintre Louis Fauré, ancien

élève de Delacroix, mort à Toulouse sur une pile de vieux journaux, octogénaire et satisfait.

Les bons mots, reparties, *agudezzas* et concetti du vieil artiste formeraient un recueil plus volumineux que *la Chanson de Roland*. On ne prête qu'aux riches. La tradition a fort ajouté, sans doute, à ce recueil des propos de table, aux reparties de Louis Fauré, encore qu'il fût assez en fonds de son propre bien.

Quelques-uns de ces devis sont devenus classiques et le journal s'en est emparé déjà, — sans les rendre toujours fort scrupuleusement à son auteur.

C'est Fauré, peintre remarquable de fleurs, qui, désobligé par les abominations où se complaît l'ingéniosité des pépiniéristes modernes : lys acaules, roses puantes, feuillages herpétiques, s'écriait douloureusement : « Il n'y a plus de fleurs, au temps où nous sommes ; il ne reste plus que des produits horticoles. »

Employé par Tivollier le père, auteur illustre d'un plus illustre pâté, à décorer deux salles nouvelles de son restaurant, Fauré, après avoir remisé son client pendant un temps inimaginable, refusait de signer, entre autres, un plafond de laide venue.

Pressé par le maître-queux : « Mais vous, Tivollier, lui demanda-t-il, signez-vous tous vos biftecks ? »

Ivrogne de sommeil, ivrogne par-dessus tout de courses à la campagne, dont le grand air le grisait et qu'il emplissait de joies naïves, se harassant à cueillir des herbes, à siffler les merles ou à battre les halliers, Fauré mêlait cependant quelques gouttes d'absinthe à la poésie des champs.

Sans autre domicile que l'atelier de ses amis, il ne s'y fixait guère, ayant un perpétuel, un enfantin besoin : changer de place. Les plus falots prétextes lui servaient à déserter ces asiles précaires; tantôt les punaises étaient si nombreuses qu'elles changeaient son lit de place; tantôt il rompait avec un ami, sous couleur qu'un sien valet manquait à la déférence due en lui refusant, à lui Fauré, ses chemises, pour l'usage que Rabelais spécifie dans le chapitre second du *Gargantua*.

Son logis, son cercle, son foyer véritable, c'était l'estaminet. Fidèle à la tradition des bohèmes de Mürger, mais combien plus intelligent et honnête que ces immondes fantoches, Louis Fauré ne commençait à vivre et à causer qu'assis devant une table de marbre, avec, sous ses yeux, le va-et-vient des garçons, l'entassement des chopes absorbées.

C'est là que, des heures entières, il gardait sous le charme les familiers de sa causerie. Ses imitations du « cluck » libertaire à *San-Subra;* son procès de huis clos où lui-même faisait entendre, avec un relief inouï de gestes et d'accents, la déposition *d'Espès, en religion frère Lubricien,* atteignaient les sommets du rire, laissant fort en arrière ce que nous savons touchant les impromptus de Tabarin. « C'était, comme dit Rivarol, plus fin que le comique, plus amusant que le grotesque et plus drôle que le bouffon. »

Sentant la mort prochaine, le pauvre Yorick avait ainsi composé son épitaphe :

« *Ci-gît Léon Fauré, peintre français, décédé à Toulouse en la ***e année de son âge, avec un certain nombre de dettes, péniblement amassées.* »

La mort de ce rieur, qui porta jusqu'au bout l'orgueil de son indépendance, fut marquée d'un épisode touchant par sa profonde naïveté, par un coin de mélancolie, aperçu tout à coup dans une âme railleuse.

Lorsque, décidément, la Camarde eut frappé à l'huis du vieil artiste et qu'il fallut bien reconnaître son appel dans les affres d'un mal inconnu, Fauré manda son fidèle compagnon, le musicien Mailhol dont le dévouement fidèle avait adouci ses mauvais jours.

Sous le grabat fait de journaux empilés où, dans un *ʒarapé* de squatter, le vagabond se drapait, quand il voulait dormir, une boîte d'assez grande taille, ficelée avec soin, était cachée. « Prends cela, dit-il à son ami. Tu l'ouvriras lorsque je serai mort. »

La boîte contenait deux linceuls neufs, de la plus extrême finesse, qu'embaumait une gerbe de lavande et de romarin. Le bohème sans gîte, le noctambule couchant au hasard des sophas, voulait, pour sa nuit éternelle, des draps propices au sommeil. N'est-ce point là une idée touchante, moitié larmes, moitié sourire, que cette aspiration posthume vers le luxe et peut-être — que sais-je ? — vers le bonheur aussi, vers le bonheur en mirage des riches et des réguliers ?

Toulouse, le 27 juin 1896.

Le Dernier Albigeois

Ce fut un pur, un beau poète, cet Auguste Fourès, mort en pleine vigueur, de qui les amis, avec une pieuse ténacité, requièrent l'apothéose et la glorification posthume d'un monument.

Silvestre, dans cette langue correcte à la fois et magnifique dont la grâce latine ennoblit toute chose, a célébré la gloire des vers en même temps que le renom d'Auguste Fourès. Quel que soit le péril de glaner après un pareil maître, j'essaierai néanmoins d'apporter mon hommage au souvenir du « troubadour » occitanien. Ceux qui le connurent au déclin de sa vie trouveront peut-être, ici, comme rappel de traits qui s'allaient effacer, l'ombre d'un artiste mort prématurément pour les lettres françaises comme pour le dialecte « ramoundi ».

***

Un maigre, long et correct garçon sous d'étroits vêtements noirs rappelant de quelque manière la trousse et le pourpoint d'Hamlet. Sur un col démesuré, la tête ovale et brune du Sarrasin avec, pour auréole, un immuable feutre mol de *prima espada*. Le nez busqué donnant à l'ensemble du visage ce profil de bélier qu'Henri Heine constatait chez George Sand : une moustache de matou colérique sur des lèvres dont la quarantième année laissait intact le vif carmin et, pour éclairer le tout, de larges yeux méridionaux, sombres et veloutés, de beaux yeux de femme à longs cils, qu'illuminait par instant l'amour du juste ou la haine des pieds-plats : tel m'apparut, il y a dix ans, le poète Auguste Fourès. Sa voix un peu sourde et comme paresseuse égrenait lentement des paradoxes outrés.

Car ce long garçon timide qui n'osait aborder, sans rougir, une femme dans la rue, ce craintif mort de solitude, reprenait toute son audace en abordant le domaine des idées. L'amour de la terre ancestrale, la haine de l'autorité sous toutes ses formes : religion, militarisme, paternité, faisait vibrer en lui d'inextinguibles emportements. A cette flamme, la verve du « troubaire » allumait ses ardeurs, éclairant d'une aurore juvénile et sans fin les ardents poèmes de la *Sego*, des *Grilhs* et les *Cants del Soulelh*.

*
* *

Le félibrige institué en Provence par des maîtres : Aubanel, Mistral, Félix Gras, fut longtemps méconnu dans Toulouse, berceau pourtant de Goudouli.

Malgré son nom et ses origines, l'Académie des Jeux-Floraux ne resta point étrangère à cette méconnaissance de la langue d'oc. Formée de hobereaux petitement lettrés et de chanoines capitalistes, cette capucinière pompadour maintient jalousement le culte du vers facile, prisé dans les boudoirs comme dans les sacristies. L'exécration du pauvre, la crainte des talents originaux rendent odieux à ces bourgeois le langage populaire. De plus, leurs bouquets à Chloris et leurs sourires édentés perdraient beaucoup à tenter le mâle et robuste langage des aïeux. Pendant trop d'années, oubliant son antique gloire, Toulouse se crut représentée par la congrégation des *Jeux floraux,* couronnant d'un tas de brimborions grotesques les essais de bureaucrates en mal de poésie. Fourès, que dégoûtait la niaiserie prétentieuse des cuistres mondains, fit presque, à lui seul, ce que les antiques floriculteurs d'Isaure avaient traîtreusement négligé. Certes, il y a plus de poésie vraie dans les atellanes plébéiennes du *Garrélou,* dans n'importe quelle chanson des rues, que dans la collection intégrale des *Jeux floraux.* Mais il appartenait au félibre majoral du Lauraguais de promouvoir à la gloire d'une forme artiste cette langue « moundine », désuète et oubliée depuis les horreurs du treizième siècle et l'asservissement du Languedoc.

**
* **

Ce fut un trait caractéristique, l'idiosyncrasie même de Fourès, que sa rancune vivace contre les scélérats qui, pendant trois siècles, noyèrent dans le sang et dans l'obscurantisme l'admirable civilisation occitanienne qui avait devancé l'Italie même, en route vers la Renaissance et la liberté.

Les bouchers fanatiques dont l'Église fit des saints et qui méritèrent vraiment la canonisation par des horreurs sans égales, par un cannibalisme inconnu jusqu'alors : Dominique, Pierre de Castelnau, à force de meurtres, de brigandage et de bûchers, parvinrent, après trois cents ans, à éteindre le flambeau, à noyer la pensée humaine, insurgée contre leurs dogmes abjects et leur infâme rapacité. Le stupide Louis IX, qui cédait l'Angoumois aux Anglais pour se faire battre et mener à mal sa Croisade, ce roi monstrueux qui perçait les langues d'un fer rouge, vola, pour son odieux frère, le domaine des comtes de Toulouse. La fiscalité capétienne ne cessa plus de tondre le riche bétail, mordu jusqu'au sang par la louve papale et par l'Inquisition.

Tant de crimes oubliés dans les reculs du passé: le bûcher de Montségur, le viol des consciences, la destruction des cathares et des albigeois, Fourès les sentait vivre encore, brûlant d'indignation et de pitié. Pour sa haine fraîche et saignante, les pieux assassins n'avaient pas fini leur œuvre exécrable. Sur les ruines de la Toulouse d'autrefois, il lamentait les beaux jours de Guilhem de Figueras et de Peire Vidal. En des sirventes passionnées, sa muse remembrait les défaites, vouant aux exécrations pareilles ces deux vampires jumeaux : le prêtre avec le roi.

Et ce n'était pas la moindre originalité de ce garçon paisible que de l'ouïr flageller ces hontes séculaires. Tels admirables poèmes : *A une épée du treizième siècle*, *A la nourrice de mon père* viennent directement de son courroux envers les Guilhem Arnaud et les Almaric. L'ode *A las mouliès que declusqueroun Mountfort* est toute pantelante encore d'animadversion rétrospective. La fureur atteint les sommets du lyrisme et je ne sais, dans aucun langage, plus héroïques accents. Il faudrait citer d'un bout à l'autre; mais, parmi ce chant de guerre, voici une fleur sans prix, témoignant que la beauté des choses sourit au vrai poète, même à travers ses plus noires inspirations :

> *Se levo l'albo roso et blouso.*
> *Coumo s'ero sa sor, Toulouso*
> *S'esplandis, le lugra su l' frount.*

Se lève l'aube rose et bleue. — Comme si elle était sa sœur, Toulouse — Surgit, au front l'étoile du matin.

* * *

L'âme de justicier que Fourès portait sur l'histoire de sa race ne l'abandonnait pas en présence de la misère et de l'iniquité modernes. Plébéien, il magnifia les durs travaux du prolétaire, le labeur nourricier, hélas! des inutiles et des imposteurs. Les batteurs de fer, les tailleurs des pierre, les potiers du Lauraguais, tous les rudes tâcherons du terroir ancestral ont pris place dans ces *Chants du soleil* criblés de lumière blonde, verdoyants de feuillages et couronnés de fleurs. La misère des opprimés s'exalte en révoltes magnifiques : tel ce *Gâteau du peuple,* où l'artiste, pour être mieux compris, a choisi le verbe littéraire. Les trimardeurs, les va-nu-pieds, les proscrits et les outlaws, réunis pour un sombre « jour des Rois », donnent la fève — une balle — au rejeton de misère, leur tragique héritier :

Rivés à la peine sans trêve,
Pour nous autres qui faisons grève
Contre les maîtres sans merci,
On a toujours prête une balle.
Et la question sociale
D'un seul coup se résout ainsi.

Sus à la misère insurgée!
Paix là!... Cette rude dragée,
Garde-la, fillot de taupin!
Ah! nous ne voulons pas qu'elle aille
Dans leur gâteau; nous, la canaille
Qui vit d'abominable pain,

Nous ne voulons pas qu'elle troue
Leur cœur maudit pétri de boue,
— Tas de sinistres mitrailleurs!
Mais que pour nous, gens de la tâche,
— Sceau noir, l'Égalité l'attache
Aux grands cahiers des travailleurs...

Qu'il ne soit plus de subalternes!
Debout! Abolissons casernes,
Geôles, couvents et lupanars!
Liberté! Haut les cœurs! Les têtes
Haut! Plus d'humains qui soient des bêtes!
Debout! Plus de martyrs hagards!

*
* *

La corde d'airain tendue à cet excès ne résonne pas sans trêve dans les cantiques de Fourès. Théocrite y fraternise avec Tyrtée. Le vocérateur s'arrête pour écouter les grillons et les alouettes matinales, et les nocturnes rossignols. Un soupçon de pantagruélisme l'incite à glorifier le pichet de vin clair, et le cassoulet fumeux, et les herbes odorantes au saladier de « la Belou ».

Comme Horace couché sous les pins de la Sabine, comme Li-Taï-Pé buvant auprès du Fleuve-Bleu, il goûtait les soirs nonchalants d'automne où fleurit le chrysanthème avec la rose au bref parfum ; quand le soleil mourant teinte de pourpre oblique le vin joyeux, emmi les tasses peintes, caresse d'un rayon suprême l'amour des Sages à leur déclin.

Les sonnets : *Lilas, A une Roussillonnaise* se peuvent égaler aux plus pures trouvailles de Remy Belleau ou de Joachim. Mais il est presque banal aujourd'hui de vanter Fourès en tant que poète. A défaut de monument, la Gloire déjà couronne son tombeau. Il nous a semblé curieux de montrer, dans ce grand artiste, le Languedocien amoureux de la glèbe patriale, évoquant, pour l'indignation ou la pitié, l'héritage d'un passé magnifique et disparu.

Le collaborateur du *Grilh*, l'ami de Done Dulciorella, collecteur de berceuses et de rondes enfantines, le *capoulié* de la Maintenance toulousaine fut avant tout chevalier de la justice et de la raison, et ce n'est pas sans cause que les libres esprits se peuvent honorer de magnifier en lui *le dernier Albigeois*.

Le Panneau de Casimir Destrem

> « ..... *stet Capitolium fulgens!* »
> Horat. carm. III Lib. III.

JE n'avais point revu la Salle des Illustres depuis ce jour lointain où, fleuri de ma seizième année, j'offris son *pervigilium Veneris* aux caduques faveurs de Clémence Isaure. Le sens du ridicule me tenait déjà, que la bouffonnerie de cette pompe ne laissa pas de conjouir extraordinairement. Du coup, je fus exempt de toute vaine gloire, et ma jeunesse désapprit les vénérations intempestives. Les poèmes *couronnés* ensemble avec les miens, ouvrages de MM. Hippolyte Matabon, Cyrille Fiston, colonel Perrossier et autres bardes à pieds palmés, suffisaient pour me rappeler à la condition humaine, pour me faire souvenir de ne m'élever point au delà de son infirmité. La laideur du site frappa d'abord mes yeux où se coudoyaient la province endimanchée et les antiques mainteneurs. Une salle en boyau, des murs aranéeux, des vitres louches, une odeur de poussière et de sénilité; puis, sur l'estrade verte, quelques messieurs très cacochymes, les uns en jupons, ecclésisastiques, les autres en frac, appartenant au monde, tous exempts d'éloquence, voire d'urbanité : ce fut ainsi que, pour la première fois, je montai au Capitole.

Depuis, l'Académie des Jeux Floraux a modernisé son décor, rajeuni son esthétique. Elle admet, jusqu'à un certain point, Lamartine. Elle pressent Banville et demeure hôtel d'Assézat. Suivant une parole d'or de son secrétaire, combien perpétuel, M. Fernand de Rességuier, « elle monte dans le train de la science encore qu'elle refuse d'enfourcher la bicyclette de l'incrédulité ».

Les fenêtres, si longtemps closes sur les catharres des vieux mainteneurs, sont grand'ouvertes à présent. Le soleil d'été, le blond, le clair soleil dissipe l'odeur moisie de leurs « travaux ». Le Capitole, rajeuni, consacre à l'art moderne son plus bel appartement.

La salle des Illustres mérite deux fois son nom, aussi bien pour les morts glorieux dont elle éternise la mémoire, que pour les artistes vivants :

peintres, sculpteurs, architectes dont le génie a décoré ses murs. Encore que les dispositions architectoniques n'aient pas subi de modifications importantes, la salle capitulaire de l'Hôtel de Ville toulousain offre aux yeux, dans sa nouvelle ordonnance, un très noble aspect. Si l'on peut regretter son étroitesse, l'éclairage mauvais, par les baies ouvertes de trop près en face des tableaux, elle n'en demeure pas moins un incomparable musée de l'art méridional contemporain. Les noms de Falguière, d'Henri Martin, d'Henri Rachou — celui surtout du grand peintre Casimir Destrem — planent sur ce décaméron de la Beauté.

*
* *

Stet Capitolium fulgens! « Debout, que le Capitole resplendisse! » Tel est le titre énigmatique dont Casimir Destrem blasonne son panneau. Avec le tact précieux des maîtres véritables, l'auteur du *Moïse* et des *Fleuves de Babel* dédaigne la précision dramatique si opposée à l'essence de son art.

Tandis que Vinci, par exemple, et tous les peintres dignes de ce nom, réalisent sur la toile ce qu'ils ont saisi de l'ambiance vivante, sans nulle préoccupation du sujet, les marchands dont se délecte le public prennent soin, avant toute chose, de l'anecdote, du fait-divers. Les rébus mis en couleurs excitent le badaud. Joseph Prudhomme congratule, Turcaret achète, et le ministre décore.

« Tu peindras, dit Flaubert, les lorettes en Vénus et les bourgeois en artilleurs, avec les chevaux célèbres et les actions vertueuses, sans te p. ,occuper jamais du dessin ni de la couleur; on t'accuserait de manquer d'idées! Prends garde! »

Pour la joie de nos regards, pour le contentement des intelligences fières, Casimir Destrem se soucie encore du dessin et de la couleur. Il concrète son rêve en de majestueux poèmes, où paysages et figures chantent, dans une harmonie élyséenne, les strophes éternelles de la grâce, de la jeunesse et des pures volontés. Un souffle de paganisme antique ennoblit chacun de ces tableaux. L'atrocité même de la Bible juive, pleine de passions abjectes ou scélérates, revêt, sous la main de l'enchanteur, un calme bucolique, la mystérieuse suavité des crépuscules virgiliens.

Le panneau placé naguère au Capitole manifeste hautement ces rares qualités de facture et d'âme. Quand la plupart de ses émules recherchent l'effet bruyant, le motif capable d'attraire ou de scandaliser le philistin, Destrem demande charme et grandeur aux seuls moyens fournis par la technique picturale. Comme il entend son métier à la façon des artistes d'autrefois, comme il est poète en même temps qu'ouvrier consommé, ses toiles s'adaptent dans la dernière perfection aux milieux les plus divers.

Décoration ou tableaux de chevalet, ne craignez avec lui nulle déconvenue. Un si parfait artisan ne cause jamais d'autre surprise que de croître chaque jour. La Nature qu'il interprète, loin de la copier bassement, revêt, en chacun de ses ouvrages, une splendeur inattendue.

A Pinsaguel, dans l'atelier où le maître fuit les contacts ineptes de la foule, une transparente lumière, le bercement des pins mélancoliques, tout un paysage de gloire et de placidité unit à son labeur la durable magnificence des choses, la pompe renaissante des saisons et des jours.

C'est pourquoi, malgré la clarté défectueuse, malgré l'effet criard d'une dorure trop neuve, sinon trop riche, le panneau de Casimir Destrem apparaît, dans la salle des Illustres, comme une évocation immédiate, comme un vitrail béant sur les fêtes éternelles de la jeunesse et de l'avril.

*
* *

Sous un ciel d'aurore où se dégrade en pierres précieuses, turquoises, lapis, améthystes, émeraudes, la lueur divine du matin, c'est un clair paysage de Gascogne ou de Languedoc.

> *Une aube affaiblie*
> *Verse dans les champs*
> *La mélancolie*
> *Des soleils couchants.*

Sous de molles vapeurs, la Cité palladienne, Toulouse avec ses toits, ses clochers et ses maisons de briques, Toulouse resplendit au loin. Des formes confuses d'édifices, un horizon de brumes violettes; aux premiers plans, la terre verdoyante, la courbe délicate, le bleu profond des eaux.

Deux voyageuses contemplent cet enchantement. Leurs nobles attitudes, la grâce juvénile des membres, la beauté devinée des profils perdus, l'ordonnance majestueuse et sobre des costumes, tout indique en elles une origine supérieure — l'aristocratie incommutable des poètes et des dieux. La plus jeune porte en sa main droite une gerbe de fleurs, clématites ou roses, tandis que d'un geste prophétique sa compagne, debout, sur l'horizon, lui fait voir, à ses pieds, l'acropole endormie. Sans doute, elle profère aussi quelque parole sacrée, les mots de Béatrix au seuil du Purgatoire, le discours de Héra dans l'assemblée des Immortels : « Resplendisse le Capitole! » Et puisque Rome déchue a remplacé le culte des vrais dieux, ceux de la force, de l'amour et des libres Cités, par l'idole galiléenne, que du moins sa fille d'Occitanie garde à jamais leur culte vivifiant!

*
* *

Il n'est au monde plus sotte entreprise qu'essayer de rendre par des vocables le dessin ou la couleur. Ce fut là une bévue capitale de Théophile Gautier et des écrivains qui lui empruntèrent ses moules. Imaginer que la parole écrite supplée à tous les instruments semble une fantaisie digne de Pécuchet. Essayez donc de représenter avec des mots le regard de Monna Lisa ou l'*adagio* de la Neuvième Symphonie!

*
* *

J'éviterai cette faute et ne chercherai point à décrire la composition tant noble et suggestive de Destrem. Un art incomparable est là. Comme Puvis de Chavanne, comme Gustave Moreau, Casimir Destrem sait ranimer la splendeur triste des âges révolus. C'est un lyrique, pareil à ces deux maîtres éducateurs de nos adolescences. Rien n'abaisse la pure hauteur de ses compositions, nulle flatterie au goût ignoble du public, nul effort pour amoindrir sa pensée jusqu'à la compréhension du vulgaire. Car Destrem est de cette noble famille d'esprits qui contemplent et dédaignent, sans prendre souci des contingences imbéciles. Qu'importe le succès immédiat à qui trouve en soi-même un principe de gloire? Qu'importent les acclamations de la populace à l'immortalité?

* * *

Pour nous, qui, du moins, savons respecter les grandes choses, ayant accoutumé de promener un mépris sans second sur les âneries quotidiennes, ce nous est une joie orgueilleuse d'applaudir, l'un des premiers, à Toulouse, le peintre Casimir Destrem. Si, comme l'a dit Schopenhaüer, l'Art console du mal et du désir de vivre, nul n'est plus digne que celui-là de nous verser l'oubli des tristesses, le mirage bienfaisant, la vision réparatrice du Beau.

Toulouse, 12 janvier 1878.

Les Oies du Capitole

A mademoiselle Juliette Prevost.

LA fraîche allégresse d'un matin d'été. Dans l'air neuf où virevolte et joue, avec maints cris aigus, le tourbillon des hirondelles, quelques nuages d'ambre ou de rose s'éparpillent, au levant, comme une gaze déchirée. Et c'est, en haut, le bleu limpide, le riche éther méridional. Des clochers versent allègrement leurs carillons d'aurore. La lumière flambe sur les toits des campaniles, sur la brique rousse des maisons. « L'azur triomphe », ainsi que dit le royal poète Mallarmé.

Et du métal vivant sort en bleus angélus !

Encore que plus d'une « édilité » ostrogothe se soit employée, depuis vingt ans, à détériorer chaque vestige du passé, Toulouse garde son aspect ancien, sa noble allure d'autrefois. La cité palladienne, métropole de l'Occitanie, fait voir, çà et là, des coins d'ombre, des rues tortueuses, des places que l'équerre n'a point déshonorées. Venelles aux noms baroques et pittoresques : le passage des Trois-Renards, la Patte d'Oie Malcousinat, font paraître encore le même air qu'ils avaient, sans doute, quand le beau Pierre d'Aragon vint défendre Muret contre les hordes chrétiennes. On trouverait peut-être, scellé à quelque mur antique, l'anneau où, pour baiser *la plus bello done,* ce prince au cœur aimant attacha son coursier.

La rue du Taur ne semble pas beaucoup plus haussmannisée qu'aux jours de saint Sernin, lorsqu'un bouvillon féroce — le Taur — brisa sur ses pavés les os du Bienheureux, traîné par les carrefours, comme jadis le Priamide sous les murs d'Ilios.

La foire aux fleurs — banale maintenant — parmi les boulevards nouveaux, se tenait, avant la guerre, dans cette noire et laide rue du Taur, éveillant soudain la bonne humeur toulousaine, au milieu d'un quartier désert. Sur les trottoirs, dans les ruisseaux, les plantes aux riches couleurs s'entassaient, et les verdures, tandis que des paons, ficelés dans d'étroites corbeilles, piaillaient abominablement, sans que leurs voix, cependant, parvinssent à étouffer les clameurs du parler indigène. La coiffe blanche de l'Ariège, le madras des filles de Bigorre encadraient plus d'un ardent et frais visage; d'un bout à l'autre de la fête pétillait cette « vitalité endiablée du Midi français », l'ivresse permanente d'une race artiste et passionnée. La *Foire aux fleurs* se mêlait quelque peu au mois de Marie, suivant la formule du catholicisme païen en honneur dans Toulouse espagnole, Toulouse qui n'est pas pour rien — ainsi disait Hugo — proche de Tolosa.

Cependant les vestiges d'autres siècles tendent, comme partout ailleurs, à disparaître ici. Monuments, coutumes, se francisent chaque jour, et perdent en couleur ce qu'ils acquièrent en modernité, sous l'invasion écœurante de l'imbécile progrès.

*
* *

Un legs du bon vieux temps à quoi la population toulousaine reste fidèle, c'est la vieillotte et cocasse institution des *Jeux floraux*. L'espoir d'être palmé au Capitole et de cueillir, pour salaire de vers plutôt mauvais, quelque bouquet en métal de casserole, exerce un attrait irrésistible sur les imaginations du Sud-Ouest. Nul ne saurait expliquer cette bizarre concupiscence, n'était que l'on voit communément des personnes d'âge quémander les rubans académiques, sinon l'ordre champêtre du Poireau.

*
* *

Ce que fut Clémence Isaure, patronne des *Jeux floraux,* nul ne pourrait l'affirmer aujourd'hui. Sans doute une vieille dame esthétique, férue de petits jeunes crétins à cheveux bleus qu'elle faisait dîner pour entendre leurs canzones et leur montrer le loup. Avait-elle fomenté — déjà — l'alliance russe ? Lui voyait-on un râtelier en dents de chien marin, ainsi qu'à Mlle de Gournay, ou bien en porcelaine, comme à Krysinska ? Ces interrogations — combien palpitantes ! — aboutissent au doute et à l'obscurité.

Pas plus que Guillaume Tell, que Pharamond, que Jeanne Hachette ou que la belle Paule, Clémence Isaure, la reine d'amour, n'a sans doute existé.

De nos jours, sa « monnaie » se compose de messieurs vieillots : militaires porteurs de vague à l'âme, archéologues incompris, mondains ignares et curés à citations. Tout ce monde-là, mi-partie capucinière et faubourg Saint-Germain de province, « taquine la Muse » en ses heures de loisirs. Les mainteneurs (parmi lesquels se fourvoyèrent quelques hommes éminents, tel M. Jean-François Bladé), les mainteneurs ne sont pas aussi hostiles qu'on le croirait d'abord à la modernité. La plupart d'entre eux n'ignorent pas Lamartine; quelques-uns même s'émancipent jusqu'à Victor Hugo.

Aussi, grande est la presse autour de leur comptoir. Les clercs d'avoué dithyrambiques, les ronds-de-cuir grivois, les apothicaires imbus de Baour-Lormian, les fabulistes de canton, les muses départementales se réunissent chaque année dans les bosquets du Gai Sçavoir.

C'est là, je pense, que la délicieuse fable ci-dessous a vu le jour :

> *Voyez ce petit fou qui, n'y trouvant qu'un jeu,*
> *Badine horriblement avec une arme à feu.*
> *L'arme que cet enfant ne croyait pas mortelle*
> *Étend sur le carreau sa jeune sœur Estelle.*
>
> *Jeunes femmes, souvent cet imprudent c'est vous,*
> *L'arme à feu c'est l'amour, la victime c'est nous.*

Sérieux comme un ase qu'on étrille, les antiques féaux d'Isaure concèdent aux lauréats des tas d'orfèvrerie tintamaresque : navets en chrysocale, tomates d'aluminium, que, malgré le scepticisme des temps, ils ne manquent point de faire bénir à la Dalbade et qu'ils promènent avec emphase, sous leurs pépins, à travers les orphéons et les fanfares, au grand contentement des *fléoüs* estomirés.

Puis, au Capitole, juges et lauréats se congratulent en volailles bien apprises : à la suite de quoi, les bardes en vedette sont conviés à prendre leur essor, à dégoiser, en personne, ce que dicta leur Apollo. Cela va de Prudhomme à Pompignan-Lefranc, en passant par Viennet. Sénile et lamentable exhibition! Il en vient de Carcassonne et de Quimper-Corentin, d'imberbes et de chauves, avec des têtes préhistoriques et des paletots mérovingiens; de « to-to » et de crasseux, mais épris, quels qu'ils soient, du motif facile et des grâces perruquières.

A ces jouvenceaux, l'Académie décerne quelques louanges tempérées de restrictions acrimonieuses, à la façon du père Beuve, en quoi excelle le comte Fernand de Rességuier, mainteneur perpétuel.

Voici de quel air écrit ce gentilhomme :

« Nos concours, — gazouille-t-il, avec des élégances Louis-Philippe, — nos concours sont devenus plus substantiels, je dirais même plus intéressants. Et cependant je me surprends parfois à craindre qu'on ne leur fasse ainsi perdre quelque chose de leur attrayante simplicité. Clémence Isaure, comme une déesse, marchait jadis sur les blés sans courber les épis... Aujourd'hui que les filles vont au lycée et que les bachelettes se font recevoir bachelières, il faudra bien que notre patronne monte dans le train ; mais, par grâce, donnez-lui le conseil d'y monter le plus tard possible et surtout de fuir la bicyclette scientifique. »

En vérité, depuis Monsieur Mermillod disant que « la femme apporte sur le railway du monde la pierre du déraillement ou bien de la goutte du Saint-Esprit », on n'avait rien imaginé qui fût comparable à ce marivaudage d'aiguilleur.

Mais Monsieur le comte manie également bien la prose sévère et le bouquet à Chloris. Voici le bonbon final d'un toast à François Coppée enregistré (le toast) par la presse locale et qui paraît digne du Temple de Mémoire à l'égal des précédents morceaux :

> *On dit ces choses à Toulouse,*
> *Après dîner, chez Tivollier,*
> *Comme jadis sur la pelouse*
> *Chantaient nos joyeux écoliers.*

C'est pour garder le monopole de ces jolies choses que la Maintenance ès jeux floraux bouche obstinément toutes les portes aux jeunes hommes, épris d'art et de décentralisation. Une généreuse petite revue, *l'Effort,* où écrivent tels bons poètes: Delbousquet, Maurice Magre, d'autres encore « desquels je ne sais plus le nom », dit leur fait à ces bélîtres avec persévérance. Les rôles ont changé. Les oies du Capitole roupillent, à présent, sur leur pelouse en toc, cependant que l'alouette juvénile raille leur somnolence et dit, malgré leurs haines, sa cordiale chanson.

Toulouse, le 14 juin 1896.

Prosopopée de Toulouse*

C'est moi, la ville du Soleil : je suis Toulouse
Blanche et rose sous le flot noir de mes cheveux,
Ma Garonne d'azur que l'univers jalouse
Chante un hymne d'espoir et d'éternels aveux.

Le long des murs de brique, en l'illustre prairie
Où brille encor le temple auguste d'Apollon,
Son onde bienveillante et de roses fleurie
Endort le jeune dieu riant sous ses crins blonds.

Je suis Toulouse chère à Pallas et je garde,
Loin du troupeau sans âme et des rois odieux,
Comme un lis exalté sur la foule hagarde,
Le culte de la vie et des antiques dieux.

* Poème récité par Mme Vergny-Choley, au théâtre des *Variétés* de Toulouse, le 5 mars 1897.

J'ai chanté la jeunesse et la gloire féconde
Et, quand le Christ vainqueur eut souffleté l'amour,
Pour éclairer sa nuit et refleurir le monde,
J'éveillai doucement le luth des troubadours.

La lumière divine et tutélaire embrase
Mes remparts, et je vais, loin des cloîtres malsains,
Par les sentiers fleuris de treilles et j'écrase
Sur mon sein marmoral la pourpre des raisins.

Les nocturnes amants, sonneurs de sérénades,
Sous les tilleuls qu'argente une chaude clarté,
Éparpillent, le soir, devers mes promenades,
Un cantique d'orgueil, de force et de gaîté.

Toujours, à mon appel, se dressent les poètes.
L'éternelle beauté qui n'a jamais pâli
D'un rameau fraternel a couronné vos têtes,
Maîtres harmonieux, Silvestre et Goudouli !

Et vous tous, curieux d'art et de poésie,
Toulousains, chers enfants grandis à mes genoux,
Je vous salue, ô foule ingénue et choisie :
Athéniens du Languedoc ! Salut à vous !

Sur « Jean Gabriel Borkman »[*]

A monsieur Jacques de Boisjolin.

Le conflit pour la Beauté dure éternellement. Comme ces aventuriers des antiques légendes qui partent sur la mer à la conquête de neuves Atlantides, postulateurs du Graal ou chevaliers des Princesses douloureuses, l'Humanité, quittant ses besognes viles et ses lâches pensers, embarque, par instants, vers le mirage de gloire que les poètes font splendir à ses yeux.

Devant les fontaines closes et le jardin fermé de l'Inconnu, son désir entreprend des luttes mémorables où s'affirme la présence, le triomphe d'une esthétique jusque-là insoupçonnée.

[*] Conférence faite au théâtre de l'Œuvre les 8 et 9 novembre 1897.

Chaque peuple fournit son contingent de passions et de rêves, puis, le déclin venu, transmet aux familles plus jeunes le soin d'articuler, pour l'avenir, une parole suprême de colère, d'amour ou de fraternité.

Lorsque ce pauvre M. de Voltaire, pour flagorner la grande Catherine, disait en plein XVIIIe siècle :

C'est du Nord aujourd'hui que nous vient la lumière,

il se montrait aussi bon courtisan que mauvais historien.

Las races latines, prédominantes encore dans le conglomérat français, touchaient à l'une des plus hautes manifestations qu'ait fait paraître leur génie. Par le réveil de 89, par l'acquisition de la République, elles allaient reprendre leur rôle d'initiatrices et, cette fois encore, enseigner l'univers.

Plus d'un siècle a passé depuis les jours héroïques. Dans ce crépuscule d'un âge à son déclin, le courant intellectuel semble remonter vers les peuples septentrionaux. Ceux que Carlyle confond sous le vocable ingénieux de *norses*, germains, anglais, scandinaves, ont envahi la plupart des domaines spirituels, histoire, exégèse, poésie, métaphysique, édifiant sur le monde moderne d'incomparables monuments. Leurs conquêtes armées ne firent oncques autre chose qu'attester, dans l'ordre temporel, économique et militaire, cette victoire de l'Esprit.

Au théâtre, les Germains (allemands ou scandinaves) se glorifient, en la dernière moitié de notre siècle, par deux poètes : Wagner, Ibsen, auxquels nous sommes redevables d'une évolution, d'un mouvement sans analogue, depuis les matins verdoyants de la Renaissance. Nous pourrions même, sans grand effort, trouver une influence pareille jusque dans le carnaval de 1830 auquel le nom du danois Shakespeare servit de parure et de drapeau. Nous la trouverions dans les sources, même, de notre Corneille, Northman aussi, dont le verbe grandiloque, çà et là, fait songer aux poèmes abrupts où bat le cœur simple, rude et généreux des vieux Rois de la Mer.

Le renom d'Ibsen ne s'est plas implanté, sans coup férir, sur les planches françaises. De notables escarmouches, des prises d'armes éclatantes signalèrent chaque étape de son exode parmi nous. A présent même, que le Maître.

Génie entré vivant dans l'Immortalité,

impose au monde le rayonnement de sa pensée, combien de mensonges sournois, combien d'injures perfides dressent leurs têtes vipérines sur sa voie triomphale! Réclamations intéressées, gémissements de l'impuissance, craintes pour la recette et les inquiétudes pécuniaires qui gouvernent, au théâtre comme ailleurs, les affections des « chers maîtres » ou des « confrères glorieux ». Ces malpropretés, au demeurant, n'entravent en rien l'ascension d'Ibsen au théâtre, sa main-mise sur les meilleurs esprits de notre temps.

Ainsi que le remarque judicieusement le comte Prozr, dans une de ces préfaces lumineuses qui ont si énergiquement contribué à diffuser la gloire d'Ibsen : « Les principes qu'il a semés germent, en France comme ailleurs et, peut-être, mieux qu'ailleurs. En art, ce que MM. de Curel, Hervieu et Jules Lemaître, lui-même, tiennent de lui se manifeste par des œuvres infiniment plus intéressantes que les produits de l'ibsénisme allemand, parce que ces œuvres ne sont pas de l'imitation, mais des continuations. »

En effet, ce qui donne une signification non pareille au mouvement que l'auteur de *Rosmersohlm* incarne avec tant de grandeur, c'est qu'en dehors même de son génie, Ibsen a suggéré aux écrivains de notre pays une rénovation complète de la formule dramatique. Grâce à lui ont disparu, à jamais, la frivolité, le bavardage, l'esprit du boulevard, le drame en vers, toute cette nauséabonde, inepte et mercantile phraséologie dont les fournisseurs à la mode empoisonnaient, depuis si longtemps, la ville et les faubourgs. Sans prétendre énumérer, dans ce bref entretien, les causes profondes et multiples d'une si grande évolution, je signalerai trois caractères essentiels du drame ibsénien. A savoir : la structure de la fable dramatique; le tempérament excessif, barbare et sans atténuation des personnages; enfin la logique poussée à l'absurde de la thèse ou de la situation.

Ces caractères, vous les retrouvez aussi bien dans Shakespeare et dans Ibsen que dans les épopées de Snoor ou de Seemund; ils blasonnent les poèmes de la *Tétralogie* aussi bien que les sagas confuses du « Grammairien Saxon »; ils différencient l'art scandinave de la technique latine, ordonnatrice, avant tout, déclamatoire et juste milieu.

Ces caractères, je les prendrai pour thème de ma causerie; j'en ferai, s'il vous plaît, les trois points de mon sermon, puisque, jadis, un critique aussi parisien que fourré de sagesse m'accusa de chanter la Messe Ibsénienne et, même, — horreur! de la gasconner.

En restituant à la tragédie sa fonction didactique et sacerdotale, fonction entrevue, au siècle dernier, par Denis Diderot : « Le comédien sera, disait-il, appelé à succéder au prêtre, » les Scandinaves rejoignent, dans le passé, la plus haute époque théâtrale, ce matin sans second des libres républiques où, dans la sainte lumière d'Athènes, parurent les tragiques grecs.

Mais ce n'est point le seul rapport des Hellènes

avec les Norses que cette religieuse gravité du concept dramatique. L'une et l'autre familles condensent, presque toujours, leurs imaginations en épopées ou bien en tragédies, cependant que, chez nous, français, le roman, héroïque, analytique ou familier, le récit d'histoire ou de légende, sont la forme nationale par excellence, tiennent le premier rang, au point qu'il est juste de qualifier poètes dramatiques, et certes les plus grands que notre sol ait portés, des conteurs comme Balzac, Saint-Simon ou Michelet.

Une égale parenté existe aussi entre les inventions dramatiques des deux peuples. Le point de vue, dans l'une et l'autre scène, est pris de la fin. Les acteurs savent, dès le début, quelles forces les conduisent, quel héritage exécré pèse sur leurs têtes, quel inéluctable pouvoir guide leurs démarches impuissantes vers un abîme de désespérance et de malheur.

Assises sous le frêne Ygdrassil ou dans la nuit primordiale de l'Érèbe, les Parques et les Nornes tissent, pour les Éphémères, la trame des irrévocables jours.

Dans les pièces d'Eschyle ou de Sophocle, comme dans celles d'Henrik Ibsen, chaque mot du dialogue découvre les fils d'une destinée antérieure, se mêlant pour aboutir à la catastrophe comme chaque faisceau de nerfs aboutit au cerveau. Le canevas de ces fils convergents, intriqués l'un dans l'autre, suffit pour étreindre sans rémission les victimes choisies par la Fatalité. C'est dans le passé, dans l'origine même des personnages que l'intrigue prend sa source. Le meurtre d'Agamemnon, les noces infâmes de Gertrude, la débauche d'Alwing le père suscitent de formidables « revenants » : Oreste, Hamlet, Oswald.

Ici la situation domine les êtres. Elle découle d'un ensemble de causes supérieures à l'énergie humaine, participant de quelque manière à l'insensibilité, à l'irrésistibilité des forces cosmiques. Les Esprits de la terre, de la mer insidieuse et du ciel noir d'orages, le rut bestial des Centaures, les embûches mortelles du Sphinx, les ténèbres et les épouvantes mettent quelque chose de leur antique effroi dans les « égarements » d'OEdipe ou de Pasiphaé. L'on entend gronder encore la voix tumultueuse de jœcëtuns septentrionaux dans la passion furibonde et la tempête sans accalmie que l'auteur de *Borkman* déchaîne en ses héros.

La situation, je le répète, domine, ici, les êtres. La Nécessité les étreint. Elle projette sur eux une lumière fantomale, une atmosphère maladive qui les enveloppe comme un suaire et les exclut, pour jamais, de l'univers.

Empoisonnés comme d'une malaria, ils agissent avec la précision et la véhémence des spectres. Les femmes d'Ibsen : Hedda Gabler, par exemple, Rébecca West ont des mouvement somnambuliques. Toute leur énergie se dépense à rêver d'abord, puis à vouloir la Fatalité qui les étreint.

Une telle forme ne saurait admettre de hors-d'œuvre ni d'enjolivements. Quels discours, en dehors de leur unique et sombre aventure, ne messiéraient point à ces redoutables héros ? Leurs paroles sont des glaives. Ils ne se rencontrent que pour entre-choquer leur fureur, que pour rendre sensibles les arrêts du Destin, échangeant des répliques mortelles, des affirmations qui brisent irréparablement leurs existences. Ils ne s'abordent que pour des entretiens utiles, offensants et meurtriers. Cela suffit à les départir de la société parisienne où tout ce qui n'est pas fadeur, snobisme, faux esprit de journaleux et commérages de portiers fait longueur et passe pour déplaire.

Cet artifice dramatique : poser, au début, la catastrophe inéluctable est justement le contraire des procédés à la mode parmi nous.

Le théâtre contemporain, en France, part du premier acte, tire les noms avec les situations, dans un chapeau, et, remorqué par eux, en déduit les effets. C'est la tessiture en faveur dans les zarzuelas des comiques espagnols : Lope de Vega, Moreto, Calderon, Cervantès, et dans les imbroglios des bouffons italiens; c'est la formule conduite à sa dernière perfection par Eugène Scribe et les faiseurs qui l'ont suivi; l'art d'embrouiller, débrouiller, déranger et remettre en place les cartons d'un jeu de patience, les pièces hétéroclites d'un casse-tête chinois.

L'action pouvant « ad libitum » devenir *autre*, par le seul caprice du littérateur, puisqu'elle ne repose sur aucune ossature profonde, sur aucune charpente quidditive, demande, pour être agréée du public, des protagonistes étrangers à son essence, dont le rôle consiste à favoriser les tours de passe-passe, à divertir l'auditoire, cependant que l'escamoteur dramaturge travaille de son état. Le ténor de ces sortes de comédies, c'est le beau parleur qui pérore en dehors de la pièce, débite des calembredaines et confabule, si je l'ose dire, avec le parterre, sur la pluie et le beau temps, la fragilité des femmes, le recrutement de la galanterie et la façon de tuer les ours. C'est le conférencier nécessaire d'Alexandre Dumas, lequel, sans protestation, peut donner la recette minutieuse d'une salade aux truffes pour mettre en scène les erreurs et le relèvement de Francillon.

La loi d'architectonique voulant que l'œil humain embrasse, d'un coup, l'ensemble d'un monument parfait, trouve son application la plus immédiate et la plus haute dans les drames d'Ibsen comme dans les tragédies grecques. La simplicité, que l'École du Bon Sens, Augier, Ponsard, pour ne citer que les défunts, a le tort de confondre, sans cesse, avec la platitude, fait ici paraître son irrésistible omnipotence. Le marbre neigeux de

Thorwaldsen révèle des formes non moins pures que le paros ensoleillé de Polyklète ou de Phidias.

* * *

Si *Jean-Gabriel Borkman* n'était, à présent, dans toutes les mains; si Prozor, le traducteur qui a tant fait pour l'expansion de l'âme scandinave parmi les lettres françaises, n'avait publié naguère cet ouvrage admirable, je tenterais, ici, d'en donner l'argument. Soin inutile! Car vous les connaissez *tous* déjà ces héros d'Ibsen, à la fois allégoriques et vivants, ce groupe médaséen de vaincus et de désespérés : Borkman, le banqueroutier; Gunhild, sa femme; Ella Rentheim et l'adolescent Ehrart, optimiste héritier des crimes paternels. Il vous sera donc aisé d'entendre ce qu'ils portent en eux d'humanité générale et d'ethnique spécificité.

Mme Borkman, avec son fils Erhard, a ses pareils en France et même en tout pays. Tandis que sa sœur Ella recherche, dans l'homme qu'elle aime, l'expansion de ses idées, la femme de Borkman aspire à la situation mondaine de celui qu'elle épouse. L'une attire à soi, pour en bénificier, la puissance de la famille; l'autre rayonne par son abnégation, son dévouement et sa bonté sur la famille désagrégée.

Ce violent contraste des sœurs ennemies, contraste qui fera tableau, dans la dernière scène, quand elles se pencheront toutes deux sur l'homme agonisant pour une étreinte suprême de réconciliation et de désespoir; ce contraste détermine aussi bien la divergence des races que l'antagonisme des complexions.

Mme Borkman est une femme du monde, au sens le plus vulgairement œcuménique de ce mot. Elle défère à l'opinion publique, aux préjugés sociaux, au respect des gens titrés, riches ou médisants. Le « devoir éternel d'être brave » n'existe point à ses yeux. Tous les actes de sa vie ont une teinte de couardise et de servilité. Si elle ne consent pas à la réhabilitation de l'époux, ce n'est point qu'elle juge coupables ses malversations, mais parce qu'il est déchu de son prestige social.

Ella Rentheim, au contraire, est une fille des libres civilisations du Nord. C'est la Germaine de Tacite, accompagnant le brenn aux cheveux roux, dans les plaines de neige, sur les chariots sanglants des migrations hâtives, par les soirs de déroutes ou de festins. Walkyrie devenue femme, comme Brunehild, pour avoir combattu aux côtés d'un guerrier, elle porte haut la franchise de ses origines et de son cœur.

C'est Velléda, c'est Norma, la prêtresse inspiratrice du camp de la forêt. Son âme est ingénue, grandiose, étrangère superbement aux simagrées courtisanesques, aux mensonges, aux réticences, aux lâchetés quotidiennes sur quoi reposent, en France, les ménages les mieux assortis. Elle porte la franchise nette d'une conscience qui n'apprit jamais à feindre ou à transiger. Sa droiture native éclate dans les moindres propos : c'est le *sermo galeatus* dont parle saint Jérôme.

Avec moins de décision, mais d'une allure aussi hardie, la petite Frida oriente sa puberté vers les entreprises sentimentales. Son tendre courage lui dicte les accents les plus résolus, dès qu'il faut prendre parti dans la lutte pour l'amour. Telle, aussi, la candeur véhémente de Juliette découvrant son âme au « beau Montague, sur le balcon de Vérone; telle Cordélie ou bien Virginia « le gracieux silence » engageant, pour un baiser, leur âme incorruptible.

Borkman, qui, de toute la vigueur de son intelligence, féconde l'action et la domine, manifeste énergiquement, pour sa part, le type norse venu des asgards immémoriaux.

Ce banquier, brasseur d'affaires et chercheur d'or qui, dans le carillon de la « Danse macabre », écoute chanter le minerai joyeux de sa délivrance, le minerai, bondissant hors des puits, vers l'activité sociale et les conquêtes industrielles. Borkman est un Kobold préposé aux choses souterraines. C'est un fils de la Nuit, un esprit de la terre, un gnome des « Niebelungen » qui n'a cessé de forger une épée à Siegfried, de marteler l'« Urgence » sur l'enclume du Destin que pour intenter le conflit économique, seule campagne ouverte aux ambitieux modernes. Il impugne les forces adverses de la banque et du marché avec le même geste dont ses aïeux pourfendaient les monstres polaires, emmi les fjords glacés. Il brandit le marteau de Thor dans les menées de l'intrigue et les spéculations d'argent. C'est un « Roi de la Mer », un druide imbu d'absolutisme religieux. Les sacrifices humains lui paraissent chose ordinaire et légitime. Il ruine sa famille, ses amis, ses cliens, comme il eût, jadis, immolé des prisonniers de guerre dans le chromlech de Wotan ou d'Irmensul.

Borkman, est le véritable chef, l'aristocrate né, celui qui, regardant les hommes comme une vaine poussière, n'hésite pas à sacrifier leur existence ou leur bonheur pour des fins comprises de lui seul.

La contagion de cette humeur impérieuse gagne peu à peu l'entourage de Borkman. Dans la violence du plaisir, dans la curiosité sensuelle, Mme Wilton, l'aventurière, Erhart, fils de Borkman, composent un groupe harmonique à ce prince dont la dépossession n'a pas brisé l'absolutisme.

Seul, le vieux poète Wilhem Foldal, avec son orgueil puéril, ses ambitions étroites de mandarin lettré, fait à Borkman un contraste ironique et lamentable. Son humble utopie : être compris, forme antithèse à la royale utopie de Borkman : être obéi, et, par cette opposition, dégage une amère gaieté qui reste bien dans le ton général ; car cette gaieté, selon un mot célèbre, « repose sur le sérieux et la tristesse comme l'arc-en-ciel repose sur la pluie. »

Ce n'est point le Hadès antique ni l'Enfer chrétien qu'habiteront ces âmes furieuses. Après la consommation de leurs destins, elles iront s'asseoir, entre les génies monstrueux, les eubages et les guerriers, dans le Walhalla sanguinaire, où les braves, après la bataille, se passent à la ronde une coupe d'immortalité,

> *Ainsi que les héros buvant, à pleines cornes,*
> *L'hydromel prodigué dans les festins guerriers,*
> *Quand les skaldes chantaient sur la harpe des Nornes.*

* * *

Le caractère de Borkman et celui des femmes qui luttent pour son amour font jaillir, des contradictions sociales, à la fois la situation et la doctrine du poème :

Contradiction d'une société qui punit le vol et qui encourage la richesse;

Contradiction d'une institution, le mariage, qui est fondée sur l'amour et qui prétend discipliner l'amour;

Contradiction de la famille dont chaque membre choisit, pour l'enfant, une situation artificielle, en désaccord avec ses instincts, alors que l'enfant, lui-même, préfère vivre et tourne en dérision leurs espérances comme leurs enseignements.

Le drame pivote sur ses antinomies. Borkman a voulu « créer des millions ». *Maître des mines, des carrières, des chutes d'eau, de mille exploitations naissant sous sa main,* il a tenté *d'ouvrir à la richesse des routes nouvelles, de constituer d'énormes compagnies,* de rendre le « minéral » vivant et agissant dans le congrès des hommes. A cette ambition il a tout immolé : tendresse, honneur, probité, le droit régalien du génie, antérieur, supérieur à toute civilisation représentant, seul, pour lui, un impératif digne de son intelligence. Les dépôts confiés, les valeurs commises à sa garde, l'épargne du pauvre et le pain de ses enfants, il a tout consumé dans la fournaise, pareil à ces alchimistes qui, pour faire de l'or, brûlaient jusqu'aux étais de leur grabat.

Mais la trahison démantela son œuvre à la veille du succès. Isolé depuis, paria volontaire, seul *comme un Napoléon qu'une balle aurait estropié à sa première bataille, comme un aigle blessé, comme un loup malade,* plein de hurlements, il habite un logis sépulcral dont il fait sa prison. Là, devant l'hostilité furieuse d'une épouse implacable, sorte d'Erinnys familière, il attend le jour de la revanche, l'heure libératrice où le pays entier viendra lui demander, à genoux, d'être, à jamais, son guide, son argentier et son héros.

Hélas! Il n'est pas d'homme indispensable en affaires, les plus abjects étant les plus habiles dans le maniement des intérêts.

Il semble qu'Ibsen, moins préoccupé de créer des symboles que des hommes, dans son drame nouveau, ait fait quelque erreur touchant la signification de son protagoniste. Pourquoi faire de l' « homme représentatif » un dompteur de matière, un Lesseps, si vous voulez, puisque les seuls conducteurs de peuples sont en réalité les contemplatifs, les rêveurs, les *idéologues,* ceux qui méprisent et qui passent loin du contact déshonorant de la vie quotidienne.

Laissez aux pieds-plats les soins de l'argent ou de la politique. Que plus haut tende l'effort du « surhumain »! Pour l'œuvre matérielle, progrès industriel, économique, etc., — comme Ils disent — l'homme supérieur est de trop. Sa forte volonté, sa noblesse, la hauteur inviolable de ses desseins font tache et peur en cette cuisine. C'est une besogne bien mieux faite par la coopération multiple et quasi inconsciente des animalcules sociaux. La systématisation n'y peut que nuire.

Le « Volontaire » qui, de notre temps, apporta, dans l'action, le plus de vigueur et de netteté, celui dont les petits arrivistes d'hier et de demain font leur idole et leur manitou (à peu près comme des punaises s'exerçant au vol de l'épervier), Napoléon, n'a rien sauvé, n'a rien bâti qui soit durable. Son œuvre sanglante s'est effondrée avant lui. D'autres, les nains, en cueillirent les épaves, en ressucent encore les fructueux débris.

Au surplus, le droit de Borkman, formulé par Ibsen, est un absolu qui, comme tous les absolus, résulte d'une question mal posée. Les devoirs envers les proches, les voisins, les créanciers et les devoirs envers le genre humain ne sont point d'égale nature. Souvent même en collision, ils ne sauraient être jugés les uns par les autres. Ce n'est pas une des moindres gênes du dramaturge que d'avoir à mesurer entre eux ces incommensurables.

Les servitudes collectives et les obligations privées ne se font la guerre qu'à cause qu'elles sont mal entendues. Ainsi, Borkman pouvait suivre toute son audace financière sans enfreindre le code et sans ruiner les siens. Il érige sa maladresse en emportement.

À quoi bon, d'ailleurs, cette violence impériale pour industrialiser un district norvégien ?

Nous touchons à une époque où l'intuition des

affaires, la puissance hors ligne dans les choses de l'argent, seront devenues insignifiantes, inutiles et quelconques, tout le monde faisant état de féconder les deniers publics. Bientôt, sans doute, il n'y aura pas plus, en économie politique, de « secrets des cabinets » qu'en diplomatie, tant le niveau bourgeois est efficace pour aplatir les facultés les plus brillantes !

Le génie des temps futurs se déploiera bientôt dans les arts d'échapper à la société, dans la récupération de l'individu par lui-même, dans l'édification de cette « tour d'ivoire » où Solness prétend se donner un refuge contre la laideur ambiante, la bassesse des hommes et leur imbécillité.

Deux erreurs graves, au surplus, expliqueraient très suffisamment le désastre de Borkman.

C'est d'abord son illusion quant aux moyens de réaliser l'Idée, puisqu'il ne croit pas, jusqu'au bout, à sa solitude et consomme en vain le désespoir de celle qu'il aimait; puis sa folle confiance dans l'avocat Hinkel, ennemi congénital, sa croyance enfantine dans un appui du dehors. Ce qui explique cette aberration d'où le drame jaillit, c'est précisément le nordisme de Borkman. Prométhée appartient aux types lumineux des Aryas, tandis que Borkman sort des brouillards de la Scandinavie. Une sorte de brume enveloppe les cerveaux les mieux trempés dans ce monde crépusculaire. Des fantômes redoutables surgissent dans les cavernes de leur « moi », comme ces apparitions que le soleil de minuit évoque sur la neige des banquises et les nuages du pôle. L'originalité même de Borkman, son profond et rude génie, sa foi tenace dans le succès le rendent impropre au maniement de ses contemporains. Pirate, chef de bande, guerrier, son tempérament excessif l'emporte, à chaque instant, hors des bornes sociales. Ces brusques décisions, cette confiance indéracinable, ces colères soudaines sont les vertus, les vices topiques du Barbare ainsi que cet orgueil d'autant plus redoutable qu'il s'abreuve de lui-même et se replie en soi. La superbe intérieure de Borkman est le poison sublime dont il lui faut mourir.

*
* *

Borkman tombe, en effet, sitôt qu'il veut reprendre contact avec le Monde. Il meurt pour avoir estimé que le commandement des forces matérielles l'emporte sur la joie et la gloire de penser et que l'homme fait impunément banqueroute à l'amour.

Néanmoins sa fin est enviable qui lui rend, avec la compréhension des choses, la tendresse de l'amante et le respect de l'épouse, le trésor intégral du bonheur déserté.

La mort, en effet, rouvre la paix et la consolation à quiconque veut fortement et pense avec hauteur. C'est le baptême, le sacre et l'investiture des magnanimes esprits.

Après avoir vécu comme Robert Macaire, Borkman meurt comme Socrate, avec des pleurs de femme sur ses pieds engourdis par la neige et le trépas. Il meurt, dans un soir de blanche épouvante, un soir d'apothéose boréale que hantent les visions confuses et magiques des paradis perdus.

Telle est, en sa robuste économie, en sa riche unité, le nouveau drame soumis à l'incompréhension des normaliens.

Je comparais, au début, l'art des tragiques grecs avec celui d'Ibsen. Personne de vous ne contredira ce juste hommage. Oui, les types éternels que crée, de nos jours, le Maître scandinave égalent en beauté simple, en grandeur superbe les demi-dieux qu'enfanta, pour Athènes, le vieux soldat de Marathon.

Les fils de H'Rold marchent pareils à ceux d'Erechthée. Leur barque à proue aiguë qui conduisait le roi Olaff sur les côtes de Norvège et les Northmans à la conquête du monde, leur barque de pêcheurs, de bandits et d'apôtres vogue, près de la galère salaminienne, sur l'océan de l'Idéal!

Épilogue

Vers six heures, à pointe d'aube, un sordide brouillard, une pesante muraille de plomb et d'étain gris enchaperonne la montagne, aveugle notre sentier, indécis à quelques pas. Nous marchons toutefois et, peu à peu, s'allègent les ténébreuses nuées. En volutes, des brumes s'éparpillent au loin, se pourchassent et retombent comme une fumée de bois vert.

Au plus haut, sur nos têtes, un lambeau d'azur, et, bientôt, le soleil épuisant, d'un seul trait, la houle confuse des vapeurs.

Aimable rayon d'automne! Voici que jaillissent les montagnes, toutes de saphir pâle et de satin blanc. Çà et là, des troupeaux se hâtent vers la plaine, au tintement fêlé des sonnailles, aux appels monotones du berger.

Sur les pentes, encore d'herbe verte, les tulipes d'octobre, les sveltes colchiques déroulent frileusement leurs pétales de gaze mauve. A peine, traînant aux bas-fonds, une brouée indécise. Le ciel d'un bleu pur flamboie, tandis que, de vingt clochers harmonisés par la distance, éclate, en volées furieuses, l'allégresse du matin.

Dans quelques tours d'horloge, demain, j'aurai quitté cette féerie que ne contamine plus l'œil bestial des touristes, cette montagne de mon enfance où, maintenant infirme et déjà pliant sous la douleur de vivre, je fus chercher les sources de permanente jeunesse et de revivification.

Doux mirage de repos et de santé dans un exil en fleurs, vous reverrai-je encore?

Quand vos sapins étaleront, de nouveau, leurs fraîches aiguilles, couronne du printemps, quand roitelets et rouges-gorges, ayant épuisé le généreux festin des sorbes hivernales, s'envoleront par la montagne resurgente, le fer, peut-être, ou l'insidieuse maladie, m'auront pour jamais emporté de la lumière.

Adieu! Sans vous, et ne m'enviez pas (comme disait, près des bords étrangers, le poète Ovide), sans vous, mes compagnons silencieux, je regagne la ville.

Puissé-je, du moins, y porter, en mon âme, quelque chose de votre orgueil robuste, de vos souffles libres et vierges, de votre dédaigneuse et pacifique beauté!

Col du Tourmalet, le 12 octobre 1896.

TABLE

Mélancolie d'Automne. 1
Ville d'Hiver. 8
Le Décor de l'Heptaméron. 15
La Bacchante d'Etcheto. 25
Souvenir des Taureaux. 33
Toros de Muerte. 42
Lettre ouverte à M. Uhrich, protecteur d'animaux. . . 50
En présence du Bûcher. 61
Belluaires et Prudhommes. 70
La Fontaine Desca. 78
Paysages. 86
Vergogne provinciale. 98
Jours de pluie. 108
Barèges 119
Divagation sur la Montagne. 128
Un Ouragan au Tourmalet. 137
Historiette de jadis. 145

Un Tyrtée Calviniste.	157
Un Naturaliste d'autrefois.	166
Cité de mélancolie.	174
Ruines seigneuriales.	184
Mardi-Gras des Cimetières.	193
Prose de l'Ane et les Rituels de haute graisse.	200
Pour les Victimes de la Mer.	208
Les Romans qu'on ne lit plus.	216
Le Dernier Refrain.	223
La Concupiscence du Néant.	231
Une Audience aux Enfers.	239
Un Patricien de l'Anarchie.	248
Stanislas de Guaita.	256
Poor Yorick.	268
Fin de Bohème.	278
Les Chanteurs de St-Gervais.	287
Salut au poète Armand Silvestre.	294
Convalescence.	301
Toulousaines.	307
Larmes des Choses.	314
Un Bohème en Province.	321
Le Dernier Albigeois.	328
Le Panneau de Casimir Destrem.	337
Les Oies du Capitole.	345
Prosopopée de Toulouse.	353
Sur « Jean Gabriel Borkman ».	355
Épilogue.	375

Achevé d'imprimer

le dix-sept février mil huit cent quatre-vingt-dix-huit

PAR

ALPHONSE LEMERRE

6, RUE DES BERGERS, 6

A PARIS

5. — 2989.

www.ingramcontent.com/pod-product-compliance
Lightning Source LLC
Chambersburg PA
CBHW050438170426
43201CB00008B/715